공부 골든타임

공부 골든타임

"공부의 로드맵은
초등에서 결정된다"

박인연 · 박찬호 지음

위너스피디어

'의대 블랙홀'에 빨려 들어간 시대, 우리는 무엇을 지켜야 하는가

요즘 대한민국 교육 현장을 한마디로 표현하자면 '의대 블랙홀'이라 할 수 있습니다. 마치 전 국민이 하나의 목표를 향해 달려가는 듯합니다. 서울대든 카이스트든, 심지어 교대를 졸업하고 교사로 일하던 이들까지, 안정적인 삶을 찾아 다시 의대를 바라봅니다. 정년이 보장되고, 경제적 안정이 확보되며, 사회적 위신까지 따를 수 있다는 이유로 말입니다.

상위권 학생들조차 대학 진학 후 다시 수능을 준비하는 경우를 숱하게 봅니다. 문과에서 공과로, 공과에서 의과로, 교직에서 의료계로 방향을 바꾸며 '의대'라는 목적지만을 바라봅니다. 그 이유는 다양하겠지만, 결국 그 선택의 중심에는 돈, 안정, 체면이 있습니다.

문제는 이것이 한두 명의 선택이 아니라는 점입니다. 카이스트, 포스텍 같은 최상위 이공계 대학생들조차 졸업을 미루고, 재수를 결심하며 '다시' 의대를 준비합니다. 과학고, 영재고 출신들도 마찬가지입니다. 영재를 키워내는 교육 시스템이 그 본래의 취지를 잃고, 똑똑한 아이들을 의대로 밀어넣는 구조로 변질되고 있습니다. 국가 경쟁력은 줄고, 이공계 기반 산업은 점점 취약해지고 있지만, 지금의 사회 분위기는 오히려 그것을 부추기고 있습니다.

이런 현실에서 부모는 어떻게 해야 할까요? 우리는 정말 의대를 목표로 아이를 키워야 할까요?

이 흐름에 한 가지 짚고 넘어가야 할 사실이 있습니다. 2025년을 기점으로 정부는 미래 사회를 대비한 국가 전략의 핵심으로 과학기술 역량 강화를 분명히 하고 있습니다. 인공지능, 첨단 바이오, 반도체 기술 등 사회 전반의 구조를 바꾸는 변화가 본격화되는 시점이기도 합니다. 이런 전환의 시기에 교육의 목표가 오직 의과대학 하나로 수렴되는 현상은, 개인에게도 사회에도 결코 건강한 방향이라 말하기 어렵습니다. 의대가 유일한 해답처럼 받아들여지는 순간, 아이의 가능성은 선택이 아니라 제한이 되기 때문입니다.

우리는 지금 교육이 나아가야 할 방향에 대해 진지하게 되묻지 않으면 안 되는 시대를 살고 있습니다. 이 책은 '왜 공부하는가'라는 질문에서 출발합니다. 공부는 단지 좋은 직업을 얻기 위한 수단이 아닙니다. 그것은 자신만의 꿈을 발견하고, 그 꿈을 향해 나아가기 위한 삶의 태도이자 과정입니다. 그런데 지금, 우리는 그 본질을 놓치고 있는 건 아닐까요?

분명히 말하고 싶습니다. 공부의 목적은 점수도, 직업도 아닙니다. 진짜 공부란, 자신을 이해하고 세상을 바라보는 시야를 넓히며, 삶의 문제를 스스로 해결해 나가는 힘을 기르는 과정입니다. 그 시작은 자기만의 속도와 호흡을 찾는 것입니다. 누가 더 빨리 앞서가느냐보다 누가 더 자기다운 길을 찾고, 꾸준히 걸어가느냐가 중요합니다.

물론 부모 입장에서는 불안합니다. 옆집 아이가 벌써 수학 선행을 끝냈다고 하면, 우리 아이만 뒤처지는 것 같아 마음이 급해집니다. 하지만 그렇게 쫓기듯 하는 공부는 아이도, 부모도 지치게 만들 뿐입니다. 아이들은 아직 어립니다. 아직은 찌들지 않은 얼굴로, 세상에 대한 호기심을 눈빛에 담고 있어야 할 시기입니다. 그러나 지금 우리는 너무 많은 아이들을, 너무 이른 시간에 너무 무거운 현실 속으로 밀어 넣고 있습니다.

저는 이 시점에서 무엇보다 '부모의 역할'에 대해 고민해보게 됩니다. 부모는 아이의 공부를 지휘하는 '감독자'가 아니라, 함께 설계하는 '동반자'가 되어야 합니다. 아이의 강점을 살피고, 배움의 과정에서 즐거움을 느끼도록 이끄는 것. 공부가 스스로를 더 잘 이해하고, 세상과 연결되는 도구라는 걸 느끼게 해주는 것. 그것이 지금 우리가 해야 할 참교육입니다.

이 책의 공저자인 박찬호는 저자의 아들이자, 자기주도학습과 메타인지 학습이 삶 속에서 어떻게 뿌리내릴 수 있는지를 보여준 존재입니다. "설명할 수 없으면 아는 것이 아니다"라는 원칙을 실제 배움의 과정에서 실천하며, 학습의 주도권을 스스로 쥐는 경험을 통해 그 가치를 증명해왔습니다. 이 책은 한 교육자의 철학이 교실을 넘어 가정 안에서 살아 움직인 기록이기도 합니다.

이 책은 초등 시기, 아이에게 꼭 필요한 10가지 성장을 안내합니다. 각 장은 아이의 기질과 환경, 시대의 흐름을 반영한 실천적 제안으로 구성되어 있습니다. 또한 그 길 위에서 흔들리지 않도록 부모가 알아야 할 중요한 통찰들을 담았습니다. 지금 이 길이 의대로 가는 정답의 길이 아니라 아이의 진짜 꿈을 찾아가는 여정이 되기를 바랍니다.

이제는 누군가 먼저 말해야 합니다. 공부는 '자리를 차지하는 경쟁'이 아니라, '자리를 빛나게 만드는 성장'이자 '세상을 살아가는 힘'이어야 한다고. 이 책이 바로 그 첫걸음이 되었으면 합니다.

Contents

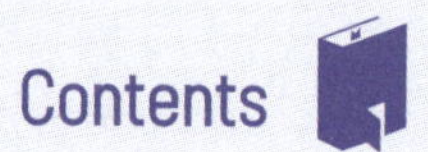

· · · · · · · · · ·

Part 1

초등학교 때부터 반드시 챙겨야 할 10가지
: 중학교 때부터 극명한 차이를 보이는 아이들의 비밀 무기 10

Chapter 2

정서 - 단단한 토양 다지기

Chapter 3

진로 - 나만의 나침반 찾기   062

Part 2

아이 성향에 맞는 공부법이 재능을 폭발시킨다

: 아이의 숨겨진 보석을 빛내는 맞춤형 학습 로드맵

Part 3

초등 골든타임, 최고의 전략으로 화룡점정을 찍어라
: 부모의 관심과 노력은 '양'이 아니라 '질'이 중요하다

Chapter 1

부모와 아이의 하모니 : 공부 잘하는 아이에겐 궁합 잘 맞는 부모가 있다

Chapter 2

사례로 보는 유형별 부모 역할 : 학습적 · 정서적 가이드

같은 아이, 다른 미래를 만든 부모와 아이의 기질 · 성향 조합 9가지 사례

Chapter 3

아이의 성장 시너지를 내기 위한 학년별, 유형별 부모 역할

Chapter 4

진로와 진학, 그 너머로 : 유형별 진로, 진학 선택법   163

Chapter 5

상위 1%의 비밀 : 그들의 학습법에서 놓쳐선 안 될 6가지 포인트   171

Part 4

초등 골든타임, 공부의 방향을 잡아라

: 학습의 나침반을 완성하는 학년, 과목별 집중 공략

Chapter 1

학년별 핵심 포인트

Chapter 2

과목별 핵심 전략

Part 5

초등 골든타임, 공부습관을 심어라

: 작은 습관이 만드는 큰 변화, 초등 시기부터 시작하는 자기주도학습

세상이 아무리 바뀌어도
공부의 본질은 변하지 않는다
: 2028학년도 서울대 선발 기준 변화 3가지

요즘 아이들은 지식을 외우는 데는 익숙하지만, 그 지식이 자기 안에서 어떤 의미를 갖는지 생각해보려는 모습은 점점 드물어지고 있다. 검색창이 먼저 답을 주고, 영상이 곧바로 결론을 던져주는 시대이기 때문이다. 아이 스스로 머릿속에서 생각을 길어 올리던 시간이 사라지면서 공부의 중요한 뿌리가 함께 약해지고 있다.

공부는 정보를 차곡차곡 쌓는 일이 아니라 자기 안에서 생각이 자라는 경험이다. 시험이 끝난 뒤 틀린 문제를 함께 보면 많은 아이들이 "실수였어요."라고 말한다. 그런데 그 말은 답을 잘못 골랐다는 뜻보다 더 많은 걸 보여준다. 어떤 내용을 어떻게 이해했고, 얼마나 자기 방식으로 정리해보았는지가 그 한마디에 드러난다. 이 과정이 충분히 이루어지지 않으면 어떤 문제도 늘 '실수'로 남는다. 아이들의 대답에는 그 아이가 공부를 어떤 태도로 받아들이고 있는지가 자연스럽게 스며 있다.

　많은 부모가 "요즘 아이들은 집중력이 부족하다."라고 하지만, 실제로는 집중하는 방식이 바뀐 것이다. 여러 자극이 한꺼번에 들어오는 환경 속에서 아이들은 한 문장을 충분히 듣기도 전에 다음 장면을 떠올리고, 또 다른 자극을 찾는다. 이런 빠른 흐름 속에서는 전두엽이 생각을 붙잡아둘 시간이 줄어든다.

　전두엽은 기다리는 힘, 생각을 한자리에 모아두는 힘, 익숙하지 않은 문장을 천천히 곱씹어보는 힘을 키워주는 곳이다. 그런데 아이들이 접하는 자극 대부분은 '기다림'이 없는 구조다. 결과가 너무 빨리 주어지기 때문에 전두엽이 자랄 기회가 없다. 이런 패턴은 공부뿐 아니라 아이의 삶 전체에서 지속성을 약하게 만든다.

　AI 시대가 빠르게 열리고 있는 지금, 지식을 전달하는 방식의 교육은 의미가 줄어들고 있다. 이미 정보는 넘친다. 이제 중요한 것은 얼마나 알고 있는가가 아니라, 알아낸 것을 어떻게 연결하고 이해하고 자기 것으로 만드는가이다.

　나는 이 능력을 공부의 마지막 단계, '자기화自己化'라고 설명한다. 이는 곧 교과서를 읽으며 전체 흐름을 파악하고, 이해한 내용을 자신의 문장으로 말해보고, 서로 다른 지식을 연결해보는 과정이다. 누가 정리해 준 요약본을 받아 적는 방식으로는 결코 생길 수 없는 힘이다. 아이가 '아, 이 말은 이런 뜻이구나.' 하고 스스로 깨닫는 순간 눈빛이 달라진다. 그때 전두엽이 살아나고, 배운 내용은 오래 남을 수 있는 구조를 갖게 된다.

문해력 문제가 점점 심각해지는 이유도 여기에 있다. 글자를 읽을 줄은 알지만, 문장이 품고 있는 생각을 붙잡아두는 힘이 약해지고 있다. 짧은 영상과 빠른 자극에 익숙해진 뇌는 긴 문장을 따라가는 동안 생각이 흔들리기 쉽다. 이런 변화는 입시에서도 그대로 나타난다.

2028학년도 서울대의 선발 기준 변화는 제도 조정이 아니라, 앞으로 어떤 학생을 원하는지에 대한 선언에 가깝다. 대학은 더 이상 '많이 외우는 학생'을 선호하지 않는다. 입학 후 스스로 학습의 방향을 설계하고, 배운 내용을 확장해 나가며, 새로운 문제 앞에서도 주저하지 않는 학생을 찾는다.

새로운 기준은 크게 3가지로 정리된다.

- 지식 역량 : 읽기 능력을 기반으로 한 사고력
- 기능 역량 : 개념을 이해하고 추론하는 능력
- 태도 역량 : 꾸준함, 성실함, 자기조절력

이 3가지는 결국 아이가 '얼마나 오래, 얼마나 깊이 생각해 왔는가'라는 질문에 대한 답을 찾겠다는 의미이다. 전두엽은 인간만이 발달시킨 뇌 영역으로 계획하고 판단하고 조절하며 사고를 확장하는 역할을 한다. 공부하는 진짜 목적도 여기에 있다. 전두엽을 꾸준히 활성화시켜 이를 온전히 사용하는 사람으로 성장하게 하는 것. 그것이 서울대의 변화가 바라보는 지점이다.

게다가 바뀐 2028 교육과정이나 앞으로의 입시 방향을 살펴보면 수능·내신·비교과·면접을 따로 준비하던 방식은 이제 매우 비효율적임을 알 수 있다. 핵심은 수업 시간의 질, 그리고 배운 내용을 스스로 구조화하는 시간, 즉 혼자 공부하는 시간을 어떻게 확보하느냐에 달려 있다. 예습으로 전체 구조를 미리 읽고, 복습으로 내용을 스스로 정리하고, 수업 중 질문과 생각의 확장을 만들어낼 때 4가지 평가 요소는 자연스럽게 한 지점으로 모인다.

고교학점제의 본격적인 시행과 더불어 앞으로의 고교 선택 또한 이러한 흐름 안에서 이해해야 한다. 자사고와 특목고는 과목 선택의 폭이 넓어 깊이 있는 학습이 가능하고, 일반고는 개설 과목은 제한적일 수 있으나 연합형 수업과 온라인 강좌를 통해 충분히 학점 설계를 해나갈 수 있다. 그러나 경쟁의 양상은 학교마다 다르기 때문에 아이의 성향과 자기주도성을 고려하는 것이 가장 중요하다.

아이들의 공부가 깊어지지 않는 이유는 지식이 부족해서가 아니라, 생각이 머무를 시간이 부족하기 때문이다. 학원 중심의 공부는 배움의 양은 늘려주지만, 아이 스스로 의미를 만들어내는 시간을 빼앗는다. 문제를 많이 푸는 것과 생각하는 힘을 기르는 것은 전혀 다른 과정이다.

요즘 아이들은 수업 태도의 흔들림, 혼자 공부하는 시간 부족, 과도한 사교육 의존, 그리고 시험 후 반복되는 자기 합리화로 인해 말 못 할 어려움을 겪고 있다. 반면 공부가 잘되는 아이들은 하루의 작은 틈들을 모아 꾸준히 생각하고 정리하는 시간을 가꾼다. 이 시간에서 전두엽은 가장 활발하게 움직인다.

그렇다면 지금 아이들에게 정말 필요한 힘은 무엇일까. 나는 그것을 '설계 역량'이라고 부른다. 설계 역량은 거창한 목표를 세우는 능력이 아니라, 오늘의 공부를 스스로 의미 있게 구성하는 힘이다. 많은 아이들이 큰 꿈은 말하지만, 그 꿈에 다가가기 위해 오늘 무엇을 해야 하는지 모르는 경우가 많다. 전두엽이 깊이 작동하는 순간은 바로 이럴 때다. 목표를 작은 단계로 나누고, 해야 할 일을 스스로 정하고, 그 계획을 실제 행동으로 옮길 때 사고는 안정적인 구조를 갖게 된다.

오늘 어떤 내용을 읽을지, 예습과 복습을 어떻게 이어갈지, 자기 전에 하루의 배움을 어떻게 정리할지… 이런 작은 선택들이 모여 사고력을 지탱한다. 이 반복 속에서 배운 것은 흩어지지 않고 '자기화'라는 형태로 아이에게 남는다. 설계 역량은 공부를 오래 지속하게 하는 힘이며, 앞으로의 교육 환경에서 아이들의 차이

공부 골든타임

를 만드는 중요한 요소가 될 것이다.

이 책은 공부 기술을 나열하는 안내서가 아니다. 정보가 넘치는 시대에 아이가 스스로 이해하고, 해석하고, 연결하며, 자기 방식으로 의미를 만드는 힘을 회복하도록 돕는 책이다. 공부는 많이 아는 일보다 배운 것을 어떤 눈으로 바라보고 어떤 방식으로 다시 엮어내느냐가 더 중요하다.

결국, 공부는 아이의 삶을 바꾸는 언어다.

우리는 그 언어를 다시 가르치고, 함께 익히며, 아이가 자기 삶을 스스로 설계할 수 있도록 곁에서 힘이 되어주어야 한다.

Golden Time for Studying

Part 1

초등학교 때부터
반드시 챙겨야 할 10가지

중학교 때부터 큰 차이를 보이는
아이들의 비밀 무기 10

역량 - 공부재능 깨우기

2012년, 《공부재능》이라는 책을 출간했다. 당시 '공부재능'이라는 키워드가 학부모나 교육계에서 중요하게 여겨지지 않는다는 점에서 실망했던 기억이 있다. 하지만 나는 굴하지 않고 강의를 할 때마다 고집스럽게 '공부재능'에 대해 역설했다. '공부를 잘한다, 못한다'를 정량적으로 평가하기 이전에 '내 아이의 공부재능을 어떻게 깨워줄 것인가?'에 대해 고민해야 한다고 말이다. 그리고 10년이 훌쩍 지난 지금, 내 고집이 빛을 발하는 중이다. 여전히 '성적'을 목표로 일괄적인 방식으로 밀어붙이는 부모들에게서 보이는 고질적인 문제는 존재한다. 그러나 적어도 이제는 "점수 좀 올려주세요!"가 아닌 "어떻게 해야 아이가 주도적으로 공부할 수 있을까요?"로 질문이 바뀌어 가고 있다. 점점 내 아이에게 맞는 공부법을 찾기 위한 노력, 내 아이만이 가진 공부재능을 깨우기 위한 노력하는 부모가 늘고 있으니 얼마나 고무적인가. 교육자로서 30년이 넘도록 이 한 부분만을 강조하며 걸어온 길이기에 해야 할 말과 해야 할 일이 늘어나고 있다.

실제로 초등학교 시기는 아이의 '공부재능'을 처음으로 발견하고 키워줄 수 있는 결정적인 시기다. 2028년부터 고교학점제가 전면적으로 안착되면서, 고등학교에 가서 아이들이 스스로 선택하고 설계해야 할 학습의 양과 책임은 지금보다 훨씬 커진다. 다시 말해, 고등학교에서 갑자기 역량을 만들어내는 시대는 이미 지나가고 있다. 초등학교 때부터 생각하는 힘, 배우는 태도, 스스로 공부를 이끌어가는 기본기를 갖추지 않으면 감당하기 어려운 구조가 된 것이다. 주로 중고등학생을 대상으로 컨설팅을 해왔던 내가 '초등학생'이라는 시기에 초점을 맞추고 이 책을 집필한 이유도 그 때문이다. 최근 초등학생 학부모를 대상으로 더 많은 강의 요청이 들어오고 있고 실제로 열기 역시 더욱 뜨겁다. 좋은 현상이다. 이 시기에 형성된 역량은 단순히 초등학교 공부에서 그치는 것이 아니라, 중학교와 고등학교를 거쳐 대학과 사회로 이어지는 긴 학습 여정의 기반이 된다. 중고등학교에 가서 이 기반을 다시 다지는 일은 쉽지 않다. 반면, 초등학교 때 토대가 잘 닦인 아이들은 시키지 않아도 책상 앞에 앉아 주도적으로 공부하게 된다. '공부를 해야 하는 이유'를 스스로 알고 어렵고 힘들 때마다 인내할 수 있는 힘을 갖게 되었기 때문이다.

이 세상에 자기 자식이 공부 잘하기를 바라지 않는 부모가 있을까. 그러나 모든 아이가 똑같은 속도로, 같은 방식으로 공부를 잘할 수 없다는 사실 역시 우리는 잘 알고 있다. 그래서 부모들은 종종 이렇게 묻는다.

"공부재능은 타고나는 걸까요? 우리 아이에게도 공부재능이 있을까요?"

어떤 아이는 언어에 곧잘 반응하고, 어떤 아이는 숫자에 유난히 민감하다. 그러나 이런 특질만으로 '재능의 전체'를 설명할 수는 없다. 내가 말하는 '공부재능'이란 특정 분야의 소질을 넘어 목표를 향해 스스로 공부를 이어갈 수 있는 힘, 그 자체를 의미한다.

다만 중요한 점이 있다. 아이 안에 담긴 이 무한한 가능성은 먼저 부모에 의해, 그다음 교사에 의해 깨워진다는 사실이다. 물론 이후의 여정은 아이 자신의 몫이다. 그러나 조력자가 어떤 방식으로 아이를 대하고 이끌어주느냐에 따라 그 재능의 크기와 방향은 크게 달라진다. 뛰어난 소질을 지닌 아이조차 부모와의 학습적인 궁합이 맞지 않으면 자신의 능력을 펼쳐보지 못한 채 시들어갈 수 있다. 반면 작은 씨앗이라도 이를 섬세하게 틔우고, 조금 더 멀리 내다보며 공부습관과 토대를 다져주는 부모를 만났을 때, 아이의 재능은 상상 이상으로 자라난다.

그래서 이 질문은 간단해 보이지만 결코 가볍지 않다.

'내 아이가 가진 공부재능의 씨앗을 어떻게 자극하고, 어떤 방

향으로 이끌어줄 것인가.'

나는 이번 장에서 초등학생이 반드시 갖춰야 할 10가지 중 그 첫 번째인 '공부재능 깨우기'의 4가지 축을 다루려 한다.

- 문해력 : 세상을 읽는 힘. 문해력은 모든 학문의 기초이자 정보 해석과 비판적 사고의 출발점이다.
- 수학적 문제해결력 : 계산을 넘어 구조, 원리를 파악하고 논리를 확장하는 능력은 수학을 통해 자라난다.
- 영어 문장의 감각 : 영어는 감각이지만, 그 감각은 어법이라는 틀 안에서 자란다.
- 공부습관 : 꾸준히 계획을 세우고 실천하는 힘은 학업의 지속 가능성을 결정짓는 핵심이다.

이 4가지는 아이의 공부재능을 깨우는 출발점이자, 학업 역량의 네 기둥이다. 초등 시기에 이 4가지를 잘 다져놓는다면, 중학교와 고등학교에서도 흔들림 없는 학습 기반을 갖출 수 있다. 무엇보다 아이는 공부를 통해 '무엇이든 할 수 있다'는 자신감을 얻게 된다. 자신감을 가진 아이는 결국, 자기 길을 스스로 찾아갈 수 있다.

1. 문해력 : 세상을 읽는 힘

몇 년 전 '문해력'이라는 말이 화두가 되었을 당시 많은 부모가 고민을 안고 찾아왔다. 문해력이 모든 교과의 바탕이 된다며 강조하는데, 자신의 아이가 문해력을 제대로 갖추고 있는지 통 모르겠다는 것이다. 어릴 때는 책도 많이 읽히고 나름 책 육아도 열심히 했는데, 초등학교에 들어가고부터는 책을 읽으려 하지도 않는다고. 이런 고민을 상담할 때면 꼭 하게 되는 질문이 있다. 바로 "책을 많이 읽히면 문해력이 생길까요?"이다.

이 질문에 똑바로 대답하는 경우는 거의 없었다. '문해력'이라는 개념 자체를 정확히 이해하고 있는 경우가 없었기 때문이다. 그렇다면 문해력이란 무엇인가? 문해력은 단순히 '글을 읽는 능력'이 아니라 '읽고, 이해하고, 생각하고, 표현하는 전반적인 사고력과 언어력의 총합'이라고 할 수 있다. 많은 사람이 '문해력'이 국어 공부에 해당하는 능력이라고 생각하지만 실은 그렇지 않다. 문해력은 그 시대의 언어를 감각적으로 읽어내는 힘이기도 하다. 모든 시대는 그 시대만의 언어를 갖는다. 여기서 말하는 언어란 단어 자체만이 아니라, 그 단어가 사용되는 방식, 사회적 분위기, 뒤에 숨어 있는 가치관까지를 포함한다. '가성비' '공정' '속도'처럼 일상에 자연스럽게 섞여 있는 단어들에는 그 시대가 중요하게 여기는 사고방식이 담겨 있다. 문해력이란 결국 이런 시대의 말투와 결을 읽고, 그 속에서 스스로 판단하고 의미를 되새길 수 있는 능력을 말한다. 아이가 교과서 문장을 읽는 힘만이 아니라 뉴스 기사, 광고 문구, 유튜브 자막, 친구와의 대화 속에서도 시대가 던지는 질문을 감지하고, 그 맥락 속에서 자기 생각을 정리할 수 있는 힘, 그것이 바로 확장된 의미의 '문해력'이다.

따라서 우리는 문해력을 '시험에 필요한 국어 능력'으로 좁게 보지 말고, 아이들이 언어를 통해 세상을 해석하는 힘으로 넓게 바라봐야 한다. 문해력이 자란다는 것은, 곧 세상을 읽고 나만의 언어로 삶을 다시 써볼 수 있는 힘이 자란다는 뜻이기도 하다.

'문해력'과 가장 혼동하는 것이 바로 '독해력'이다. 문해력이 그 세대의 정보를 받아들이고, 이해하고, 자신의 것으로 재구성하는 힘을 말한다면, 독해력은 글의 구조와 맥락을 정확히 읽고 이해하는 보다 기술적인 능력이다. 문해력이 세대와 문화에 따라 달라질 수 있는 감각이라면, 독해력은 그 모든 배경을 뛰어넘는 본질적인 '읽는 힘'이다. 즉, 정보 처리 능력으로 주어진 글을 정확히 해석하고, 문장의 의미를 파악하며, 중심 내용을 정리하거나 글쓴이의 의도를 읽어내는 힘이다. 국어 시험에서 지문을 읽고 문제를 푸는 과정은 대부분 이 독해력을 평가하는 것이다.

예를 들어 어떤 아이가 다음과 같은 짧은 글을 읽는다고 해 보자.

"민수는 친구들과 놀다가 넘어져 무릎을 다쳤다. 친구들은 걱정스러운 얼굴로 민수 곁으로 다가왔다."

독해력이 좋은 아이는 이 글을 읽고 '민수가 넘어졌고, 친구들이 걱정했다'는 사실을 정확히 이해할 수 있다. 그리고 문해력이 뛰어난 아이는 '친구들이 민수를 걱정했으니까 민수도 고마웠겠지.' '나도 예전에 넘어졌을 때 친구가 도와줬던 일이 있었어.' '이럴 때는 친구를 먼저 챙기는 게 중요한 거구나.'와 같이 내용을 자신만의 생각으로 연결 짓는다. 감정을 이해하고 상황을 해석하며, 자신의 경험과 비교해보는 능력은 바로 문해력에서 비롯된다.

이 둘은 교육적으로 접근하는 방식도 다르다. 독해력은 주로 국어 공부를 통해 훈련된다. 지문을 읽고 중심 내용을 찾거나 어휘의 의미를 파악하고, 글쓴이의 의도나 주제를 이해하는 문제를 푸는 활동이 이에 해당한다. 이처럼 독해력은 훈련으로 키워지는 능력이다. 타고나는 것이 아니라 반복적인 읽기와 쓰기를 통해 축적되는 힘이다. 실제로 EBS 보고서에서는 독해력은 "연습으로 길러지는 학습의 기본기"라고 강조하기도 했다. 반면, 문해력은 독서 활동을 넘어서 일상에서의 말하기, 글쓰기, 감정 표현, 생각 나누기 등의 과정에서 길러진다. 책을 읽고 부모와 함께 이야기를 나누거나, 자신의 감상을 글로 써보는 경험, 토론이나 발표, 일기 쓰기처럼 삶과 연결된 언어 활동 속에서 성장하는 능력인 것이다. 따라서 국어 성적이 좋다고 해서 문해력이 반드시 높은 것은 아니다. 시험 문제는 잘 풀지만, 책 내용을 자기 삶과 연결 짓지 못하거나 자기 생각을 말이나 글로 풀어내는 데 어려움을 느끼는 아이들도 있다. 반대로 시험 점수와는 별개로 문해력이 잘 자란 아이는 공부 외의 영역에서도 표현이 풍부하고, 대화에 맥락을 담아내며, 배움에 확장성을 가진 경우가 많다.

문해력이 중요한 이유는 아이가 자신의 공부재능을 발휘하는 데 뿌리와 같은 역할을 하기 때문이다. 문해력이 약하면 공부 전반에 어려움을 겪는다. 수학 문제에서도, 단순 계산을 넘어서 '문장형 문제'를 만나면 어려움을 느낀다. 문제의 상황을 설명하는 문장을 이해하지 못하기 때문이다. 문장을 잘못 해석하면 계산에 들어가기 전부터 방향을 잃는다. 과학이나 사회는 더욱 그렇다. 교과서에 제시된 긴 설명문이나 개념, 도표와 글을 함께 이해해야 하는 복합적인 내용은 문해력이 없으면 흘려 읽기 쉽다. 특히 초등 고학년이 될수록 교과서의 문장은 길어지고, 어휘는 추상적이며, 복합적인 개념이 한 문단에 함께 담기기도 한다.

이런 경우, 아이는 수업 내용을 흘려듣게 되고, 반복되는 좌절 끝에 '공부는 어렵다' '나는 못한다'는 인식을 갖게 된다. 반면 문해력이 탄탄한 아이는 글이 이해되기 때문에 공부가 덜 부담스럽고, 자연스럽게 흥미를 느끼며 더 알고 싶어 하는 태도를 갖게 된다.

그렇다면 문해력은 어떻게 길러야 할까? 문해력은 문제집을 푼다고 하루아침에 길러지지 않는다. 일상 속에서 차근차근 쌓아야 하는 힘이다. 우선 부모는 독서가 문해력의 유일한 방법이라는 생각에서 벗어나야 한다. 영상 콘텐츠, 뉴스, 일상 대화, 심지어 게임 대사까지도 아이에게는 '텍스트'다. 중요한 것은 '얼마나 읽었는가'가 아니라, '읽은 후 얼마나 생각해보았는가'다. 나는 크게 다음 4가지 방법을 제안한다.

첫째, 질 좋은 독서를 충분히 해야 한다.

문해력의 가장 기본은 독서이다. 하지만 단순히 책을 많이 읽는 게 능사는 아니다. '많이 읽는' 것보다 '깊이 있게 읽는' 것이 더 중요하다. 아이의 나이에 맞으면서도 생각할 거리가 있는 책, 문장 구조와 어휘가 풍부한 책, 그리고 아이가 자신의 삶이나 감정과 연결해볼 수 있는 주제를 담은 책이 좋다. 그리고 책을 읽은 후에는 반드시 아이와 짧게라도 이야기를 나눠보자. "이 장면에서 주인공은 왜 그렇게 했을까?" "너라면 어떻게 했을 것 같아?" 같은 질문은 아이가 책 내용을 자기 생각으로 확장해보게 만든다. 이러한 대화는 곧 문해력을 키우는 중요한 실천이다.

둘째, 언어를 꺼내 쓰는 경험이 많아야 한다.

문해력은 머릿속 지식이 아니라, 실제로 꺼내어 말하고 써보는 과정에서 자라는 능력이다. 따라서 생각을 말로 풀어보거나 글로 표현하는 기회를 자주 만들어야 한다. 예를 들어 오늘 하루 중 가장 놀라웠던 일을 '한 줄 뉴스'처럼 말해보게 하거나, 가족회의에서 자신의 의견을 말해보는 것도 좋은 훈련이다. 또한 독후감을 쓰거나, 책을 읽고 짧은 느낌을 메모하는 활동도 문해력을 기르는 데 매우 효과적이다. 이때 중요한 것은 문장의 완성도나 분량이 아니라, 자기 생각을 자기 말로 표현해보는 훈련 자체에 집중하는 것이다.

셋째, 잘 읽는 연습이 따로 필요하다.

많은 아이들이 글을 눈으로만 대충 읽는 습관이 있다. 최근 스마트폰을 통해 접하는 많은 글이 짧은 형태이다 보니 의미를 생각하며 깊이 정독하는 습관을 지니기가 쉽지 않다. 이런 습관은 문해력 향상에 도움이 되지 않는다. 따라서 소리 내어 읽기, 문단 요약하기, 낯선 어휘 정리하기 같은 구체적인 훈련이 필요하다. 소리 내어 읽을 때는 발음, 억양, 문장 끊어 읽기 등을 자연스럽게 익힐 수 있고, 문장의 구조를 파악하는 데 도움이 된다. 한 문단을 다 읽은 뒤 '문단의 핵심을 한 줄로 말해보기' 같은 연습을 하는 것도 효과적이다. 또 새로운 어휘나 표현을 따로 정리하고 익히는 습관을 들이면, 어휘력과 문해력 모두 함께 자라난다.

넷째, 교과서를 적극적으로 활용해야 한다.

문해력은 생활 언어에 머무르지 않고, 학습 언어로 확장될 때 비로소 힘을 발휘한다. 그 출발점이 바로 교과서다. 교과서는 가장 정제된 설명글이자 사고의 흐름을 훈련할 수 있는 텍스트다. 중단원과 소단원, 제목과 본문의 관계를 살피고, 글이 어떤 순서로 전개되는지 따라가며 읽는 연습은 문해력의 핵심이다. 또한 학습 목표를 먼저 확인한 뒤, 그 목표를 설명하기 위해 어떤 개념과 예시가 사용되고 있는지 파악해보는 과정에서 아이는 '읽는 법'을 자연스럽게 익히게 된다. 초등학교 시기부터 교과서를 중심으로 핵심 키워드를 찾아 정리하고, 흐름을 이해하는 연습을 꾸준히 한다면 이후의 학습은 훨씬 수월해진다. 교과서를 제대로 읽을 줄 아는 아이에게 문제집은 보조 수단일 뿐, 공부의 중심이 되지 않는다.

문해력은 아이가 세상을 바라보는 눈을 만들고, 자신의 생각을 표현하는 도구를 제공하며, 배움을 스스로 지속해가는 원동력이 된다. 이 힘이 길러져야 아이는 어떤 과목이든 주눅 들지 않고 스스로 뚫고 나갈 수 있는 공부 체력을 가질 수 있다. 문해력은 단기간에 완성되는 능력이 아니다. 그러나 일상 속에서 부모가 조금만 의식하고 도와준다면, 그 차이는 서서히, 그러나 확실하게 나타난다. 공부의 기초를 다지고 싶은 부모라면, 가장 먼저 '문해력'을 키우는 일부터 시작해야 한다.

2. 수학 현행 집중 : 문제 해결의 미학

"어떻게, 아직도 거길 풀고 있는 거야?"

"그 문제는 지난달에 했던 거잖아. 또 틀렸다고?"

"그 학원 진도는 지금 5학년 중반인데, 넌 아직 4학년 교재잖아. 어쩌려고 이래…"

대치동의 학원가에서 흔히 들려오는 대화다. 초등학생들이 벌써 중·고등학교 과정을 배우고, 학원마다 진도표를 경쟁하듯 내세운다. 교재는 빠르게 넘어가고, 숙제는 늘어나며, 복습보다는 다음 단원의 선행이 우선순위가 된다. 부모는 불안한 마음에 진도를 체크하고, 아이는 틀리지 않기 위해 암기와 반복에 의존한다. 겉보기에 열심히 공부하고 있는 것처럼 보이지만, 그 속엔 개념에 대한 깊은 이해도나 스스로 사고하는 여유란 찾아볼 수 없다. 진도에 쫓기며 숙제에만 급급하다 보니 제대로 된 공부는 전혀 이루어지지 않는 것이다.

수학은 '정답이 있는 과목'이라는 인식 때문에 많은 부모들이 선행학습에 열을 올린다. 미리 배우면 더 잘할 거라 믿고, 초등 저학년부터 학원을 통해 고학년 개념을 빠르게 경험하게 한다. 하지만 단언컨대 수학은 앞서 나간다고 실력이 쌓이는 과목이 아니다. 오히려 잘못된 선행은 수학을 깊이 없이 넓게만 보는 습관을 만들고, 결국 개념에 구멍이 뚫리게 한다.

수학에 롱런하기 위해서는 수학이라는 과목 자체에 대한 이해가 필요하다. 수학은 다른 과목과는 결이 조금 다르다. 계통적인 학문*이기 때문에 개념은 상대적으로 적지만, 그 적은 개념이 다양한 문제에 응용된다. 그래서 결국 시험에 나오는 건 대부분 응용이다. 문제는 많은 아이들이 이 '응용'이라는 걸 통해 개념을 거꾸로 이해하려 한다는 데 있다. 개념을 먼저 익히고 문제에 적용하는 게 아니라, 문제를 반복하다 보면 언젠가 감이 올 거라 믿고 유형만 계속 푸는 것이다. 그러다 보니 문제 자체가 목적이 되어버리고, 개념은 여전히 정리되지 않은 채 남는다. 실제로 많은 아이들이 유형 문제를 푸는 데에 너무 많은 시간을 쓴다.

사실 수학은 한 문제를 가지고도 여러 각도에서 생각하면, 오히려 그 과정을 통해 개념이 더 단단히 정리된다. 그런데 아이들은 그렇게 생각하지 않는다. 그저 문제를 풀고, 답이 맞았는지 틀렸는지에만 집중할 뿐 그 문제를 왜 그렇게 풀었는지, 어떤 개념이 숨어 있었는지는 깊이 고민하지 않는다. 이 방식은 표면적으

---

* 개별 개념들이 서로 독립적으로 존재하는 것이 아니라, 앞에서 배운 개념이 뒤의 개념을 떠받치며 단계적으로 확장되는 구조를 가진 학문을 말한다.
예] 수학에서는 사칙연산의 이해가 분수와 소수의 개념으로 이어지고, 방정식의 이해가 함수와 그래프 학습의 기초가 된다. 앞선 개념이 흔들리면 이후 학습 전반에 어려움이 발생한다.

로는 효과가 있어 보인다. 유형이 익숙해지면 정답률도 올라가고, 시험 점수도 나쁘지 않게 나올 수 있다. 하지만 이는 수학을 겉핥기로 익히는 방법과 같다. 문제에 익숙해졌을 뿐, 개념을 자기 언어로 설명할 수 없다. 조금만 문제의 조건이 바뀌어도 당황하고, 문제 해결의 실마리를 찾지 못하게 된다. 아이들이 "아, 나 이거 풀어본 문제인데… 실수로 틀렸어."라고 말할 때, 실수인 경우도 있지만 대개는 개념이 체화되지 않았다는 신호다.

이런 학습은 '가짜 회독(문제를 푸는 척은 했지만 체화되지 않은 학습)'으로 이어진다. 여러 권의 문제집을 푸는 것에 집중하지만, 그 안에서 개념은 정리되지 않고, 틀린 문제는 다시 보지 않으며, 익숙한 문제만 반복하는 식이다.

수학은 단순 반복이 아니라, 깊은 이해와 자기 언어로의 설명이 필요한 과목이다. 어떤 문제를 어떤 개념으로 접근할지, 공식을 왜 써야 하는지를 스스로 설명할 수 있을 때 비로소 '내 것이 되었다'고 말할 수 있다. 다시 말해, 공식 암기가 아니라 공식을 유도해보는 사고 과정이 중요하다. 개념을 정확히 안다는 것은 곧 공식이 어떻게 도출되는지, 그 흐름을 이해하고 있다는 뜻이다. 이 점에서 선행학습은 신중해야 한다.

초등학생 자녀를 둔 학부모는 언제부터 선행학습을 해야 하는지, 얼마나 해야 하는지에 무척 관심이 많다. 특히 수학에서 이런 경향이 두드러진다. 하지만 선행은 개념을 다지기 위한 목적이 아니라 표면적인 진도만 앞서 나가는 경우가 많다. 특히 직접 체험하고, 머릿속에서 천천히 개념을 정리해가야 이해가 되는 아이들에게는 선행이 오히려 독이 된다. 반면, 지시에 잘 따르고 규칙을 반복하며 학습하는 데 익숙한 아이들에게는 선행이 어느 정도 효과를 볼 수 있다. 결국 수학 공부법도 아이의 기질과 성향에 맞게 조율되어야 한다.

선행학습이 나쁜 또 하나의 큰 이유는 '왜 이 문제를 이렇게 푸는지' 고민하기보다, 맞았는지 틀렸는지를 먼저 확인하는 데 집중하게 되기 때문이다. 사고 과정은 건너뛰고 결과만 점검하는 것이다. 요즘은 AI의 발전 속도가 무서울 정도로 가속화되고 있다. 생각해보자. AI가 가장 잘하는 건 무엇인가? 바로 '정답 맞히기'이다. 즉 이런 정답 확인과 문제 풀이의 기능적 역할은 AI가 우리보다 훨씬 잘할 수 있다. 사람에게 남는 건 문제의 구조를 파악하고, 핵심 개념을 끌어와 연결 짓는 사고의 힘이다. 지혜로운 부모라면 적어도 수학에 있어 무조건 선행학습을 강요하는 대신 아이의 기질에 맞춰 멀리 내다보고 아이에게 최적화된 공부의 순서를 따라갈 것이다.

자, 그렇다면 가장 궁금해할 만한 질문 하나를 해보겠다.
'수학을 잘하는 아이들은 무엇이 다를까?'

그들은 문제를 더 많이 푸는 것이 아니라, 한 문제를 여러 각도에서 풀어본다. 문제를 다시 풀어보며 다른 풀이를 생각하고, 자신만의 방식으로 설명해보려 노력한다. 틀린 문제는 표시하고, 왜 틀렸는지 분석하고, 개념을 다시 구조화한다. 이런 아이들은 단 한 권의 문제집이라도 완전히 '체득'하여 자기 언어로 소화해낸다. 수학 성적이 상위권인 아이일수록 문제풀이 속도뿐 아니라, 풀이 과정의 사고 깊이에서 차이를 보인다. 수학 공부의 본질은 '정답률'이 아니라 '이해도'다. 단지 많이 푸는 것이 중요한 것이 아니라 '아는 문제' '익숙하지만 개념을 설명하긴 어려운 문제' '전혀 모르는 문제' 이렇게 구분하고, 그 문제들을 완전히 소화할 때까지 다시 보고 설명해보는 훈련이 필요하다. 수학 실력은 '풀이 결과'가 아니라, 그 풀이를 떠올린 사고의 흐름 속에서 자란다.

그리고 또 하나. 수학을 잘하는 아이들의 특징은 지혜로운 부모가 그 배경에 있다는 사실이다. 수학을 잘하는 아이로 키우고 싶다면 먼저 이 과목을 바라보는 부모의 시선이 바뀌어야 한다. 수학을 잘 배운다는 것은 문제를 분석하고, 원인을 파악하고, 논리적으로 사고하고, 실수를 줄이는 삶의 훈련을 받는다는 뜻과 같다. 그래서 수학 공부는 점수보다 사고의 태도와 습관을 기르는 과정으로 바라보는 것이 중요하다. 부모가 이 과목을 '공식 암기'나 '문제 풀이 스피드'로만 접근한다면, 아이 역시 수학을 '얼마나 많이, 얼마나 빨리' 푸느냐로 받아들이게 되지 않겠는가. 하지만 수학은 깊이 생각할수록 재미가 생기고, 과정을 되새길수록 단단해지는 과목이다. "왜 아직 이 문제를 못 푸니?"가 아니라, "어디에서 걸렸니?"라고 묻는 태도. "몇 문제 풀었니?"가 아니라, "이 문제는 어떤 개념이 필요했니?"를 함께 짚어주는 시선. 이게 바로 부모에게 필요한 모습이다.

수학은 아이가 자기만의 언어로 개념을 설명하고, 자기 속도로 정리하는 시간을 필요로 한다. 이 과정은 더디고, 비효율적으로 보이지만, 바로 그 속에서 사고력은 자란다는 사실을 명심하자. 그러니 부모는 서두르기보다 기다려야 하고, 가르치기보다 듣고 함께 걸어주는 자세를 가져야 한다. 수학을 '실력'이 아닌 '사고력의 언어'로 바라보는 부모의 시선, 그 시선이 바뀔 때 비로소 아이가 수학에 접근하는 마음가짐도 달라지기 시작한다.

수학은 아이의 공부재능을 확장시키고 전두엽을 활성화시키는 도구다. 수학을 단순히 수치를 다루는 과목으로 받아들이면 그 가치의 절반도 보지 못한다. 수학을 배우는 과정에서 아이는 논리적으로 사고하고, 문제의 조건을 해석하며, 시도와 실패를 거쳐 더 나은 해결 전략을 세우는 힘을 기른다. 이 반복적인 사고 과정은 전두엽을 가장 적극적으로 사용하는 학습활동이기도 하다. 전두엽이 활성화되면 주의집중력이 안정되고, 생각이 깊어지며, 스스로 몰입하는 상태로 들어가기 쉬워진다. 이때 뇌는 억지로 버티는 공부가 아니라, 성취의 즐거움을 통해 도파민이 자연스럽게 분비되는 학습 경험을 하게 된다.

3. 영어 문법의 비밀 : 언어의 틀을 잡다

요즘 아이들은 어릴 때부터 파닉스를 배우고, 영어 동화책을 듣고, 유튜브로 원어민 발음을 익히며 영어에 친숙해진다. 회화 중심 교육의 성과이자 자연스러운 흐름이기도 하다. 하지만 막상 문장을 직접 써보거나 독해 문제를 풀어야 할 시점이 오면, 많은 아이들이 갑자기 멈칫한다. 영어를 '느끼는' 데 익숙해졌을 뿐 영어를 '구조적으로 다루는 힘'은 갖추지 못한 채 시간이 흘렀기 때문이다.

수학이 개념을 정확히 이해하고 논리적으로 전개해 나가는 힘을 요구한다면, 영어는 감각과 구조가 함께 작동하는 언어의 과목이다. 수학이 '이해 → 적용'의 사고 훈련이라면, 영어는 '노출 → 구조화 → 표현'으로 이어지는 언어의 훈련이다. 그래서 수학은 개념 없이 문제만 풀면 실력이 자라지 않고, 영어는 문법 없이 말만 익히면 문장력이 자라지 않는다. 공부 방식도 기질도 다른 두 과목이지만, 공통점이 하나 있다면 바로 '틀'을 알아야 한다는 것이다. 수학은 개념이라는 논리의 틀, 영어는 문법이라는 언어의 틀 위에 실력이 세워진다.

우리가 어릴 때만 해도 영어 선생님이 칠판에 수많은 문법을 적어놓고 외우게 한 다음, 제대로 외우지 못하면 혼을 내곤 했다. 그렇게 외웠던 문법들은 아직도 툭툭 튀어나올 정도로 뇌리에 강하게 박혀 있다. 그 정도로 문법은 중요하지만, 문법이 단순히 '암기해야 할 규칙' 정도라고 생각해선 안 된다. 영어에 있어서 문법이란 문장을 세우고 단어들을 제자리에 놓아주는 구조, 즉 언어의 뼈대다. 문장의 뼈대가 있어야 말하기도, 쓰기도, 읽기도 가능해진다. 아무리 회화를 잘해도, 구조를 갖춘 문장을 만들지 못하면 그 말은 금세 한계를 드러낸다. 실제로 요즘 아이들 중에는 품사나 문형 개념이 거의 없는 채로 영어를 접하는 경우가 많다. 주어, 동사, 목적어의 자리가 어디인지, 1형식과 2형식이 어떤 차이를 가지는지조차 모른 채 단어를 조합하고 문장을 흉내 내는 데 그친다. 언뜻 보면 자연스러워 보이지만, 막상 문장을 분석하거나 바꾸려고 하면 기초 문법 구조를 모르기 때문에 그 말은 더 이상 뻗어나가지 못한다.

영어 실력을 언어의 감각으로만 받아들일 게 아니라, 사고의 구조로서 다뤄야 하는 이유가 여기에 있다. 문법은 어법이다. 따라서 영어는 암기 과목이 아닌 언어를 다루는 법, 문장을 만드는 원리를 익혀야 하는 과목이다. 회화로 시작한 영어를 더 깊고 정확하게 만들기 위해서는, 문법이라는 해석의 도구와 조립의 도구가 반드시 필요하다. 하지만 많은 부모가 문법을 중학교에 가서 배우면 된다고 생각한다. 실제로 중학교 시험에는 문법 문제가 많고, 학원 수업도 이 시기에 문법 위주로 전환된다. 문제는 그때 처음 문법을 접한 아이들 대다수가 이렇게 말한다는 사실이다. "문법은 재미없어요.""아예 무슨 말인지 모르겠어요.""시험에만 필요한 거라서 외우는 거예요." 문법이 아이들에게 '재미없고 어렵고 시험용'이 되어버리는 이유는, 이미 문장의 감각은 생겼는데 그 구조를 설명할 수 있는 틀이 없기 때문이다. 말은 익혔지만 구조는 놓쳤고, 그 틈 사이에서 문법은 이해의 도구가 아니라 부담의 대상으로 전락하는 것이다.

그래서 문법은 '나중에'가 아니라 '지금' 해야 한다. 단어와 문장을 자연스럽게 익히는 초등 시기에, 그 언어를 세우는 구조도 함께 익혀야 말, 읽기, 쓰기, 해석이라는 모든 영어 능력에 뼈대를 제공할 수 있다. 그 시점이 바로 초등 고학년이다. 어느 정도 문장을 읽고 표현할 수 있는 시기, 아직 영어가 생생한 언어로 받아들여지는 시기. 그때 문법이 들어가야 문장 안에서 의미 있는 도구가 된다. 여기서 이 말을 잘못 이해한 채 '그렇다면 문법이 회화보다 중요하단 말인가요? 과거엔 문법을 그렇게 잘 알아도 외국 사람 앞에서 입 하나 뻥긋 못했는데요?'라고 질문해선 안 된다. 초등 시기에 '회화 학습'에만 몰두한 나머지 문법을 익혀야 할 과정을 놓치고 나중에 그 과정을 부담스럽게 느끼게 되는 상황을 피해야 한다는 뜻이다.

또한 이 문법도 어떻게 가르치느냐가 중요하다. 처음에는 품사에 대한 이해를 거쳐 문장의 형식 즉 1형식, 2형식, 3형식 같은 문장의 틀부터 시작해야 한다. 문형은 단순한 분류가 아니라 문장의 작동 방식을 이해하는 출발점이다. 문장을 보는 눈이 생기면, 그 다음에는 시제를 배워야 한다. 현재, 과거, 미래라는 시간 개념을 표현하는 방식부터 현재진행, 과거진행, 완료시제 등으로 점차 확장해 나가는 것이다. 많은 아이들이 현재완료 같은 문법을 어려워하는 이유는, 문형이나 기본 시제를 이해하지 못한 채 복잡한 표현부터 접하기 때문이다. 문법은 나열이 아니라 구조이기 때문에 순서대로, 단계적으로 접근해야 한다. 적어도 품사와 문장의 구조에 대한 이해만 되어 있어도 초등학교 영어 수준을 발전시키기에 충분하다.

문법을 모르고도 말을 할 수는 있다. 하지만 문법을 알면 훨씬 더 정확하고 고급스럽게 말하고 쓸 수 있다. 문법은 시험을 위한 장치가 아니라, 말을 논리적으로 구조화하고 읽은 내용을 깊이 해석하게 해주는 도구다. 말은 단어의 나열이 아니지 않은가. 문장은 생각의 구조이며, 그 구조는 문법으로 완성된다. 요즘 아이들이 회화에 친숙하지만 문장력이 약한 이유는 간단하다. 문장을 만들 줄 모르기 때문이다.

그렇다면 '영어'에 흥미를 갖고 문법과 회화를 두루 갖춘 아이로 만들기 위해서 해야 할 부모의 역할은 무엇일까? 부모는 아이가 영어를 '느끼는' 데 익숙해질수록, 그 '느낌'을 문장으로 바꾸는 틀을 함께 갖추게 도와야 한다. 아이가 익힌 단어와 표현이 문장 안에서 어떤 역할을 하는지, 왜 그 자리에 있어야 하는지 함께 바라보게 해줘야 한다. 이게 바로 문법이 가진 힘이다. 문법을 언어의 설계도로 바라보는 시선 전환이 부모에게도 필요하다.

문장을 구성하고 분석하는 능력은 사고력의 근육을 키우는 일이며, 이는 곧 공부의 근본적인 역량을 자극한다. 문법을 배우며 아이는 '왜 이런 순서로 단어가 배열될까?' '이 문장은 어떤 구조로 이루어졌을까?'를 고민하게 된다. 이 질문들은 단어를 던져 넣어 감으로 말하는 수준을 넘어서게 하며, 생각을 조율하고 정리하는 힘을 길러준다. 즉, 영어 문법을 배우는 것은 언어 능력뿐 아니라 논리적 사고, 패턴 인식, 구조화 능력이라는 공부의 바탕을 다지는 훈련이 된다. 나아가 긴 문장을 이해하고 구성하는 힘은 다른 교과목에서도 직결되는 독해력, 추론력, 표현력으로 확장된다. 이렇게 영어를 공부한 아이들은 언어를 분해하고 다시 조립하며, 생각을 구조화하는 힘을 가지게 된다. 이런 경험이 축적될수록 아이가 모든 공부에서 중심을 잡는 힘, 자신만의 학습 틀을 갖추게 됨은 물론이다. 그리고 그 틀은 결국 '공부재능'이라는 깊은 뿌리를 현실로 끌어올리는 출발점이 된다.

4. 공부습관의 마법 : 플래너로 완성하는 하루

초등 시기, 책상 앞에 앉아 있는 내 아이를 몰래 관찰해본 적이 있을 것이다. 자신이 뭘 해야 하는지를 바로 알고 계획을 세우고 착착 바로바로 해내는 아이가 그리 많지는 않다. 아이들은 보통 스스로 '뭐부터 해야 하지?'라는 질문을 가장 많이 한다. 막상 문제집을 펼쳐놓고도 무엇을 어디까지 해야 할지 막막해하고, 문제집을 푸는 도중에도 얼마나 더 해야 하는지 자꾸 눈치를 본다. 공부가 힘든 것이 아니라, 공부의 흐름을 스스로 만들지 못하기 때문에 어렵게 느껴지는 것이다. 이때 부모가 할 수 있는 가장 중요한 역할은, 아이에게 자기주도학습의 '틀'을 만들어주는 일이다. 그리고 그 틀의 중심에는 바로 '플래너'라는 일상 도구가 있다.

어느 순간부터 '자기주도학습'은 공부에 있어 가장 중요한 개념으로 자리 잡았다. 공부를 잘하는 아이, 특히 학년이 높아질수록 점점 성적이 오르는 아이의 특징은 모두 자기주도학습력을 지닌다는 점이다. 이러한 자기주도력은 절대 하루아침에 생기지 않는다. 꾸준히 훈련되고 반복되며, 하루를 어떻게 쓰는지를 기록하고 성찰하는 습관 속에서 자라난다. 나는 전작 《혼자 공부하지 못하는 아이들》을 통해 "공부의 끈기와 흐름을 심어주는 것은 플래너와 같은 구체적 도구를 통한 습관의 설계"라고 말한 바 있다. 여기서 플래너란 '할 일을 적는 메모' 수준이 아니라 하루의 리듬을 조율하고, 스스로를 점검하며, 자신의 공부를 관리하는 힘을 키워 주는 도구라고 할 수 있다.

초등 시기에 이 플래너 쓰기를 습관화하는 것은 생각보다 훨씬 큰 힘을 가진다. 외부 시험의 압박이 덜한 이 시기야말로, 공부를 억지로 하는 것이 아니라 스스로 관리하고 운영하는 활동으로 받아들이게 만들 수 있는 절호의 기회다. 아이는 플래너를 쓰며 처음으로 시간이라는 자원을 인식하고, 목표와 계획을 연결하는 사고를 기른다. 오늘 할 공부를 정리하는 것을 넘어서, '무엇을 왜 하는가'에 대한 동기를 스스로 점검하게 되는 것이다.

몇 년 전, 비슷한 시기에 상담을 받았던 두 아이는 모두 초등 고학년이었고, 공부에 대한 의욕도 비슷했다. 하지만 한 아이는 플래너를 매일 쓰며 하루의 공부를 직접 계획하고 되돌아보는 습관이 있었고, 다른 아이는 그때그때 주어진 과제를 따라가는 방식으로 공부를 이어가고 있었다. 몇 년 뒤 두 아이가 중학교에 진학하자 차이는 확연해졌다. 플래너를 쓰던 아이는 수행평가와 내신 일정을 스스로 관리하고, 수업에서 배운 내용을 복습 루틴에 바로 반영했다. 막히는 부분은 다음 날 계획에서 보완하고, 과목별 공부 방식도 자신에게 맞게 조정해 나갔다. 학년이 올라갈수록 실력도 따라오고, 자신감도 단단히 자리를 잡았다. 반면, 계획 없이 공부하던 아이는 중학교 입학 후부터 점차 흔들리기 시작했다. 시험과 과제, 학원 수업 사이에서 방향을 잡지 못하고, 불안해하거나 쫓기면서 미루는 일이 잦아졌다. 열심히는 했지만 실력이 정리되지 않았고, 성과가 따라오지 않자 자존감도 낮아졌다. "나는 공부랑 안 맞는 것 같아."라는 말이 점점 늘어갔다.

두 아이의 차이는 '책상 앞에 얼마나 많이 앉아 있었는가'에서 온 것이 아니다. 공부에 접근하는 태도, 문제를 대하는 방식, 일정을 조율하는 힘에서 출발한 차이가 해가 갈수록 깊은 격차로 번져나간 것이다. 실제로 성적이 점점 뒤처지던 아이의 부모는 "우리 아이는 잠도 잘 못 자고 늦게 집에 와도 꼭 책상에 붙어 앉아 있는데 성적은 점점 떨어진다."며 걱정했다. 플래너를 쓰는 작은 습관 하나가 아이의 삶에 얼마나 큰 차이를 불러왔는지 알 수 있다.

공부습관은 시간 안에 목표를 정리하고, 계획을 수립하고, 실행 후 점검하는 '일상의 사고 체계'다. 이 체계가 몸에 배어 있는 아이는 스스로 공부의 흐름을 만들 수 있고, 변화를 만나도 흔들리지 않는다. 바로 이 습관이 아이 안에 '학습 시스템'을 만들어주고, 그 시스템이 곧 공부재능의 실제 기반이 된다. 그러니 부모가 공부의 양으로 아이를 평가하거나 수동적인 태도로 공부하는 데도 일시적으로 성적이 좋은 것을 기쁘게 생각해선 안 된다. 아이에게 플래너를 쓰는 습관을 심어주는 것은 아이의 공부재능을 일

깨우는 데 어쩌면 가장 중요한 핵심이 된다. 이는 아이가 자신의 시간을 설계하고, 무엇을 하고 싶고 어떻게 성장하고 싶은지를 자율적으로 세워나가며 거기에 대해 스스로 책임을 지는 아이로 성장시킬 수 있기 때문이다.

내가 중학생 학부모를 대상으로 강의를 하면서도 강조했던 것이 바로 이 '습관'에 대한 것이다. 즉 '내 아이의 성적이 점점 떨어지는 것에 대해 불안해하며 공부의 양을 늘리기에만 급급해선 안 된다. 늦었다고 생각하지 말고 가장 기본으로 돌아가 '스스로 공부하는 습관'을 잡아주는 데 집중해야 한다'고 강조하는 것이다. 만약 플래너를 쓰는 작은 습관 하나가 아이의 공부 인생 전체를 바꿀 수 있다면 하지 않을 이유가 없다. 특히 초등 시기라면 그야말로 골든타임이다. 플래너로 하루를 설계하는 이 마법 같은 작은 습관이, 아이의 공부재능을 실현 가능한 실력으로 바꾸는 첫 번째 열쇠임을 잊지 말자.

정서 – 단단한 토양 다지기

학습 멘토인 나와 긴 시간 함께한 아이 중에는 초등학생 때 만나 대학교를 거쳐 자신의 꿈을 이뤄간 경우도 많다. 목표를 성취하고 꿈을 이뤄나가는 과정에 왜 우여곡절이 없을까. 그러나 그 모든 시행착오와 실수의 시간을 하나의 '과정'으로 여기고 꿋꿋하게 걸어 나가는 아이들을 볼 때면 대견하기만 하다. 그리고 그 뒤에는 어김없이 그들의 최고 지지자인 부모가 존재한다. 그 부모들 역시 처음부터 아이와 사이가 좋거나 아이의 공부재능을 잘 싹틔울 수 있었던 건 아니다. 성격이 맞지 않아 갈등을 겪거나 기대치가 달라 실망하거나 그 외의 여러 요소들로 인해 힘든 과정을 겪기 일쑤였다. 그럴 때마다 전문가인 나는 그들에게 꼭 필요한 게 무엇인지 알려주기 위해 애썼다. 그 노력은 어김없이 좋은 결과로 이어졌기에 힘겨운 과정은 좋은 시절의 무용담이 될 수 있었다.

강의를 할 때 종종 뜬금없는 질문을 한 번씩 던진다. 바로 "공부는 무엇으로 하는가?"이다. 공부를 머리로 하는 거라면 아이큐가 높은 아이들이 훨씬 유리하고, 엉덩이로 하는 거라면 부지런하고 인내심 있는 아이, 체력이 좋은 아이가 유리할 것이다. 공부를 하는 주체는 사람이기에 단순히 이런 요소 어느 하나가 정답이 될 수는 없다. 어른인 우리의 경우도 생각해보라. 아침에 출근하기 전 가족 중 누구와 다툼이 있어 기분이 나빴다면 하루 종일 일이 손에 잡히지 않는다. 공부 역시 지능이나 집중력과 같은 인지적 능력만으로 되는 게 아니다. 아이 역시 사람이기에 감정과 관계, 몸과 마음이라는 살아있는 시스템 위에서 이루어지는 것이 바로 공부다. 그 시스템이 불안정하면, 아무리 좋은 교재를 주고 훌륭한 선생님을 만나도 아이는 금세 무너진다. 반대로, 그 시스템이 안정적이고 탄탄하다면 아이는 스스로 공부의 흐름을 만들 수 있다는 뜻이 된다.

그래서 나는 말한다. 아이의 '공부머리'를 걱정하기 전에 '공부마음'을 먼저 점검하라고. 여기서 공부마음이란 바로 '단단한 정서, 건강한 몸, 믿을 수 있는 관계'다. 이 3가지가 안정적으로 자리 잡을 때, 비로소 공부재능은 뿌리를 내리고 자라기 시작한다.

이번 장에서는 공부라는 나무를 자라게 하는 '토양'에 대해 이야기하려 한다. 운동을 통해 몸의 에너지를 돌리고 뇌를 깨우며,

부모와의 친밀감을 통해 정서의 기반을 다지는 것. 또 아이 스스로 자신을 믿고 나아갈 수 있는 인성의 힘을 키우는 것. 이 모든 요소는 심리적 안정만을 위한 것이 아니라 아이의 공부력, 지속력, 목표 지향성을 실질적으로 떠받치는 근간이다. 공부는 스킬이 아니라 '상태'에서 비롯되는 활동이다. 그 상태를 최적으로 만드는 일이야말로, 공부를 돕는 가장 근원적인 부모의 역할이다.

5. 운동 : 뇌를 깨우는 에너지

상담을 하다 보면 운동이 마치 공부와 상반되는 것처럼 이야기하는 부모들이 있다. 운동은 아이의 공부를 완성하는 매우 중요한 퍼즐 조각이다. 운동은 체력 증진을 넘어 아이의 집중력, 감정 조절, 자기통제력이라는 공부재능의 기반 근육을 만들어준다.

요즘 아이들은 과도한 학습량과 경쟁 속에서 크고 작은 스트레스를 겪고 있다. 우리 어릴 적만 해도 초등학생은 학교에 다녀오면 가방을 던져놓고 자연 속에서 노는 게 일상이었다. 그런 우리에게 '스트레스'라는 단어는 그다지 어울리지 않았다. 어른에게도 치명적인 이 스트레스(적정선을 넘어선)가 아이에게는 어떠한 영향을 미치겠는가. 어른도 감당하기 힘든 스케줄과 경쟁에 대한 압박감, 거기에 부모의 기대치에 대한 부담감까지… 이로부터 오는 스트레스는 그저 불쾌하다는 감정을 넘어 뇌파의 흐름과 전두엽 기능에까지 영향을 미친다. 실제로 ADHD나 산만한 이이들의 뇌파를 보면, 잡음처럼 불규칙한 활동이 강하게 나타난다.

이런 불규칙한 뇌파를 안정시키고 스트레스를 관리하는 데는 운동만 한 것이 없다. 특히 유산소 운동은 뇌의 활성화와 전두엽의 각성을 이끄는 데 탁월하다. 명상도 이와 유사한 효과가 있지만, 아이들에게는 실천이 어렵다. 대신 몸을 움직이는 단순한 활동만 해도 즉각적인 안정감을 준다. 운동은 정서 조절과 에너지 관리, 나아가 자기통제력의 첫걸음인 것이다. 운동은 전두엽이 활성화되며 집중력이 높아지는 데 결정적인 역할을 한다. 요즘 아이들은 운동보다 유튜브, 스마트폰, 태블릿을 통해 게임이나 쇼츠, 릴스에 몰입하는 시간이 훨씬 많다. 문제는 이것이 단순한 체력 저하로 끝나지 않는다는 점이다. 전두엽의 활동성이 떨어지면 충동 조절, 집중력, 감정 조절 능력에도 문제가 생긴다. 뇌는 자극에 따라 구조가 바뀌는 유연한 기관인데, 디지털 자극에만 노출되고 신체 활동이 부족하면 점차 수동적이고 피로한 상태로 고착된다. 반면 걷기, 달리기, 구기 운동, 또는 리듬감 있는 활동은 전두엽을 깨우고 뇌의 신경망을 건강하게 활성화시킨다. 우리가 뭔가 고민이 있을 때 달리기를 하거나 땀을 흘리면 생각이 정리되고 의식이 맑아지는 이유도 여기에 있다. 운동은 뇌에 긍정적인 자극을 주고, 의욕과 감정 상태까지 바꿔놓는다.

공부 골든타임

유럽이나 가까운 일본만 해도 학습량이 늘어나는 시기에 운동량을 함께 늘려가면서 밸런스를 맞추는 것을 매우 중요하다고 여긴다. 하지만 지금 우리 아이들은 운동이 절대적으로 부족한 시대에 살고 있다. 2020년 기준, 한국 청소년의 94.1%는 하루 1시간 이상 유산소 운동을 전혀 하지 않는다는 통계가 있다. 중학생의 평균 좌식 시간은 6시간이 넘으며, 이 중 절반은 학원 수업과 숙제 시간이다. 코로나19 이후 초·중학생의 체력 지수는 전반적으로 급락했고, 특히 심폐지구력과 유연성, 근력 항목에서 뚜렷한 저하가 관찰되었다. 이러한 수치는 체력 부족을 넘어, 정서적 안정과 자기조절력의 기초가 무너지고 있다는 신호라고 볼 수 있다.

운동은 초등 시기에 더욱 중요하다. 중학교에 들어서면 학습량은 급격히 늘고, 사춘기와 호르몬의 변화가 감정 기복을 키운다. 이 시기에 접어든 아이가 감정을 스스로 조율하지 못하면, 공부 이전에 마음이 무너진다. 그러나 초등 시절부터 운동을 통해 자기 몸을 다루고 감정을 안정시키는 법을 익힌 아이는 중학생이 되고 그 이후가 되어서도 쉽게 무너지지 않는다. 무엇보다 이 시기 운동 습관이 중요한 이유는, 두뇌의 시냅스가 중학교 전까지 급격히 발달하기 때문이다. 자기조절력은 타고나는 것이 아니라, 움직임을 통해 후천적으로 만들어지는 능력이다.

그러면 내 아이에게는 어떤 운동이 잘 맞을까? 물론, 그 선택도 중요하다. 이때는 아이의 기질을 고려하는 것이 좋다. 예를 들어,

활동적인 아이는 주짓수, 복싱 같은 역동적인 운동을 통해 자신감을 찾을 수 있다. 반면, 내성적이고 감수성이 예민한 아이는 달리기, 테니스, 수영 같은 비교적 정적인 개인 운동이 정서 안정에 도움이 된다. 중요한 건 경쟁이 아닌 '혼자서 꾸준히 할 수 있는 루틴형 운동'을 찾는 것이다. 학교 체육 시간이나 짧은 놀이 시간이 아닌, 아이 스스로 일정한 호흡으로 몸을 움직이는 시간을 반드시 갖게 하자. 이 시간만큼은 마음을 다스리고 스스로를 통제하는 힘을 기르는 시간으로 가져가야 한다.

운동에 대해 이야기할 때 가장 중요한 것은 부모의 태도다. 운동을 학업의 방해물처럼 여기고 학습만을 우선시하며 제외할 게 아니라, 학습의 컨디션을 만드는 기초 체력으로 인식해야 한다. 스케줄이 바쁘다면, 주 2~3회라도 짧은 유산소 운동 루틴을 만들어주는 것이 좋다. 한 아이의 몸이 가볍게 움직일 수 있는 리듬을 가지기 시작할 때, 그 아이는 공부 앞에서도 무거운 마음에 짓눌리지 않는다.

공부재능은 머리로만 완성되는 것이 아니다. 공부할 수 있는 상태, 집중할 수 있는 감정, 감당할 수 있는 에너지를 갖춘 아이가 비로소 그 재능을 펼칠 수 있다. 항상 피곤해하며 집중력이 낮은 아이는 몸의 에너지가 떨어지고 뇌가 깨어 있지 않은 경우가 많다. 이런 아이일수록 적절한 수면과 운동을 통해 뇌를 깨우도록 해주는 게 중요하다. 운동은 뇌를 깨우고 점점 더 늘어가는 학습량을 감당하며 지속적으로 부스팅이 가능하게 하는 바탕이 된다.

6. 부모와의 친밀도 : 관계가 공부에 미치는 영향

나는 여러 저서를 통해 부모와 아이의 관계에 대해 강조해왔다. 공부 궁합, 부모와 아이의 궁합 등의 단어를 사용한 것도 거의 처음이었다. 처음에는 그게 무슨 말인가 의아해하는 사람이 많았지만, MBTI가 활성화된 요즘 시대에는 그리 놀랄 만한 이야기도 아니다. 나는 이 책 전반에 걸쳐 이 이야기를 해나가려 한다. 이 챕터에서는 초등학교 시기에 부모와 아이의 친밀도가 아이의 공부재능을 깨우는 데 얼마나 큰 영향을 미치는지에 대해 짚고 넘어가려 한다.

아이의 마음을 붙잡아주는 첫 번째 울타리는, 언제나 부모다. 다양한 어려움 가운데서도 꾸준히 공부를 해나가는 아이들은 어김없이 부모와의 관계가 좋다. 아이와 부모 사이의 조율이 잘 이루어질 때 아이는 자신의 내면을 안전하게 탐색할 수 있고, 실패를 두려워하지 않는다. 그런 아이들은 공부를 '해야만 하는 일'로 바라보지 않고 스스로 이유를 찾으면서 안정적으로 나아간다. 실패하거나 잠시 속도가 느려지더라도 두려워하지 않는다. 든든하게 자신을 믿고 기다려주는 부모가 있다는 걸 알기 때문이다. 반면 상처와 불신이 누적된 부모와 아이의 관계는 공부를 '견디는 일'로 만든다. 무엇을 위해, 왜 노력해야 하는지 자주 잊으며 주체적이기보다는 수동적인 아이로 성장할 가능성이 높아진다.

지난 책에서 나는 MBTI나 성향 분석을 통해 부모-자식 간 궁합에 대해 이야기했다. 각자 가지고 태어난 기질과 성향이 처음부터 잘 맞으면 좋지만 그렇지 않은 경우도 많다. 따라서 갈등을 최소화할 방법을 찾고 서로를 이해하기 위해 노력하는 것은 매우 필수적인 과정이다.

그런데 생각해보자. 초등학생인 아이가 부모의 성향과 기질을 이해하고 맞춰나가기란 쉽지 않다. 결국 '부모가 자식의 기질을 얼마나 세심하게 알아보려 하는가'가 정말 중요하다. MBTI를 떠나 모든 아이는 저마다의 특징이 있다. 아이마다 반응의 속도, 감정의 언어, 생각의 깊이가 다르다. 어떤 아이는 말로 격려받기를 원하고, 어떤 아이는 옆에 조용히 있어주는 것으로 충분하다. 이렇게 다른 아이들임에도 불구하고, 문제는 부모가 자신의 기준으로 아이를 대할 때 생긴다. 부모가 하는 모든 말과 행동의 근간에는 '사랑'이 있겠지만, 그 방식에는 차이를 둬야 한다는 뜻이다. 때로는 아이를 돕고자 했던 말이 오히려 비교와 압박으로 다가가고, 잘 지내보려 노력한 행동이 오히려 아이에게 스트레스를 주기도 한다. 그럴 때 서운함으로 아이를 다그치거나 실망감을 표현하는 대신 좀 더 마음을 터놓고 대화하며 서로를 이해하려 노력하는 태도가 중요하다. 아이가 먼저 하기는 힘들기에 여기에는 부모의 노력이 좀 더 강조된다.

이러한 작은 노력들은 아이들에게 놀라운 결과로 나타난다. 실제 상담 사례에서도, 부모와의 관계가 공부의 결과를 바꾼 아이들이 숱하게 있었다. 성격이 강하고 자신의 기준이 매우 명확한 부모가 내향적이면서도 자신의 세계가 분명한 아이를 만날 경우 매우 힘들어진다. 중학교 때부터 상담했던 A학생이 이런 경우였는데, A학생은 매번 부모의 기대와 현실 사이에서 자책했고, 대학 진학 이후에도 스스로의 결정을 신뢰하지 못해 괴로워했다. 반면, 똑같은 기질을 갖고 있었던 B학생의 부모는 아이가 점점 말이 없어지고 소통이 힘들어지는 것을 발견한 후 급히 나를 찾아왔다. 나는 부모가 변화해야 한다는 것을 여러 번 강조했다. 무척 힘든 과정이었지만 B학생의 부모는 최대한 아이를 이해하고 서로 소통하기 위해 노력했다. 그러자 아이는 점점 자신을 터놓기 시작하더니 특히 공부에 있어 자신만의 학습법을 만들고 진로를 설계해 나가는 놀라운 모습을 보였다. 대학 입시에 실패해 한번 재수하긴 했지만, 결국 당당하게 일어서 자신이 원하는 대학에 합격했다.

공부재능이란 자신을 믿고 자기를 움직일 수 있는 '내면의 힘'

이다. 이 힘은 '정서적 안전지대'가 주어졌을 때 가장 단단하게 자란다. 부모가 아이의 공부에 반드시 직접 개입해야 하는 건 아니다. 때로는 그저 옆에 있어 주는 것만으로도 아이에겐 큰 힘이 된다. '내가 너를 지지하고 있어. 언제나 네 편이야.' 하는 모습으로 말이다. 지켜보고 기다려주는 이가 있다는 사실은 아이를 절대 흔들리지 않게 해준다. 아니, 흔들려도 다시 돌아올 수 있다는 사실을 알게 해준다. 공부가 지루하거나 막힐 때, 아이는 그 존재를 떠올리며 다시 앞으로 나아간다. 실패해도 다시 일어설 수 있다는 자신감으로 스스로 기회를 부여한다. 정서적으로 안정된 아이들이 가진 놀라운 힘이다.

물론, 성향이 맞지 않는 부모-자식 관계는 갈등의 소지를 안고 있다. 하지만 서로의 사랑이 바탕이 된 관계에선 얼마든지 노력하며 맞춰갈 수 있다. 부모의 지혜가 있다면 그 속도는 더욱 빨라진다. 아이를 멀리 가게 하는 건 지식이 아니라 관계다. 눈앞의 성적을 넘어 긴 여정을 함께 걸어줄 수 있는 부모가 곁에 있다면, 공부는 더 이상 경쟁이 아니라 자신을 향한 여행이 된다.

7. 인성의 힘 : 자기 효능감을 높이다

요즘 아이들은 자존감은 높은 편이지만 정작 자기 효능감은 낮은 경우가 많다. 자존감이 '나는 괜찮은 사람이야.'라는 감정적 믿음이라면, 자기 효능감은 '나는 어떤 일이든 해낼 수 있어.'라는 실질적인 확신이다. 다시 말해 자존감이 존재의 뿌리라면, 자기 효능감은 행동을 밀고 나가는 에너지다. 그런데 많은 아이들이 이 에너지를 가지지 못한 채 공부를 마주하고 있다. 열심히 하려는 마음은 있지만 반복된 실패와 비교, 칭찬보다 비난이 더 많은 환경 속에서 '나는 원래 못 해.'라는 무기력에 갇혀버리는 것이다.

자기 효능감은 성취 경험, 명확한 목표의식, 그리고 롤모델을 통해 자라난다. 특히 부모와 교사로부터 받는 따뜻한 칭찬은 아이의 내면에 '나는 가능성이 있는 존재'라는 메시지를 심어주는 가장 강력한 도구가 된다. 하지만 현실에서 아이들은 "너 왜 이것밖에 못 했니.""다른 애는 이만큼 했는데 넌 왜 이래." 같은 비교와 실망의 언어를 더 자주 접한다. 그 결과, 아이는 도전보다는 회피를 택하게 되고, 자기 가능성에 대한 믿음 없이 남의 기준에 맞추는 데 급급한 성장을 반복한다.

자기 효능감에 있어 2가지 중요한 키워드는 바로 '칭찬'과 '롤모델'이다.

먼저, 칭찬에 대해 이야기해보자. 이 세상에 칭찬을 좋아하지 않는 사람이 있을까. 그런데 여기서 칭찬이란 단지 '기분 좋은 말'을 의미하는 게 아니다. 제대로 된 칭찬 한마디는 아이의 뇌에 긍정적 확신을 남기고, 이후의 행동에 영향을 미친다. 특히 결과가 아닌 노력, 점수가 아닌 과정, 속도가 아닌 지속성에 초점을 맞춘 칭찬은 아이를 깊은 곳에서부터 성장시키는 힘이 된다. 예를 들어 "100점 맞았네, 잘했어!"라는 말보다 "어려웠을 텐데 끝까지 포기하지 않고 해낸 게 대단하구나." 하는 말이 더 오래, 깊게 남는다. 이처럼 칭찬은 아이의 자기 효능감을 키워주는 피드백이자 거울이다.

반대로, 끝없는 지적과 비교는 아이를 끌어내리고 무엇을 하든 움츠러들게 만든다. 공부에 있어서는 그 자체에 대한 흥미와 자신감을 빼앗아간다. 자기 효능감을 가지려면 반드시 성취의 기억이 쌓여야 한다. 그것은 크고 거창한 것이 아니라, '해냈다'는 느낌의 반복을 통해 가능해진다. 작더라도 스스로 세운 목표를 이뤘을 때, 노력한 만큼의 결과를 얻었을 때, 부모나 교사로부터 인정받았을 때 그 작은 성공의 순간들이 쌓여 아이 안에 '나는 해낼 수 있어'라는 스스로에 대한 믿음이 조금씩 자리 잡게 되는 것이다.

이때 결정적인 역할을 하는 것이 롤모델이다. 롤모델은 아이에게 가능성을 눈앞에 펼쳐주는 살아있는 증거와 같다. '저 사람처럼 되고 싶다'는 마음이 들면, 아이는 그 방향으로 스스로 길을 만들어가기 시작한다. 막연한 조언보다 "네가 되고 싶은 사람은 누구야?"라는 질문이 아이의 동기를 더 단단하게 자극하는 이유다. 부모가 아이에게 진짜 조력자가 되어야 하는 이유도 여기에 있다.

자녀와의 관계는 학습의 가장 밑바탕이 되는 정서적 안전지대다. 앞에서도 강조했듯 공부를 잘하는 아이들의 공통점은 자신을 이해해주는 부모와의 정서적 친밀감이 바탕에 있다는 점이다. 부모가 아이의 기질과 성향을 이해하고, 그에 맞춰 소통하고 칭찬하고 기다려줄 수 있을 때, 아이는 자기 자신도 믿게 된다. 무엇보다 가장 가까운 존재인 부모가 자신을 인정한다면 그보다 든든한 게 어디 있을까. 가끔 부모가 자신의 가장 중요한 멘토라고 말하는 아이들을 보면 그 아이들의 멋진 미래가 그려진다.

결국, 공부는 정서의 그릇 위에 쌓인다. 아무리 좋은 환경과 지식이 있어도, 스스로 해낼 수 있다는 마음의 근육이 없다면 금방 지치고 흔들릴 수밖에 없다. 자기 효능감은 바로 그 마음의 근육이다. 공부재능은 타고나는 것이 아니다. 해낼 수 있다는 믿음, 그것을 뒷받침해주는 환경, 그리고 무엇보다도 자기 자신을 믿게 해주는 부모의 말 한마디가 아이의 진짜 재능을 깨운다. 칭찬은 아이를 특별하게 만들지 않는다. 이미 특별한 존재임을 아이 스스로 느끼게 해줄 뿐이다.

진로 – 나만의 나침반 찾기

공부는 삶의 '목적'이 아니라 자신이 가고자 하는 방향을 향해 나아가기 위한 '수단'이다. 그런데 많은 아이들이 '왜 공부해야 하는가'에 대한 답 없이 책상 앞에 앉는다. 진로는 직업을 고르는 일이 아니다. 내가 어떤 사람이며, 어떤 삶을 원하는지를 성찰하고, 그 길을 향해 한 걸음씩 내딛는 과정이다. 그래서 진로는 '나'라는 사람을 이해하려는 시도에서 시작된다.

아직 어린 초등학생에게 진로를 말하는 것이 이르다고 느껴질 수도 있다. 하지만 지금이야말로 다양한 가능성을 열어두고, '이런 것도 해볼 수 있어.' '나는 이럴 때 몰입하더라.' 등의 경험을 쌓기에 가장 좋은 시기다. 이때의 경험은 어느새 자신의 관심과 기질, 재능을 비추는 거울이 된다. 방향 없이 공부만 반복하다 보면, 아이는 결국 목표 없는 속도에 지치고 만다. 반대로 손에 나침반을 쥔 아이는 조금 느릴지라도 분명한 목적지를 향해 묵묵히 나아간다.

이 장에서는 고등학교 선택이라는 현실적인 분기점부터, 다양한 경험을 통한 진로 탐색, 그리고 지금 아이들이 마주한 스마트폰과 게임이라는 혼란의 변수까지 함께 살펴보려 한다. 아이가 자신의 길을 주체적으로 걸어가려면, 선택 앞에서 주저하지 않는 힘이 필요하다. 진로 교육은 그 힘을 기르는 과정이며, 공부재능은 바로 그 선택의 순간마다 제 빛을 드러낸다.

8. 고등학교 선택의 길목 : 고교학점제의 핵심 파악하기

●

아이가 중학교를 졸업한 뒤 어떤 고등학교에 진학하느냐는 그 이후 진로 전반에 큰 영향을 미친다. 이제는 성적순이 아닌 '무엇을 좋아하고 어떤 분야에서 몰입하여 성과를 낼 수 있는가'를 중심으로 학습 경로를 설계하는 시대가 되었다. 인트로에서 설명했듯 '고교학점제'는 이러한 변화의 중심에 있다.

2025년부터 전면 시행된 고교학점제는 학생이 직접 과목을 선택하고, 일정 기준 이상의 학점을 이수해야 졸업할 수 있는 제도다. 이는 과거 내신 중심, 정해진 시간표대로만 움직이던 고등학교 교육에서의 큰 전환점이 되었다. 대학처럼 선택형 수업 구조가 도입되면서, 수강 과목에 따라 아이의 진로 역량과 입시 전략 자체가 달라진다. 지금까지는 시험 성적이 진로의 핵심이었다면, 고교학점제가 자리 잡힌 이후부터는 '무엇을, 왜 선택했는가'가 평가의 기준이 된다. 과거엔 '일단 대학에 들어가고 보자.' 하는 마음으로 점수를 보고 달렸다면, 이제는 고등학교 선택 때부터 아이가 어떤 학습 환경에서 자신의 역량을 펼칠 수 있는가를 중심으로 고민해야 하는 시대가 된 것이다.

특히 2028학년도부터는 2022 교육과정 개정에 따라 수능이 통합형으로 변경되고, 내신은 9등급제에서 5등급제로 바뀐다. 즉, 현재 고등학생부터는 수능의 변별력이 현저히 줄어들고, 대학 입시에서 내신과 수능의 영향력이 축소되는 구조로 가게 되는 것이다. 과거 선택해 응시했던 과탐 8과목, 사탐 9과목이 모두 통합되어 모든 수험생이 동일한 시험을 치르게 된다. 이는 상위권 학생들에게도 새로운 변수로 작용할 수밖에 없다. 이처럼 변별력이 약화된 환경에서 대학은 무엇을 기준으로 학생을 평가할까? 바로 학생의 진로 역량, 선택 과목의 연계성, 수업 태도, 독서 활동, 비교과 경험, 그리고 면접에서 드러나는 자기주도성과 지적 호기심이다. 예를 들어 의대를 진학하려는 학생이라면 고교 과정에서 반드시 기초 의학이나 생명과학 관련 과목을 선택하고, 그에 맞춘 학습 경험을 준비해야 한다. 단순히 성적만으로는 대학을 설득할 수 없는 시대가 도래한 것이다.

이러한 변화는 결국, 아이 스스로가 자신의 진로 방향과 공부의 의미를 어느 정도 이해하고 있어야 가능한 일이다. 문제는, 대부분의 아이들이 아직도 '공부는 해야 하니까 한다' '부모가 시켜서 한다'는 태도를 벗어나지 못하는 현실이다. 고교학점제는 '무엇을 선택할 것인가'가 중심이 되는 구조이기 때문에, 그 선택의 근거가 명확해야 한다. 그런데 아무런 목표의식도 없이 선택만 늘어난다면, 오히려 길을 잃기 쉽다. 따라서 초등학교 시기부터 아이가 자신의 성향과 관심사, 강점을 탐색해보는 것은 진로를 위한 사전 정보를 수집하는 수준을 넘어서는 중요한 의미를 지닌다.

아이의 진로 방향은 대부분 '호기심'에서 출발한다. 특정 분야에 관심을 가지게 된 순간, 그것이 공부에 대한 동기로 전환되는 경우가 많다. 그렇기에 초등 시기부터 다양한 경험을 통해 아이의 관심 영역을 넓혀주고, 자신의 언어로 표현할 수 있게 도와주어야 한다. 고등학교 선택은 결국 '무엇을 잘하고 좋아하는가'에 대한 아이 나름의 답을 요구하는 문제이기 때문이다.

여기서 부모의 역할은 명확해진다. 아이가 자기 자신에 대해 성찰할 수 있도록 다양한 활동의 기회를 제공하고, 그 속에서 아이가 무심코 흘려보낸 강점과 감정을 함께 짚어주는 것이다. 초등학교 아이들은 "넌 뭘 좋아해?" "뭘 할 때 가장 재밌어?"라는 질문을 매우 좋아한다. 자주 이런 질문을 하며 자기 자신을 발견하도록 도와주는 건 큰 도움이 된다. 가끔은 아이가 스스로 느끼지 못하는 재능도 부모의 눈에는 보일 수 있다. 이럴 때는 "이건 네가 잘하니까 무조건 이쪽으로 가야 해."라는 일방적인 결정 대신 아이가 이 부분에 대해서도 생각해볼 수 있도록 자극하는 정도로도 충분하다. 결국, 부모는 아이의 이야기를 귀 기울여 듣고, 함께 정리해주는 조력자의 역할로서 존재해야 한다.

공부재능은 결국 선택의 순간에 빛난다. 강요로 이뤄진 공부는 오래가지 않지만, 자기 안의 확신과 방향을 바탕으로 시작된 공부는 강력한 지속력을 가진다. 고교학점제는 그 선택을 아이에게 넘긴 제도이고, 따라서 아이가 공부의 이유를 이해하지 못한다면 그 구조 안에서 쉽게 흔들릴 수밖에 없다. 공부재능을 키운다는 것은, 아이가 스스로 배움의 방향을 설정하고 그 길을 향해 집중할 수 있는 내적 동력을 키워주는 일이다. 앞으로 변화하는 교육 트렌드는 '선택' 앞에서 당당하게 자기 의견을 정리해내는 힘이 가장 중요해진다. 부모가 어떤 역할을 해야 할지에 대해 진지하게 고민해야 할 순간이다.

9. 다양한 경험의 가치 :
활동으로 배우는 세상

●

어릴 적 기억을 떠올리면 미소가 지어지며 가슴이 벅차오르는 순간이 몇 장면 있다. 지금은 시간이 흘러 까마득하지만 친구들과 산으로 들로 다니며 놀았던 기억이 그중 몇 장면을 차지한다. 봄, 여름, 가을, 겨울이라는 사계절이 삶 속에서 자연스레 녹아들어 제철의 아름다움을 즐겼다. 해가 질 무렵 저녁을 먹으러 오라고 부르던 어머니의 목소리가 귓가에 생생하다. 이러한 아름다운 기억들은 내가 성장하고 어른이 되면서 매 순간 중요한 정서적 토대로 자리했다. 많은 친구들과 어울리며 서로를 이해하는 방법, 다름을 받아들이는 방법을 배웠다. 자연이 얼마나 위대하고 놀라운 것인지도 배웠고, 그래서 겸손해질 수도 있었다. 공부에 매진하는 습관은 단단한 체력과 부모로부터 배운 성실성 위에서 알곡처럼 쌓였다. 때때로 실패의 경험도 있었지만 주변의 지지자들과 다양한 경험들이 나를 다시 일으켜 세웠다.

나는 '공부'라는 단어가 반드시 책상 앞에서만 채워지지 않는다는 사실을 확신한다. 진짜 학습은 세상을 경험하고, 그 안에서 스스로를 이해하는 과정에서 시작된다. 우리가 글자를 익히고 문제를 푸는 능력을 키우는 것도 물론 중요하지만, 무엇을 느끼고, 어떻게 반응하며, 어떤 삶을 원하는지를 알아가는 것은 그보다 더 깊은 공부라 할 수 있다.

초등 시기는 아이가 다양한 세계와 접촉할 수 있는 가장 유연한 시기다. 이 시기엔 시험 성적보다 더 중요한 것이 있다. 바로 경험이다. 동아리 활동, 봉사활동, 체험학습, 프로젝트 참여 등은 아이가 자신의 관심사를 탐색하고, 몰입을 경험하며, 자신이 어떤 사람인지 천천히 알아가는 기회가 된다. 단지 바쁘게 무엇을 한다는 것이 아니라 '왜 이 활동이 좋았는가' '어떤 순간에 내가 집중했는가'를 돌아보게 하는 것이 핵심이다. 나는 저녁 밥상머리에서 항상 "오늘은 뭘 하며 놀았어?" "재미있었니?" 하는 부모님의 질문에 대답하며 나 자신을 알아가곤 했다.

특히 봉사활동은 더 이상 선택이 아닌 필수적인 교육 경험으로 떠오르고 있다. 예를 들어, 네덜란드에서는 의대 입시에서 신입생의 절반을 추첨제로 선발하는데, 이 추첨의 전제 조건은 '어린 시절부터 봉사활동을 꾸준히 해온 학생'이다. 점수로만 줄을 세우지 않고, 공동체와 타인에 대한 감각을 길러온 삶의 태도를 평가하는 것이다. 실제로 네덜란드 대학들은 세계 100위권 안에 4~7곳이 포함될 만큼 우수한 교육 결과를 보이고 있다.

또한 미국과 유럽의 여러 연구에서도 봉사활동은 공감 능력, 리더십, 자아 정체성, 문제 해결 능력을 향상시키는 데 효과적이라는 결과가 있다. 어떤 아이는 봉사활동을 통해 '내가 남에게 도움을 줄 수 있는 존재'임을 실감하며, 자존감과 자기 효능감을 키워간다. 부모가 이런 경험을 '스펙'이 아닌 '삶의 일부'로 인식하고 지지해줄 때, 아이는 단단한 내면을 갖게 된다.

경험은 때로 성적보다 훨씬 더 강력한 자기 설명의 언어가 된다. 진로를 고민할 때, 면접관 앞에 섰을 때, 아이는 말할 것이다.

"제가 가장 몰입했던 건 이러이러한 활동이었고, 그때 저는 이런 사람이 되고 싶다고 느꼈습니다."

경험은 아이에게 삶의 방법을 가르치는 살아있는 교과서다. 공부는 대학 입시와 동시에 끝나는 것이 아니라 평생에 걸쳐 해나가야 하는 삶의 과제다. 초등 시기에 아이가 하는 활동들을 지지하고 남을 돕는 활동에 노출될 수 있도록 도와주자. 세계를 움직이는 1%의 유대인들은 태어나면서부터 이러한 관념을 갖고 행동으로 실천할 수 있도록 가르친다. 이런 경험들은 누가 시켜서가 아니라 스스로를 이끄는 힘을 갖게 해준다. 공부재능은 시험 문제 속에서가 아니라 세상을 살아내는 경험 속에서 깨어난다는 것을 기억하자.

10. 게임과 스마트폰 :
멀티태스킹의 함정을 피하다

언제부턴가 아이들이 책상에 앉아 있는 시간보다, 스마트폰을 쥐고 있는 시간이 더 자연스러워졌다(이는 어른도 별반 다르지 않다). 숙제를 하면서도 이어폰을 꽂고 유튜브를 틀어놓고, 문제를 풀다 말고 채팅창 알림을 확인한다. 한 번에 2가지, 3가지 일을 동시에 해내는 듯 보이지만, 실은 그 어떤 일에도 깊이 몰입하지 못한 채 표면만 스쳐 지나간다. 멀티태스킹은 능력이 아니라 착각, 즉 뇌 속임이다.

스마트폰과 게임이 아이들의 삶에 너무 깊이 들어오면서, 이들은 학습뿐 아니라 정서와 진로에도 점점 더 직접적인 영향을 주고 있다. 특히 초등학생 시기에 형성되는 인지 습관은 이후 공부 태도와 집중력에 결정적인 차이를 만든다. 멀티태스킹에 익숙해진 아이는 '깊은 사고'보다 '빠른 반응'에 길들여지고, 결국 복잡한 문제 상황을 오랫동안 탐색하고 인내하는 능력을 잃게 된다. 즉, 단순한 일을 할 때만 가능하다.

중요한 것은, 이 기술 중독이 단순한 생활 습관의 문제를 넘어서 아이의 '정체성'과 '미래'에도 영향을 준다는 점이다. 요즘 아이들에게 진로를 묻는다면 열 명 중 여덟은 '크리에이터'나 '게임 개발자'라는 대답을 한다. 이는 시대의 흐름을 반영하는 자연스러운 현상이기도 하다. 하지만 문제는, 흥미가 곧 진로가 되기 위해서는 반드시 '유능감'이 함께 있어야 한다는 점이다. 여기서 유능감이란 '나는 이것을 해낼 수 있다'는 능력에 대한 자기 인식이다. 따라서 게임을 좋아하는 것과, 게임을 설계하거나 개발할 수 있는 능력은 전혀 다른 영역이다.

진로는 결국 장기 목표다. 그런데 아이가 매일 노출되는 게임과 영상 콘텐츠는 즉각적인 자극과 보상을 기반으로 작동한다. 이 둘 사이의 간극은 크고 깊다. 진로를 정하지 못하는 많은 청소년들이 겪는 혼란은, 어린 시절부터 지속된 즉각적 자극 중심의 습관과 무관하지 않다. 즉각적인 재미에 익숙해진 뇌는 미래를 위한 지연된 보상에는 잘 반응하지 못한다.

게다가 이런 콘텐츠 소비는 아이들의 정서 상태에도 미묘한 변화를 일으킨다. 짧고 강한 자극에만 반응하게 되면서 감정 조절이 어려워지고, 일상적인 상황에서의 지루함이나 좌절을 참는 힘이 약해진다. 이는 학습뿐 아니라 또래 관계, 부모와의 소통에도 영향을 미친다. 점점 더 짜증을 내고, 대화보다 화면을 택하며, 세상과의 연결보다 혼자만의 세계에 몰두하게 된다. 실제로 미국의 명문대에 다니는 대학생들에게서 섭식장애, 우울증, 향수병, 강박증 등의 불안증이 공통적으로 나타나 조사해보니, 그들은 스마트폰과 소셜미디어를 십대부터 접한 첫 세대임이 밝혀졌다. 그들은 어릴 적부터 평균 하루 9시간 이상 디지털 기기를 썼고, 쉼 없이 문자메시지에 시달리며 뇌에 부정적인 영향을 받고 있었다. 이러한 정신건강과 관련한 문제는 대학생뿐 아니라 그와 비슷한 세대의 십대들에게도 전반적으로 나타났는데 미국에 스마트폰이 일반화된 시기와 정확하게 일치한다는 결과는 모두에게 큰 충격을 안겨주었다.

그렇다면 부모는 무엇을 해야 할까? 무조건 사용을 금지하는 것이 아니라 '어떻게 사용할 것인가'를 함께 설계해주는 태도가 필요하다. 장기적으로 볼 때 '스마트폰을 쥐고 태어난, 디지털 네이티브'인 알파, 베타 세대들이 디지털기기를 사용하는 것을 막을 방법은 없다. 따라서 하루의 어떤 시간은 집중을 위한 '무자극 구간'으로 확보하고, 대신 다른 시간에는 영상 콘텐츠나 게임을 즐기는 시간을 허용하는 '균형 감각'이 중요하다. 더 나아가, 아이가 진짜 흥미를 느끼는 대상이 무엇인지, 그것을 어떻게 현실의 진로와 연결시킬 수 있을지를 함께 탐색해주는 역할이 부모에게 주어져야 한다.

나를 찾아오는 많은 부모들이 "우리 아이, 왜 이렇게 집중을 못할까요?" "대체 왜 이렇게 산만할까요?"라고 토로한다. 하지만 질문을 바꿔야 할 시점이다. "지금 아이가 무엇에 몰입하고 있나요?" 혹은 "아이가 몰입하는 대상이 지속가능한 상태인가요?" 등으로 질문해야 한다. 이 '지속 가능한 몰입'이 무엇인지, 그리고

공부 골든타임

그 몰입이 아이를 어디로 데려갈 것인지를 함께 성찰해야 한다. 공부재능은 '깊이 몰입할 수 있는 힘'에서 비롯된다. 스마트폰과 게임은 이 힘을 분산시키고 흐트러뜨리는 대표적인 장애물임은 분명하다. 따라서 이 부분에 대해서는 부모의 세심한 개입이 필요하다. 초등학교 시기에 부모와 이 부분을 잘 조율하고 건강하게 자리 잡아 나간다면 아이는 스스로 조절하고 분별하는 능력을 서서히 키워나갈 수 있게 된다. 지금 아이가 향하고 있는 화면의 방향이, 그 아이의 인생 방향이 되지 않도록 부모가 반드시 개입해야 할 이유다.

공부는 단거리 경주가 아니라 인생이라는 긴 여정을 걸어가는 일이다. 그리고 그 여정의 출발점에 놓인 초등 시기는 그 '방향'을 결정짓는 골든타임이다. 이 시기에 어떤 기초를 다지느냐에 따라, 아이의 배움은 흔들림 없는 내공으로 자라날 수 있다. 여기 정리한 10가지는 내 아이의 재능을 깨우고 날개를 달아줄 중요한 요소들이다. 아이가 스스로 공부하고 성장할 수 있는 힘을 키워주는 밑거름인 것이다. 지금 부모가 아이와 함께 소통하며 심어주는 것은 아이의 인생이 어떤 모양과 색깔을 띠게 될 것인가에 지대한 영향을 미친다. 지금 우리가 심는 작은 씨앗이, 먼 훗날 아이가 자신의 삶을 주도하는 단단한 나무로 키워낼 수 있도록, 부모의 준비도 함께 깊어져야 한다.

Golden Time for Studying

Part 2

아이 성향에 맞는 공부법이 재능을 폭발시킨다

아이의 숨겨진 보석을 빛내는
맞춤형 학습 로드맵

왜 속도보다 방향이 더 중요한가

준서는 초등학교 때부터 오랜 시간 동안 봐 온 아이이다. 처음부터 공부에 특별한 재능이 있거나 성적이 뛰어난 학생은 아니었지만 그때나 지금이나 항상 표정이 밝고 안정적인 친구였다. 다른 아이들이 초등 시기부터 겪어온 압박과 비교 속에서 생기 빠진 모습으로 그늘에 머물러 있을 때, 준서는 무엇을 배우든 '어떻게 하면 성적이 잘 나올 것인가'보다 '나에게 맞는 학습방식은 무엇인가'를 먼저 고려하려는 경향이 있었다. 그러다 보니 쉴 틈 없이 이어지는 학원스케줄, 성과 중심의 문화, 스스로 정리할 여유가 없는 배움의 사이클 속에 번아웃에 몰린 다른 아이들과는 달리 자신의 리듬을 잃지 않고 성장하는 힘을 가질 수 있었다.

그 결과, 중학교 후반부터 학습 효율이 크게 상승하더니 원하는 진로로 자연스럽게 진입했고, 대학에서도 자기 속도와 패턴을 유지하며 캠퍼스 생활을 활기차게 이어가고 있다. 준서가 보여준 것은 특별한 두뇌가 아니라, 자신의 기질을 알고 그에 맞는 공부법을 일찍 확보했을 때 어떤 속도로 성장하는가였다.

나는 아이들을 볼 때면 저마다의 색깔이 떠오른다. 이렇게 아이 각각이 가진 다양한 성향, 기질은 우열의 문제가 아니라 아이의 자연스러운 학습 방식과 사고 흐름을 결정짓는 '기본값'에 가깝다. 그런데 많은 부모와 교사들이 이 기본값을 보기 전에 공부법부터 적용하려 한다. 모든 아이에게 같은 방식이 효과적일 것이라는 전제가 자리 잡고 있기 때문이다. 그러나 기질을 고려하지 않은 공부법은 금방 한계에 부딪히고, 아이는 스스로 부족하다고 오해하거나 무기력해지기 쉽다.

공부의 결과는 재능이나 성실함만으로 결정되지 않는다. 자기 기질에 맞는 방법을 얼마나 일찍 발견했는가, 이 요소가 생각보다 강력하다. 어떤 아이는 정보를 눈으로 정리해야 이해가 빠르고, 어떤 아이는 입으로 설명해야 개념이 정리된다. 어떤 아이는 짧은 목표를 순차적으로 달성할 때 동력이 생기고, 어떤 아이는 전체 구조를 먼저 파악해야 움직임이 생긴다. 즉, 기질을 알면 '왜 이 아이는 이 방식에서 막히는지'가 명확해지고, '어떤 방식이 이 아이에게는 전진의 힘이 되는지'가 보인다.

아이의 성향과 기질을 이해하는 일은 공부를 쉽게 만드는 가장 근본적인 출발점이다. 기질을 알면 아이가 어떤 환경에서 집중하고, 어떤 방식에서 동기부여되며, 어떤 접근을 할 때 성장이 가속되는지 구체적인 방향을 잡을 수 있다. 이는 아이의 성적을 올리기 위한 전략 이상의 의미를 가진다. 아이가 배우는 과정을 스스로 납득하고, 자신의 강점을 활용해 효율적으로 나아갈 수 있도록 만드는 사실상의 '학습 내비게이션'이 된다.

앞으로 이어질 내용에서는 여러 기질 유형을 다양한 관점에서 살펴보고, 각 성향이 학습 과정에서 어떤 패턴을 보이며 어떤 방식에서 성취도가 극대화되는지를 구체적으로 다루려 한다. 만약 지금까지 아이의 노력에 비해 결과가 더디게 나왔거나, 공부가 늘 힘겹고 자신감을 잃어가는 모습이 보였다면, 그 이유는 의지가 약해서가 아니라 기질과 공부법이 맞지 않았기 때문일 가능성이 크다.

송어와 산천어는 치어가 같다. 바다로 가면 송어(길이 80cm)가 되고 민물로 가면 산천어(길이 20cm)가 된다. 환경에 따라 크기와 모양이 바뀌는 것이다. 초등 아이들의 능력은 큰 차이가 없다. 환경과 부모의 역할 관계에 의해서 능력이 결정된다 해도 과언이 아니다.

학습능력을 알면 길이 보인다 : 내 아이에게 맞는 학습법

아이마다 가진 기질과 학습능력은 제각각인데, 실제 학습 현장은 오랫동안 모든 아이에게 같은 방식의 공부를 요구해왔다. 그러다 보니 능력이 있음에도 제 속도를 찾지 못해 불안해하는 아이, 충실하게 따르지만 성장은 더딘 아이, 의지는 있지만 방법이 맞지 않아 금세 번아웃되는 아이들이 생겨난다. 이는 아이의 의지가 부족해서가 아니라 기질과 공부법이 맞물리지 않아서 생기는 문제가 훨씬 많다. 결국 중요한 건 아이가 어떤 유형에 속하는지를 정확히 아는 일이고, 그에 따라 접근 방식을 달리해야 한다는 점이다.

아이들의 공부 성향은 단순히 '열심히 한다' 혹은 '게으르다'로 설명되지 않는다. 어떤 아이는 조금만 설명해도 금세 핵심을 파악하고 몰입하는가 하면, 어떤 아이는 열심히 하는데도 성과가 더디

공부 골든타임

고, 또 어떤 아이는 이해 능력은 좋은데 꾸준히 이어가지 못한다. 이러한 차이는 대부분 기질과 학습 방식이 얼마나 자연스럽게 맞물리느냐에 달려 있다. 기질을 파악하는 순간, 아이가 어떤 환경에서 집중이 살아나고, 어떤 방식에서 동력을 잃는지, 무엇이 성장의 속도를 끌어올리는지를 훨씬 명확하게 볼 수 있다.

유형별 맞춤 학습법 : 최적의 공부 방법이 최고의 결과를 낸다

"공부 잘하는 아이들은 도대체 뭐가 다른 걸까요?"

많은 부모가 이 질문에 숨겨진 답을 '노력'에서 찾으려 하지만, 실제로 공부 성과를 크게 좌우하는 것은 노력 그 자체가 아니다. 공부에는 분명한 재능의 요소가 있다. 아이마다 타고난 사고 속도, 이해 방식, 정보 처리 방식은 서로 다르고, 이 차이가 학습 성과에 직접적인 영향을 미친다. 그래서 어떤 아이는 금방 개념을 파악하고 확장해 나가지만, 어떤 아이는 시간이 오래 걸리거나 다양한 설명이 필요하다.

그렇다고 해서 공부머리가 선천적으로 결정된다는 말은 아니다. 오히려 중요한 지점은 그다음이다. 타고난 능력은 있지만, 그 능력을 어떻게 열어주느냐는 후천적 설계의 문제다. 아이의 성향과 인지 특성을 정확히 읽어내고, 그에 맞는 학습 전략과 환경을 조성하면 지금까지 잠겨 있던 능력이 열리듯 확장되는 순간이 찾아온다. 나는 상담에서 이 장면을 수도 없이 보아왔다.

이를 위해 가장 먼저 해야 할 일은 아이의 학습능력이 어떤 구조로 이루어져 있는지 파악하는 것이다. 아이의 강점과 약점이 어디에 있는지, 어떤 정보 처리 방식이 자연스러운지에 따라 학습 패턴은 완전히 달라진다. 어떤 아이는 온라인 강의가 더 잘 맞고, 어떤 아이는 대면 수업에서 집중력이 살아난다. 종합반에서 힘을 발휘하는 아이가 있는 반면, 개별 지도가 훨씬 효율적인 아이도 있다. 심지어 고교 선택에서도 이러한 차이는 그대로 이어진다.

그 학습능력을 구성하는 핵심 요소가 바로 어휘력, 추리력, 수리력, 공간지각력으로 정의되는 4가지 인지능력이다. 이 4가지는 아이가 세상을 이해하고, 문제를 해결하고, 배움을 확장하는 데 필요한 기본 틀이다. 아이의 공부머리를 열기 위해서는 이 4가지 능력이 어떤 모습으로 발달해 있는지를 정확히 파악해야 한다.

공부머리 좌우하는 4가지 인지능력

- 어휘력 : '읽기' '쓰기' '말하기'에 대한 능력으로, 학습에 있어 가장 기초적인 부분
- 추리력 : 어떤 사물이나 정보에 대해 사고, 분석하는 능력
- 수리력 : 수학적 논리적 사고와 문제해결력을 갖춘 기본 능력

• 공간지각력 : 공간능력과 지각능력, 관찰력

4가지 능력 중 선천적으로 타고나는 영역인 공간지각력을 제외하고 '어휘력' '추리력' '수리력'은 후천적으로 개발되는 영역이다. 따라서 3가지 인지능력들은 반복과 정리학습을 통해 강화될 수 있다. 아이가 11세가 되기 전에 인지능력이 생길 수 있도록 학습을 구체화하고, 체계화시켜 뇌에 방을 만드는 일을 해주어야 한다. 그 방법이 바로 '반복과 정리'이다. 문제는 요즘 아이들의 경우, 이를 강화하기 위한 반복학습과 정리를 귀찮아하는 경우가 많고 아이의 창의력을 해칠 수 있다는 우려, 혹은 아이와 학습으로 씨름하기 싫은 부모님들의 애로사항이 되는 탓에 체계적인 학습에 어려움을 겪는다는 것이다. 이는 현재 우리 교육이 아이들의 인지능력 형성 단계를 소홀히 한다는 점에서 비롯된다.

학습지도 유형

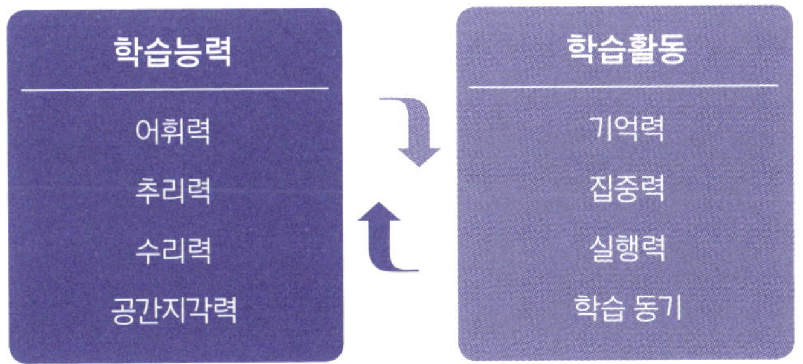

공간지각력은 확산적 사고와 외부에 대한 관찰력, 그리고 다양한 정보를 시각적으로 연결해내는 능력과 관련이 있다. 창의적 문제 해결이 중요한 오늘날의 학습 환경에서는 이 능력이 매우 강력한 기반이 된다. 무엇보다 공간지각력은 다른 인지능력들과 결합할 때 시너지 효과가 크게 나타나는 특징이 있다. 다만, 공간지각력이 높다고 해서 자동으로 공부를 잘하게 되는 것은 아니다. 이 능력의 높고 낮음이 성적을 직접적으로 가르는 기준은 아니라는 뜻이다.

공간지각력이 높은 아이들은 대체로 우뇌 기반의 사고 특성을 보이기 때문에, 초등학교처럼 통합적 사고가 강조되는 시기나 대학교처럼 자기주도적 탐구가 중요한 단계에서는 강점을 드러내기 쉽다. 반면, 중·고등학교처럼 개념을 구조화하고 논리적으로 정리해야 하는 시기에는 좌뇌적 사고가 조금 더 유리하게 작용한다. 예를 들어 수리력과 공간지각력이 함께 높은 아이는 영재고나 과학고에 적합한 인재로 성장할 수 있지만, 공간지각력만 높고 수리력이 따라오지 않는 경우에는 이해는 빠르지만 응용력과 깊이에서 아쉬움을 느낄 수 있다.

반대로 공간지각력이 낮은 아이들은 주어진 과제를 성실히 수행하는 데는 강점을 보이지만, 문제를 새롭게 해석하거나 적용하는 과정에서는 어려움을 겪을 수 있다. 이런 아이가 지나치게 창의·융합 중심의 교육 환경에 놓이면 힘들어질 수 있으므로, 보다 체계적이고 단계적인 교육과정을 제공하는 일반고가 더 적합할 수 있다.

이렇듯 공간지각력은 '높아서 무조건 유리하다'거나 '낮아서 불리하다'로 단순화할 수 없는 능력이다. 오히려 다른 인지능력들과 어떻게 조합되는가에 따라 전혀 다른 학습 결과를 만들어내는 유연한 특성의 능력이라고 보는 것이 정확하다. 앞으로의 시대에서는 시각적 이해력과 창의적 사고가 더욱 중요해지는 만큼, 공간지각력을 균형 있게 발달시키는 것이 좋은 학습 성과로 이어질 가능성이 높다. 결국 4가지 인지능력의 구성과 조화를 정확히 파악해, 각 능력이 균형 있게 성장할 수 있는 학습 전략을 찾는 것이 가장 현명한 접근이다.

공부 효율성을 높여주는 4가지 학습활동력

아이의 공부 효율을 결정하는 또 하나의 축은 학습활동력이다. 인지능력이 타고난 재료라면, 학습활동력은 그 재료를 실제 학습 과정에서 어떻게 발휘하느냐를 보여주는 부분이다. 기억력, 집중력, 실행력, 학습 동기와 같은 요소들은 선천적이라기보다는 아이의 성향과 경험에 따라 달라지며, 노력과 환경에 따라 충분히 변화할 수 있다.

기억력 | 학습한 내용을 잊어버리지 않는 능력

기억력이 좋은 경우, 학습 효과가 높을 뿐만 아니라 암기력 역시 자연스럽게 뛰어나다. 따라서 기억력이 좋은 아이라면, 머리만 믿고 단순 암기 위주의 공부만 하기보다는 '집중력' '실행력' '학습 동기'가 동시에 높아질 수 있게 해줄 때 학습활동력이 우수한 학생이 될 수 있다. 암기력과 기억력은 차이가 있다. 암기력은 장기기억이자 반복을 통해서 생긴다. 기억력은 단기기억이자 순간적인 처리속도로 지능과 밀접한 관계가 있다.

집중력 | 학습에 집중할 수 있는 힘

공부를 잘하는 아이들은 집중력이 높다. 그러므로 집중력이 우수한 아이는 자신이 하고자 하는 일에 대한 성취감 또한 높다. 반면에 집중력이 낮은 아이의 경우, 외부 환경에 쉽게 좌우되는 경향을 보인다. 집중력이 다른 학습활동력에 비해 낮은 경우, 아이의 관심사가 부모와 다를 수 있다는 점을 생각하여 아이가 원하고 잘할 수 있는 것을 찾아주는 것이 필요하다.

실행력 | 자신이 생각한 일을 실제로 계획하여 행하는 능력

실행력이 우수한 아이는 목표의식이 뚜렷하다. 따라서 체계적인 학습을 선호한다. 반면에 실행력이 낮은 아이는 혼자 계획하고 실천하는 것을 힘들어한다. 그러므로 실행력을 높여주기 위해서는 아이의 현재 상태를 점검하고, 구체적인 학습 목표와 계획을 세우는 방법을 지도해주는 것이 필요하다. 학습적인 에너지를 써야 가능하고 학습 후 정리까지가 실행력이다.

학습 동기 | 학습을 하는 뚜렷한 목표의식과 이유, 방향

학습 동기가 우수한 아이는 미래에 대한 꿈과 목표가 있다. 반면에 그렇지 못한 아이는 구체적인 목표와 비전이 없다. 그러므로 학습 동기가 부족한 아이들은 자신의 목표를 찾도록 도와주어야 한다. 아이가 자신이 공부를 하는 이유와 비전을 찾지 못한다면, 다른 학습활동력도 함께 떨어질 수 있기 때문이다. 즉 주의가 산만하고 집중력이 떨어지는 데다 공부에 관심을 갖지 않고 실행력도 부족해진다. 그만큼 학습 동기는 안정적인 학습습관을 위해 꼭 필요한 부분이므로, 부모의 각별한 관심이 필요하다.

요즘 아이들에게서 특히 취약하게 나타나는 영역은 실행력과 학습 동기다.

먼저 실행력은 계획을 실제 행동으로 옮기는 힘으로, 시간관리·목표 설정·노트 정리·예습과 복습의 루틴 같은 기본적인 학습 과정이 안정적으로 자리 잡아야 비로소 강화된다. 그러나 많은 아이들이 오랫동안 부모나 기관이 짜준 계획에 맞춰 학습하다 보니, 스스로 무엇을 어떻게 해야 하는지 판단하는 경험이 부족하다. 즉, '스스로 공부를 설계하는 힘'이 약한 것이다. 실행력을 높이기 위해서는 아이가 직접 계획을 세우고, 작게라도 목표를 완수하며 성취감을 느끼는 경험이 필요하다.

학습 동기도 마찬가지다. 내적 동기가 약하면 에너지가 방향을 얻지 못하고, 아무리 목표를 제시해도 쉽게 힘이 빠진다. 아이의 동기가 낮아 보인다면 먼저 학습에 대한 흥미가 소진되지 않았는지 살펴야 한다. 그 위에서 아이가 스스로 '해볼 만하다'고 느낄 수 있는 영역을 찾아주고, 작은 성공 경험을 반복해 자신감을 회복하게 해야 한다. 장기적으로는 아이가 의미를 느낄 수 있는 비전과 목표를 함께 설계해주는 과정이 중요하다.

이처럼 학습활동력은 인지능력, 이해 능력과 따로 떼어놓을 수 없다. 실행력과 동기가 약하면 어떤 학습능력이 있어도 충분히 발휘되지 않고, 반대로 인지능력의 특성을 이해하지 못한 채 활동만 강조해도 비효율이 생긴다. 결국 아이에게 적합한 학습 스타일을 찾기 위해서는 학습능력과 학습활동력의 조합을 함께 읽어내는 것이 가장 중요하다. 이 2가지를 정확히 이해할 때 비로소 아이에게 맞는 학습 방향을 설계할 수 있고, 그 과정은 아이가 스스로 성장의 속도를 만들어가는 힘이 된다.

학원 선택 : 내 아이의 유형에 맞는 최적의 학습 환경을 찾아서

학습전략을 구체적으로 짜기 위해서는 학원 선택 역시 신중을 기해야 한다. 학원은 아이들이 학교 외에 가장 많은 시간을 보내는 공간이다. 그만큼 많은 시간과 비용을 투자해 보내는 곳이므로 '과연 내 아이에게 잘 맞는 학원인가?' '아이의 공부 상태는 어떤가?' '학습 효과는 얼마나 있는가?' 등을 꼼꼼하게 살펴보아야 한다. 하지만 무엇보다 중요한 것은, 학원은 어디까지나 도움을 주는 곳일 뿐이라는 점을 잊어서는 안 된다는 것이다.

대부분의 엄마들이 일단 아이를 학원에 보내놓아야 안심을 하는 경향이 있다. 하지만 모든 공부는 아이 스스로 극복해 나가는 과정임을 명심하자. 학원이 알아서 해주는 부분이 어느 정도 있긴 하지만 이는 도움 수준에 불과하다. 즉 절대 학원이 아이 공부의 전부라 맹신해서는 안 된다. 학원은 어디까지나 아이에게 필요한 부분을 채워주는 조력자라고 보아야 한다. 그러니 단순히 '유명하기 때문에' '잘 가르친다는 소문이 나서' '선행학습을 위해서' 등의 이유로 학원을 선택해서는 안 된다. 아이의 성향을 무시하고 선택하는 학원은 결국 실패로 이어진다. 지금은 어떤 학원을 다녀야 또는 누가 가르쳐야 하는 티칭이 중요한 것이 아니라 그것을 어떻게 받아들이고 어떻게 인식해야 하느냐 하는 공부 방법이 중요한 시기이다. 그러니 지금 아이에게 필요한 것이 무엇인지를 파악하고, 거기에 맞는 학원을 선택해야 한다. 아이의 성향, 즉 앞서 이야기했던 4가지 인지능력에 따라 학원을 살펴보는 것이다.

예를 들어 '어휘력' '추리력' '수리력' '공간지각력'이 모두 높은 아이가 있다면, 그 아이는 특목고 또는 자사고에 보내 자신의 능력을 마음껏 발휘하게 도와주면 된다. 하지만 현실적으로 4가지 학습능력을 다 갖추기란 쉽지 않다. 따라서 어떤 능력이 더 뛰어난지를 살펴보고, 학습능력에 맞춘 공부 방법을 찾는 것이 가장 현명한 방법이다. 그럼 지금부터 4가지 학습능력을 학습 환경에 따라 유형별로 분류하고 어떤 학원이 잘 맞는지 살펴보자.

협동표현형 | '어휘력'이 뛰어난 아이

어휘력이 우수하면 다른 과목의 학습 능률 또한 오른다. 어휘력이 좋다는 것은 비단 학습뿐만 아니라 사회생활을 하는 데 있어서도 큰 도움이 되며, 그만큼 자신의 생각을 명확히 표현할 수 있는 능력을 갖추었다는 의미다. 협동표현형인 아이들은 사회성이 좋고 대인관계도 좋다. 따라서 대부분 우호적인 환경에서 높은 학습효과를 보이고, 혼자 해결책을 찾아야 하는 상황에서 어려움을 느낀다. 그러므로 해당 유형의 아이들의 경우, 종합학원에서 여러 친구들과 학습하는 것이 효율적이다.

직관사고형 | '추리력'이 뛰어난 아이

직관사고형에 속하는 아이들은 전체적인 의미를 빠르게 잘 파악하며, 분석하고 사고하는 능력이 좋다. 또한 기발한 아이디어를 잘 내고 확산적 사고를 하는 편이다. 반면에 부분적인 이해도는 낮고 공부를 대충하는 경향이 있다. 과목에 대한 흥미의 편차가 매우 심하므로, 빠르고 구체적으로 피드백을 해줄 수 있는 조력자가 중요하다. 즉 직관사고형 아이들은 일대일 단과학원이나 소수정예가 잘 맞다. 특히 어휘력과 수리력을 보충하면 학습 효율을 최대화시킬 수 있다.

순차학습형 | '수리력'이 뛰어난 아이

기본적으로 수리력이 높으면 수에 대한 기초적 능력은 물론이고 논리적인 사고의 힘도 기를 수 있다. 또한 '암기력' '집중력' '지속력' '지구력' 등 사고력이 동반한다. 순차학습형인 아이들은 구체적인 정답을 순차적으로 잘 찾는 수렴적 사고를 하며, 뇌에 구조화와 체계화를 잘하지만 확산적 사고는 부족하다. 따라서 이런 유형은 공부할 때 숲은 못 보고 나무만 보게 되는 경우가 많다. 그러므로 해당 유형의 아이들은 전체적인 흐름을 익히려는 노력이 중요하다. 책을 추천할 때도 사고력과 확산력을 키울 수 있도록 해주는 책을 권하는 것이 좋다.

이 유형의 아이들은 외부 세계에 대한 관심이 많고 시각 정보가 탁월하며 창의적이다. 특히 타고난 기억력이 좋은 편이라 자신이 관심 있게 경험하고 체험한 것에 한해서는 기가 막히게 기억한다. 반면에 억지로 외워야 하는 영어단어는 하루 종일 걸리고, 반복을 싫어해 공부를 대충한다는 단점이 있다. 해당 유형의 아이들은 감정이 맞는 사람과 공부하면 학습 효율이 높아지므로, 일대일로 공부하는 것이 효과적이다. 또한 인정을 받으면 기분이 좋아 성적도 오르는 모습을 보인다. 따라서 공간지각력이 높으면 반복학습을 위한 수학을, 낮다면 창의적 사고 확장을 위한 국어를 깊이 공부하는 것이 필요하다.

이처럼 아이마다 어떤 능력이 더 강한지에 따라 학습 방향은 달라져야 한다. 기본적으로 '문제풀이 위주가 아니라 아이를 관리해주는가?' '아이가 스스로 공부할 수 있도록 개념을 잡아주는가?' '1년 이상의 커리큘럼을 갖고 있는가?'를 보는 것을 넘어, 지금 내 아이에게 필요한 학원이 맞는지를 살펴보아야 한다는 것이다. 그렇게 궁극적으로 아이가 4가지 인지능력들을 균형 있게 발전시켜 나갈 수 있게 해주어야 한다. '어휘력' '추리력' '수리력' '공간지각력'은 각각 발달하는 시기와 과정이 다르다. 따라서 학습 방법도 그에 맞게 '맞춤 학습법'이 이루어져야 최대한의 학습

능력을 끌어낼 수 있다.

　요즘 아이들의 학습에서 가장 큰 문제점은 읽기 능력이다. 보통 중학생이라면 비문학의 경우 1분에 800~1,000자 정도를 읽고 이해할 수 있어야 하는데 그렇지 못한 경우가 많다. 이로 인해 이해력과 집중력도 같이 떨어진다. 읽기 능력이 부족하면 독서나 논술 지도, 교과서 활용이 필요하고, 집중력이 부족하면 학습 환경(유튜브, 숏츠, 릴스)을 개선하고 유산소 운동을 통해 전두엽을 활성화시켜 몰입하는 훈련이 필요하며, 학습법에 문제가 있으면 코칭 학습(공부 방법) 등 그에 맞는 전문적인 학원들을 알아봐야 한다. 이러한 준비는 초등학교 때부터 이루어져야 한다. 요즘 큰 관심을 쏟고 있는 '문해력' 역시 중고등학교 때 잡으려면 훨씬 더 많은 시간과 노력이 요구된다.

　요즘은 자기주도학습의 중요성이 대두되면서 아이들의 학습 방법에 대해 연구하고 이를 변화시켜주는 학원에 대한 관심이 높아지고 있다. 최근에는 학업관리형 학원과 모든 것을 다 관리해주는 원스톱학원이 주목받고 있다. 부모는 카페에서 정보를 공유하고, 아이는 강의실에서 티칭을 받고, 혼공할 수 있는 독서실 공간까지 한 건물 안에서 원스톱으로 모든 것이 이루어진다.

　과목별 학원도 내 아이의 기본 실력을 철저히 파악한 후, 만약 기초가 없는 아이라면 보습 학원을 통해 개념부터 잡아줘야 한다.

아이의 성향에 따라 강하게 이끌어주는 학원이 맞는 아이가 있고, 우수한 아이들이 모인 학원에서 경쟁하는 것이 도움이 되는 아이가 있다. 또 일대일 또는 소수 정예로 개인별, 맞춤별 학습을 진행하는 학원이 필요한 아이도 있다.

요즘은 학원마다 전문적으로 강점이 있는 부분을 부각시키는 경우가 많다. 이러한 경향은 다양한 정보 속에서 학부모들이 학원을 선택할 때 도움이 될 수 있다. 과학고나 영재고, 외고, 자사고를 가려고 할 경우 각각의 특성에 맞는 강점이 있는 전문 학원을 찾아야 한다. 영어 학원의 경우도 기초가 부족한지, 내신을 관리하고 싶은지, 듣기평가와 외국인 회화를 잘하고 싶은지 등 필요에 따라 학원을 선택해야 한다. 그러므로 학원별 강점에 대해 미리 확인해보는 것이 좋다.

이제 학원도 자기 고유의 브랜드를 가지고, 새로운 교육트렌드에 맞춰 변화해야 한다. 단지 가르치기만 하는 것이 아닌 티칭과 코칭, 매니징Managing이 결합된 원스톱 서비스 맞춤 학원으로 탈바꿈해야 한다. 우선 학원 스스로가 입시와 학습 위주라는 인식에서 벗어나야 하고, 부모도 맞춤 학원을 선택할 수 있는 선구안을 가져야 한다.

학습능력과 학습활동과의 관계

아이들의 학습 성향을 이해하는 데 핵심이 되는 두 축이 있다.
바로 [학습능력(높음/낮음)]과 [학습활동도(높음/낮음)]다. 이 두 요소
가 만나는 지점에서 4가지 유형이 나타난다.

- 지시형(능력 낮음 × 활동도 낮음)
- 격려형(능력 낮음 × 활동도 높음)
- 지도형(능력 높음 × 활동도 낮음)
- 위임형(능력 높음 × 활동도 높음)

학습능력과 학습활동과의 관계

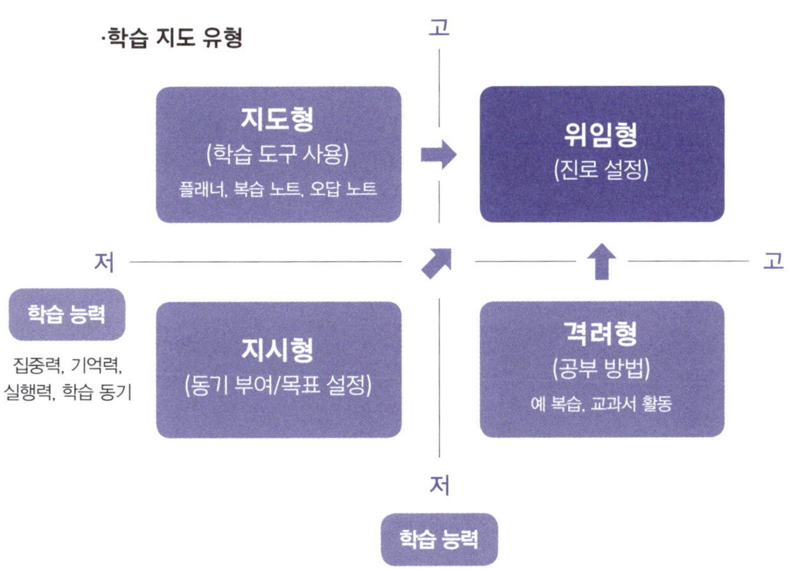

이 네 유형은 우열을 나누는 분류가 아니라, 아이의 학습 흐름이 어떤 구조로 움직이는지를 보여주는 일종의 지형도다. 그리고 여기에 담긴 시사점은 명확하다. 아이는 자신의 성향에 맞는 방식과 만날 때 몰입이 발생하고, 그 몰입이 성장을 견인한다.

유형별 솔루션

	진로 및 태도	학습 솔루션
지시형	• 잘할 수 있는 것 찾기 • 생활습관 개선 • 엉덩이 힘 키우기 • 특성화고	• 현실 직시 • 일정한 시간에 책상 앉기 • 흐름 파악 • 쉬운 과목부터 공부
격려형	• 자신감 부족으로 도전을 통한 성취감 • 공부방법(예습 중요), 개념-이해 위주 학습, 교과서 위주 학습, '學'인 과목 중요 (수학, 과학) • 구체적인 목표설정(내신형 일반고), 학생부 전형(종합, 교과)	• 역치 경험(한계치), 수학이 중요 • 플래너 평가(시간=양) 중요 • 교과서 개념 이해(학습목표 중심으로 설명해보기) • 설명해보기 • 예습, 복습 중요
지도형	• 내적 동기부여와 목표설정 중요, 자존감 증대(근자감) • 도구 사용, 반복과 정리, 학습적인 성실성 중요 • 시간관리 중점, '쬡'인 과목 중요(국어, 역사, 사회) • 특목고(영·과고, 수능형 일반고), 정시, 논술 전형	• 시행착오, 암기과목 중요 • 멀티태스킹(×), 학습친밀도(↑) • 플래너(계획 짜기) • 교과서 개념정리(백지테스트) • 노트 필기가 중요(정리)
위임형	• 진로 탐색을 통한 목표설정 및 특목고 선택(자사고, 과학고, 외고, 일반고) • 심화 학습, 수행평가 • 지역균형, 학생부종합전형, 제휴학과	• 통합적 사고 • 자기주도학습 • 자기화(플립러닝) • 진로, 진학 목표설정

공부 골든타임

지시형 | 학습능력 저조 = 학습활동 저조

지시형 아이들은 공부를 잘하고 못하고 이전에 학습의 출발점 자체가 모호한 경우가 많다. 무엇을 어떻게 시작해야 하는지 감이 오지 않고, 작은 실패에도 쉽게 위축된다. 과제를 주어도 처리 과정을 구조화하지 못해 '막막함'을 먼저 느끼는 유형이다.

이 아이들에게 필요한 것은 복잡한 전략이 아니라 '시작할 수 있는 조건 만들기'다. 작은 과제를 완수하는 경험, 일정한 생활 리듬, 앉아 있는 시간 확보 같은 기초 체력부터 길러야 한다. 이 기반이 자리를 잡아야 이후의 학습법이 비로소 작동한다.

지시형 아이들에게는 수리력과 읽기 능력 같은 기초 인지능력 정비가 특히 중요하다. 개념을 차근차근 정리하는 훈련, 꾸준한 복습 루틴, 행동 수정이 반드시 필요하며, 내면의 동기부여와 자신감 회복도 함께 이뤄져야 한다. 이 기반이 잡히면 그다음부터 학습법을 얹을 수 있고, 이후의 변화 속도도 더 부드럽게 이어진다.

진학 방향에서는 특성화고나 적성 기반의 학교가 더 안정적인 경우가 많다. 관심과 재능이 드러나는 영역을 찾으면 이후 진로 설계 역시 훨씬 건강하게 이어질 수 있다.

격려형 | 학습능력 저조 〈 학습활동 우수

격려형 아이들은 성실하고 노력형이지만, 교과서 활용을 통한 인지능력 기반이 아직 충분히 탄탄하지 않아 성과가 즉각적으로 나오지 않는 경우다. 이 때문에 "나는 머리가 나쁜가 봐."라며 스스로를 낮추는 일이 많아 자존감 관리가 가장 중요한 출발점이 된다.

이 유형의 핵심은 '구체적인 학습법 + 스스로에게 짧은 피드백 루틴'이다. 개념을 작은 단위로 나누고, 약점만 선별해 짧게 훈련하며, 성취를 바로 확인하게 만드는 구조가 잘 맞는다. 활동력(학습활동)이 좋은 만큼, 길만 제대로 열어주면 성장의 속도가 빠르게 붙는다. 이들은 한 번 길을 찾기 시작하면, 즉 작은 성취감을 맛보기 시작하면 활동력이 그대로 성장의 추진력이 된다.

격려형 아이들에게는 수리력·어휘력 같은 기초 인지능력을 강화하는 체계적 훈련이 필요하고, 부모의 지나친 간섭이나 비교는 오히려 부정적 영향을 준다. 노력한 만큼 성취로 이어지는 경험을 꾸준히 제공하는 것이 무엇보다 중요하다.

진학에서는 특목고, 자사고보다 일반고가 유리하다. 높은 경쟁 환경에서 상대적 박탈감을 크게 느낄 수 있기 때문이다. 또한 성실하기 때문에 교과서 예·복습을 통한 안정적인 내신 관리와 수시 전략이 이 유형에게 가장 적합하다.

지도형 | 학습능력 우수 〉 학습활동 저조

지도형 아이들은 머리가 좋고 이해력도 빠르지만, 실천력이 떨어져 꾸준함이 약한 경우다. 겉으로는 자신감이 넘쳐 보이지만 실제로는 학습 과정의 지속성이 약한 경우가 많다. 흔히 말하는 '근자감(근거 없는 자신감)'이 대표적인 모습이다.

이 아이들은 '실천을 구조화하는 도구'가 필수다. 노트 정리, 플래너, 체크리스트, 과목별 정리 노트처럼 눈에 보이는 방식으로 학습 과정을 구성해주면 능력과 실천이 연결되며 성과가 빠르게 나타난다. 또한 이들에게는 자기효능감을 효율적으로 다루는 것이 중요하다. 능력은 충분하지만 스스로 평가하는 능력(메타인지)이 낮아 과대평가나 과소평가 사이를 오가기도 하기 때문이다.

지도형 아이들은 내신보다는 모의고사나 수능에서 강점을 보이는 경향이 있다. 꾸준함이 필요한 내신 체제보다 정시 체제가 더 적합하나 2028년 입시부터는 정시에서도 내신과 비교과 선택을 보기 때문에 학교 수업에 더 충실할 수 있도록 생활 태도에 더 비중을 두어야 한다. 또 학습활동력만 받쳐준다면 특목고·자사고 같은 학교도 유리할 수 있다.

위임형 | 학습능력 우수 = 학습활동 우수

위임형 아이들은 흔히 말하는 '공부가 잘 되는 아이들'이다. 능력도 높고 활동력도 뛰어나 자기주도학습이 가능하다. 그러나 이 유형에게도 중요한 포인트가 있다. 바로 '명확한 방향'이다. 방향이 정해지면 스스로 목표를 세우고 계획을 조정하는 속도가 매우 빠르다. 정보와 선택지가 넓어질수록 성장 폭이 커지기 때문에, 다양한 고교 선택·전공 탐색·학습 전략을 비교하고 스스로 판단하게 할수록 잠재력이 확장된다.

특목고·자사고 진학을 고려하는 경우가 많으며, 특히 최근 자기주도학습 전형이 강화된 만큼 내신 관리와 학교별 커리큘럼 파악이 중요하다. 진로 탐색을 조기에 시작하면 대학 입시까지 일관된 전략을 세우기 좋아, 성취의 밀도가 훨씬 높아진다.

이 4가지 유형을 이해하면 한 가지 사실이 선명하게 드러난다. 아이의 공부는 의지나 습관만으로 설명되지 않는다는 것. 학습 유형에 맞는 방식으로 공부할 때, 아이는 가장 자연스럽게 성장의 궤도에 오른다. 그리고 이것이 결국 부모나 교사가 아이에게 해줄 수 있는 가장 중요한 준비이기도 하다. 학습 유형이 보이는 순간, 아이에게 맞는 길 역시 함께 드러난다. 4가지 유형은 그 길을 찾기 위한 출발점이 될 뿐, 아이를 고정시키는 틀이 아니다. 아이는 언제든 다른 유형으로 이동하며 성장한다. 중요한 것은 그 변화를 민감하게 읽고, 그때그때 가장 잘 맞는 방식으로 배움을 설계해주는 일이다.

좌뇌형, 우뇌형의 구분은
여전히 중요한 문제다

아이의 공부 성향을 파악할 때 성격 유형만큼 중요한 요소가 있다. 바로 아이가 정보를 어떤 방식으로 처리하는지, 즉 뇌 기능의 편향이다. 흔히 좌뇌형·우뇌형이라고 불리는 이 구분은 실제 뇌 구조가 둘로 나뉘어 작동한다는 뜻이라기보다, 아이가 어떤 사고방식에 익숙한지 설명할 때 유용한 개념이다. 일상 속에서 아이를 관찰하다 보면 이 편향을 의외로 쉽게 감지할 수 있다. 평소 예민하고 까다로워 보이거나 직접 경험해야 이해가 빠른 아이는 좌뇌적 사고 경향이 강한 경우가 많고, 감수성이 풍부하고 분위기나 감정의 미묘한 변화를 잘 읽는 아이는 우뇌적 처리 방식이 두드러지는 편이다.

좌뇌적 경향을 지닌 아이들은 구체적인 정보와 순서를 중시한다. 언어 능력, 수리·논리적 사고, 규칙과 원리 기반의 문제 해결에 강점을 보이며, 설명을 들을 때도 차근차근 구조화된 정보에서 안정감을 느낀다. 반면 우뇌적 경향은 이미지·맥락·전체 흐름을 먼저 파악하는 방식으로 작동한다. 직관과 통찰이 빠르고 시각적 사고, 공간지각력, 창의적 발상에서 큰 강점을 보이기도 한다. 같은 내용을 배우더라도 좌뇌형 아이는 논리적 단계를 하나씩 밟아가며 이해하는 반면, 우뇌형 아이는 전체 그림을 먼저 파악하고 세부 내용을 뒤따라 붙이는 식으로 학습한다.

이 두 경향은 아이의 학습 발달 과정에서 서로 다른 시기에 빛을 발한다. 초등 저학년까지는 직관과 이미지 중심의 학습이 많기 때문에 우뇌적 성향을 가진 아이들이 더 자연스럽게 학습을 받아들이는 경우가 많다. 그러나 학년이 올라가고 개념을 구조화하거나 논리적으로 정리해야 할 과제가 늘어나면, 좌뇌적 사고가 강한 아이들이 안정적이고 체계적인 성장을 보인다. 그렇다고 어느 한쪽이 절대적으로 우월한 것은 아니다. 중·고등학교를 지나 고등 인지 작업이 요구되는 단계로 올라가면 다시 2가지 사고방식의 균형이 중요해진다. 논술형 문제, 창의적 응용 문제, 융합적 사고를 요구하는 문제들은 좌뇌의 분석력과 우뇌의 통합적 사고가 함께 작동해야 해결할 수 있기 때문이다.

그래서 편향이 강한 아이들은 각기 다른 약점을 보이기도 한다. 좌뇌 중심 아이들은 논리적 분석에는 뛰어나지만 새로운 아이디어를 만들어내거나 문제를 확장해서 해석하는 능력이 다소 부족해 보일 수 있다. 반대로 우뇌 중심 아이들은 이해는 빠르지만 반복 학습을 싫어하고 산만해지기 쉬워 실수가 많고 기본기나 정확성에서 흔들릴 수 있다. 그러므로 아이의 학습능력을 키우고자 한다면 어느 한쪽만 강화하기보다는 좌뇌적·우뇌적 사고가 서로 보완될 수 있는 학습 경험을 설계하는 것이 핵심이다. 좌뇌형 아이에게는 창의적 활동이나 시각적 이해를 확장할 기회를 주고, 우뇌형 아이에게는 반복과 정리 중심의 루틴을 만들어주는 식으로 균형을 맞추는 접근이 필요하다.

아이의 성격이 학습 태도의 기초를 제공한다면, 뇌의 처리 방식은 어떤 학습법이 그 아이에게 자연스럽고 효율적인지를 알려주는 지침이 된다. 성격과 뇌의 경향이 만나는 지점을 정확히 읽어낼 때, 아이의 공부는 억지로 끌어가는 활동이 아니라 자신에게 맞는 방식으로 능력이 열리는 과정으로 전환된다.

좌뇌와 우뇌, 어떤 기능을 할까?

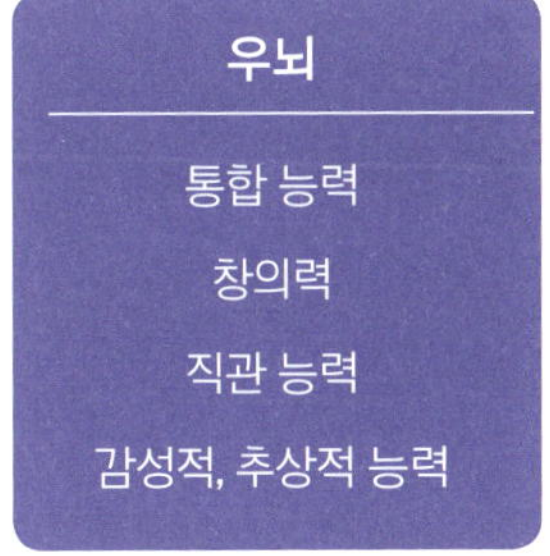

조금 전 살펴본 것처럼 뇌가 정보를 처리하는 방식은 아이의 학습에 직접적인 영향을 미친다. 어느 한쪽 기능만 지나치게 강하거나 다른 영역이 충분히 뒷받침되지 않으면, 공부의 효율은 쉽게 떨어진다. 그래서 부모가 먼저 해야 할 일은 내 아이가 어떤 방식으로 정보를 이해하고 받아들이는지를 세심하게 관찰하는 것이다. 좌뇌적 사고가 익숙한 아이인지, 혹은 우뇌적 사고에 강점을 지닌 아이인지 파악하면 그 순간부터 아이에게 맞는 지도 방법이 훨씬 분명해진다.

예를 들어 단순히 독서를 지도하는 상황만 보더라도, 좌뇌 중심 아이와 우뇌 중심 아이는 접근 방식이 다르다. 논리적·순차적 사고에 익숙한 좌뇌형 아이는 감성적인 문학 작품을 읽으며 상상력과 해석력을 확장할 필요가 있다. 반대로 직관과 이미지로 이해하는 우뇌형 아이는 과학이나 지식 기반 도서처럼 체계적 구조가 있는 책을 접하며 사고의 틀을 정리해주는 경험이 필요하다. 같은 책을 읽더라도 아이의 뇌가 어떤 방식으로 정보를 처리하는지에 따라 얻어가는 깊이가 크게 달라지는 것이다.

결국 중요한 것은 특정 유형을 강화하는 것이 아니라, 좌뇌적·우뇌적 능력이 서로 균형을 이루며 아이의 학습 기반을 단단하게 만드는 것이다. 수학과 과학처럼 논리적 사고가 필요한 영역이든, 글쓰기와 예술처럼 창의적 표현이 필요한 영역이든, 어느 한쪽만 발달된 채로는 금세 한계에 부딪히기 때문이다. 그래서 가장 작은 학습지도부터 아이의 특성에 맞춘 방식으로 설계하는 것이 필요하다. 아이의 사고 경향을 이해하고 그에 맞춰 읽기·쓰기·문제풀이·탐구 활동을 조율해주면, 학습이 단편적인 기술 훈련이 아니라 전체적인 두뇌 발달과 연결된 성장 경험이 된다.

아이의 성향과 뇌의 경향을 정확히 파악하면, 배움은 더 이상 '시키는 공부'가 아니라 아이 스스로 힘을 낼 수 있는 방식으로 다가오는 공부가 된다. 그 첫걸음이 바로 좌뇌와 우뇌의 균형을 고려한 지도이며, 이 균형은 아이의 학습 성장을 길게 지탱해주는 기반이 된다.

좌우뇌 유형 판별 테스트

	좌뇌형	YES	NO
1	내 아이지만 내 아이 같지 않다.		
2	자기 주장이 강하다.		
3	주위 친구들과 잘 어울리는 것을 힘들어한다.		
4	수학과 과학을 특히 좋아한다.		
5	조금 느리더라도 차근차근 단계적으로 문제를 해결해 나간다.		
6	혼자서 무엇인가 골똘히 생각하는 시간을 가진다.		
7	주변 상황에 아랑곳하지 않고 자기 생각대로 하려 한다.		
8	완벽주의적인 경향이 있다.		
9	대체로 고집이 세다.		
10	논리적으로 이것저것 따져보는 것을 좋아한다.		
11	좋고 싫음이 분명하다.		
12	고지식하고 융통성이 떨어지며 생각이 경직된 것 같다.		
13	스스로 이해가 되어야 행동에 옮긴다.		
14	감성지수가 낮아 보이며, 남을 배려하는 마음이 부족한 것 같다.		
15	지능이 높고 여러 가지로 알고 싶은 것이 많다.		

	우뇌형	YES	NO
1	사람들에게 칭찬이나 인정받는 것을 좋아한다.		
2	수학에서 공식으로 된 문제보다 도형 문제를 잘 푼다.		
3	주변에 다양한 부류의 친구들이 많고 인기가 많다.		
4	깊이 생각하는 것을 싫어하고 공부하면서 딴생각이 많은 것 같다.		
5	눈치가 빠르다.		
6	말을 잘하고 언어적으로 발달한 것 같다.		
7	감성이나 직관이 뛰어나다.		
8	공상과학, 판타지 소설 등은 좋아하나 위인전, 역사 등은 싫어한다.		
9	조용히 느끼고 생각하는 것보다 뭐든지 몸으로 하는 것을 좋아한다.		
10	머리는 좋은 것 같은데 성적은 생각하는 것만큼 나오지 않는다.		
11	감성이 풍부하고, 꼼꼼하지 않아 실수하는 경우가 많다.		
12	책을 읽어도 대충 읽고, 구체적인 내용을 물어보면 잘 모른다.		
13	반복학습을 싫어한다. 특히 매일 하는 학습지는 아주 싫어한다.		
14	건강하고 활동적이며 적극적이다.		
15	큰소리를 잘 친다. 특히 시험을 보면 무조건 다 잘 봤다고 한다.		

좌뇌형 YES의 총 개수 : ______________   **우뇌형 YES의 총 개수 :** ______________

좌뇌형 문항과 우뇌형 문항 중 YES의 개수가 더 많은 쪽 성향을 갖고 있다고 생각하면 된다.
만약 비슷한 결과가 나왔다면 좌우뇌가 균형 있게 발달한 것이다.

성격을 알면 길이 보인다 :
내 아이의 성향, 기질 파악하기

인간의 성격은 단순히 외향적이냐 내향적이냐로 나누기엔 지나치게 복합적이다. 우리가 일상에서 보이는 행동과 감정, 사고방식은 훨씬 다양한 요소들이 얽혀 있어, 더 세밀한 접근 없이는 그 본질을 파악하기 어렵다. 실제로 많은 사람이 성격 검사를 통해 자신도 몰랐던 면을 발견하며 놀라곤 한다. 아이의 성격 또한 마찬가지다. 표면적으로 드러나는 기질만으로 아이의 학습 태도나 강점·약점을 판단하기 어렵기 때문에, 체계적인 분석을 통해 학습과 연결시키려는 노력이 필요하다. 성격은 학습에서 나타나는 집중 방식, 스트레스 대처, 동기 형성, 자아존중감 등과 긴밀하게 연관되어 있기 때문이다.

MBTI, 아이의 숨은 공부재능 발견하는 효율적인 도구

이런 점에서 MBTI는 아이의 성향을 이해하는 데 매우 유용한 도구가 된다. MBTI는 심리학자 칼 융Carl Jung의 심리유형론을 기반으로 개발된 성격유형 선호지표로, 개인이 정보를 어떻게 받아들이고 처리하며, 어떤 방식으로 판단하고 행동하는지를 구조적으로 파악할 수 있게 해준다.

MBTI는 다음 4가지 차원으로 성격을 구분한다.

MBTI 성격 유형

외향성 E	에너지의 방향	내향성 I
감각형 S	인식 기능	직관형 N
사고형 T	판단기능/의사결정	감정형 F
판단형 J	생활양식	인식형 P

외향성과 내향성(리더십)

가장 먼저 살펴볼 요소는 'E'와 'I'이다. 외향성Extraversion은 에너지가 바깥으로 흐르는 성향을, 내향성Introversion은 에너지가 내부로 향하는 성향을 의미한다. 단순히 '활발하다/조용하다'의 문제가 아니라 어디에서 에너지를 얻고 집중이 유지되는가를 판단하는 기준이다.

외향적인 사람은 말을 통해 생각을 정리하고, 움직임과 상호작용 속에서 활력을 얻는다. 글보다 말이 편하고, 체험과 활동을 즐기며, 새로운 자극에서 동기부여를 받는다. 내향적인 사람은 생각이 말을 앞선다. 조용한 환경에서 집중력이 살아나고, 정보는 '내면에서 충분히 이해된 후' 행동으로 이어진다. 외향형의 눈에는 내향형이 답답해 보일 수 있고, 내향형의 눈에는 외향형이 산만해 보이기도 한다. 이 성향은 리더십의 유무에도 결정적인 영향을 미친다.

내향적인 아이는 조용한 환경에서 체계적으로 공부하는 데 익숙하고, 외향적인 아이는 다양한 자극 속에서 배우고 움직이면서 이해가 깊어지는 경향이 있다. 즉, 학습에서도 외향-내향의 차이는 분명한 전략적 차이를 낳는다. 어떤 아이는 혼자 정리할 시간과 공간이 필요하고, 어떤 아이는 설명하고 토론하며 배울 때 더 빠르게 성장한다.

감각형과 직관형(선행학습의 유무)

두 번째 축은 감각형Sensing과 직관형Intuition이다. 이 둘을 나누는 기준은 세상을 인식하는 방식이다. 인식 기능은 학습 태도와 정보 처리 방식에 직접적인 영향을 주기 때문에, 아이의 학습 패턴을 이해할 때 반드시 살펴야 할 요소다.

감각형 아이들은 오감을 중심으로 구체적인 정보를 받아들이는 편이다. 산에 가면 나무, 흙, 바위처럼 눈앞에 보이는 요소들을 세세하게 관찰하는 것이 이들의 특징이다. 실제 학습에서도 '있는 그대로'를 정확하게 받아들이고 세부 내용을 잘 챙긴다. 이런 아이들은 꼼꼼하게 공부해야 하므로 선행이나 심화 다지기가 중요하다.

직관형 아이들은 사물의 표면보다 이면에 있는 의미나 가능성에 주목한다. 산에서 나무 하나보다는 숲 전체를 먼저 바라보고, 구체적 사실보다 상징·연상·패턴을 떠올리는 경향이 있다. 예를 들어 아이에게 '사과'를 떠올려보라고 할 때, 감각형 아이가 '빨갛다' '동그랗다' 같은 현실적 사실을 말한다면, 직관형 아이는 '백설공주' '뉴턴'처럼 연결된 이미지를 답한다. 이들은 새로운 아이디어를 만들거나 전체 구조를 파악하는 능력이 뛰어나므로, 학습적으로 선행이 좀 더 유리하다.

사고형과 감정형(진로선택 문이과)

세 번째 축은 사고형Thinking과 감정형Feeling이다. 두 유형의 핵심 차이는 무엇을 기준으로 판단하고 결정하느냐에 있다.

사고형 아이들은 논리 구조와 원리원칙을 바탕으로 판단한다. 객관성을 중요하게 여기고, 옳고 그름을 명확히 구분하려는 경향이 있어 설명할 때도 구체적인 근거를 필요로 한다. 반면 감정형 아이들은 상황이 자신에게 어떤 느낌을 주는지를 더 크게 고려한다. 사람 사이의 분위기와 관계에 민감하며, 공감·감정 변화가 학습 태도에 직접적인 영향을 주기도 한다.

컨설팅 현장에서 보면 감정형 아이는 동기부여가 이루어졌을 때 빠르게 움직이고 변화한다. 반면 사고형 아이에게는 감정적 호소보다 논리적 설득과 구체적 설명이 더 효과적이다.

학습에서도 두 유형의 차이는 분명하다. 감정형 아이는 '누구와 함께 공부하는지' '어떤 분위기인지'가 중요하지만, 사고형 아이는 '어떤 커리큘럼인가' '얼마나 효율적인가'를 우선 평가한다.

두 유형 중 어느 쪽이 더 낫다고 말할 수는 없지만, 사고형 아이는 논리적이고 이성적이므로 이과가 좀 더 유리하고, 감정형 아이는 사람의 감정을 잘 이해하므로 문과가 좀 더 유리하다.

판단형과 인식형(학습습관)

마지막 축은 판단형Judging과 인식형Perceiving이다. 이 둘은 사람이 세상을 조직하고 생활 패턴을 만들어가는 방식에서 차이를 보인다.

판단형 아이들은 계획적이고 질서 정연한 방식을 선호한다. 시간 약속을 정확히 지키고, 목표를 세워 단계적으로 실행하는 데 익숙하다. 반면 인식형 아이들은 상황에 따라 유연하게 움직이며

공부 골든타임

즉흥적인 흐름을 즐긴다. 계획보다 가능성을 중시하고, 일정이 고정적이지 않아도 불안해하지 않는다.

예를 들어, 마트에 갈 때 판단형은 목록을 미리 준비해 필요한 것만 구매하지만, 인식형은 그때그때의 상황과 느낌에 따라 장보기 방식을 바꾼다. 여행 준비에서도 판단형은 일정표를 꼼꼼히 만드는 반면, 인식형은 '무계획이 계획'인 경우가 많다.

학습습관에서도 차이가 뚜렷하게 나타난다. 판단형 아이는 정해진 루틴과 시간표에서 안정감을 느끼며, 인식형 아이는 선택권과 자율성이 있을 때 더 높은 몰입을 보인다. 두 유형 중 어느 쪽이 우월한 것은 없지만, 아이와 부모의 생활양식이 다를 경우 충돌이 발생하기 쉽다. 부모가 인식형인데 아이가 판단형이라면 일관성의 부족이 아이에게 혼란을 줄 수 있고, 반대로 부모가 판단형인데 아이가 인식형이라면 자율적 학습의 여지가 충분히 보장되지 않아 학습습관 형성이 어려울 수 있다.

성격에 따른 학습 방향과 진로 전략

MBTI 성격유형에는 총 8가지의 유형이 있다. 이를 조합해보면 다음 표처럼 모두 16가지의 성격유형이 나온다. 지금부터는 이를 바탕으로 성격에 따른 학습 방향과 진로 전략을 이야기해보자.

MBTI 성격유형 16가지

ISTJ 완벽주의형	ISFJ 책사형	INFJ 예언자형	INTJ 과학자형
ISTP 백과사전형	ISFP 성인군자형	INFP 문학소녀형	INTP 아이디어 뱅크형
ESTP 수완 좋은 활동가형	ESFP 사교적인 유형	ENFP 스파크형	ENTP 발명가형
ESTJ 사업가형	ESFJ 천선도모형	ENFJ 언변능숙형	ENTJ 지도자형

멸치처럼 관리해야 하는 유형 | ISFP, INFP, ESFP, ENFP

ISFP, INFP, ESFP, ENFP에 속하는 아이들은 감수성이 풍부하고 사람·환경의 분위기에 민감하게 반응한다. 겉으로는 밝고 유연해 보이지만, 학습에 들어가면 쉽게 산만해지거나 감정의 영향을 크게 받기도 한다. 그래서 '멸치를 볶을 때처럼 잠시도 한눈팔수 없는 유형'이라는 비유가 종종 붙는다.

이 유형의 공통점은 정서적 안정이 학습 에너지로 직결된다는 것이다. 누군가 자신을 이해하고 있다고 느끼면 움직이고, 인정받

공부 골든타임

으면 더 큰 동기가 생긴다. 반대로 불안하거나 관계가 불편해지면 학습 태도가 금세 흔들린다. 이들의 학습적 특성은 다음과 같다.

- 사회적 자극에 민감해 친구 관계·소속감이 학습 동기와 직접 연결됨
- 실행력은 약하지만 창의력·감수성은 뛰어남
- 반복·정리 중심의 학습을 지루하게 느끼기 쉬움
- 문과·예체능적 재능, 스토리 기반 학습에서 강점 발휘하므로,
① 감성을 안정시키고
② 학습을 '관심사·이야기·경험'과 연결하며
③ 작은 과제를 꾸준히 완수하도록 돕는 방식이 효과적이다.

이 유형의 아이는 정서가 안정되면 학습 흐름이 살아난다.

당근과 채찍을 같이 줘야 하는 유형 | ISFJ, INFJ, ESFJ, ENFJ

이 4가지 유형은 책임감이 강하고 관계 지향적이다. 누군가를 실망시키고 싶지 않은 마음이 크기 때문에 학습에서 일정 수준의 긴장감이 동기부여로 작용한다. 그래서 '당근과 채찍이 모두 필요하다'는 표현이 잘 맞는다.

이들은 기본적으로 성실성·공감능력·조직력이 뛰어나 학습 패턴이 잡히면 안정적인 성장을 보인다. 다만 완벽주의적 성향이

있어 과하게 스트레스를 받으면 무기력으로 이어질 수 있다. 학습적 특성은 다음과 같다.

- 정해진 계획을 잘 따르고 루틴 기반 학습과 잘 맞음
- 교사의 평가·부모의 기대에 민감하여 감정적 영향이 큼
- 동기부여가 되면 활동력이 급격히 상승하지만, 비판에는 쉽게 흔들림
- '함께 하는 학습', 피드백이 있는 환경에서 학습 효율이 높아지므로,
① 칭찬과 격려를 꾸준히 제공하고
② 실패 상황에서도 정서적 안전을 보장해주며
③ 학습 계획을 세워 일정 기간 성실하게 따라가게 하는

'온도 조절형' 관리가 적합하다. 이들은 '누군가 나를 믿고 있다'고 느낄 때 가장 빠르게 성장한다.

대화를 많이 해야 하는 유형 | ISTP, INTP, ESTP, ENTP

이 4가지 유형은 호기심이 많고 논리적이며, 새로움을 즐긴다. 말로 설득하는 것보다 '왜 해야 하는지 납득하는 과정'이 있어야 움직이는 아이들이기도 하다. 그래서 이 유형에게 필요한 관리 전략은 명확하다. 대화를 많이 하고, 목표 설정에 함께 참여시키는 것. 학습적 특성은 다음과 같다.

- 장기 플랜이 설정되면 몰입도가 뛰어나지만, 목적이 불명확하면 쉽게 흥미를 잃음

- 실험·탐구·문제해결형 과제에서 강점 발휘

- 지시받는 공부는 싫어하나, 스스로 설계한 공부는 끝까지 해냄

- 논리적 설득에 잘 반응하며, 감정적 접근에는 둔감하므로,

① 학습 이유와 목표를 함께 논의하고

② 선택권을 주며

③ 결과보다 과정의 논리와 재미를 강조하는 방식이 적합하다.

대화와 탐구 기반 학습이 이 유형의 공부재능을 가장 강하게 끌어낸다.

스스로 찾아가는 유형 | ISTJ, INTJ, ESTJ, ENTJ

이 4가지 유형은 목표 중심적이며 자기조절 능력이 뛰어나다. 흔히 말하는 '방임형이 가능한 아이들'이다. 즉, 스스로 목표를 정하고 계획을 세우며, 주어진 과제는 깔끔하게 수행한다. 학습적 특성은 다음과 같다.

- 구조화된 학습, 순차적 학습에서 강점

- 이과적 성향이 강하고 분석·논리 기반 과제에서 높은 성취

- 과목 간 균형보다는 목표 달성을 위한 집중형 학습을 선호

• 외부 간섭보다 자율적 의사결정에서 에너지 얻음

• 자기주도학습 능력이 뛰어나지만 새로운 경험에 대한 관용도 낮음. 즉, 예상치 못했던 일에 대한 유연성이 떨어져 사고가 경직될 수 있음

• 지나치게 성취 중심으로 가면 실패를 크게 받아들일 수 있으므로,

① 진로 탐색의 폭을 넓히고

② 다양한 학습 기회를 제공해 선택지를 확장하며

③ 지나친 성취 압박으로 자신을 몰아가지 않도록 조절하는 것이 중요하다.

이 유형은 목표가 뚜렷해지는 순간 학습 효율이 폭발한다.

MBTI는 사람을 이해하는 하나의 참고 지표일 뿐, 모든 것을 규정하는 절대적 기준은 아니다. 특히 최근 몇 년 사이 MBTI가 밈처럼 소비되면서, 유형에 대한 과도한 일반화와 맹신이 나타나고 있는 점은 분명 우려할 만하다. MBTI는 사람을 구분하고 판단하기 위한 도구가 아니라, 자신을 이해하고 타인과의 다름을 인식하며 관계를 조율하기 위한 보조적 장치로 활용되어야 한다.

그럼에도 현실에서는 종종 MBTI를 근거로 서로를 '틀렸다'거나 '잘못됐다'고 단정한다. 이런 태도는 관계를 건강하게 만들지

못할 뿐 아니라, 자신의 부족한 부분을 성향의 탓으로 돌리는 위험한 변명으로 작용하기도 한다. 더 나아가 부모와 자녀 사이에서도 성향의 차이를 '맞지 않음'으로 해석해, 서로의 책임으로 전가하는 상황을 만들기 쉽다. 그렇게 각자의 자리에서 감당해야 할 역할을 외면한다면, 그 결과는 결국 아이와 부모 모두에게 깊은 상처로 돌아온다.

우리가 반드시 기억해야 할 점은 분명하다. 성향과 기질은 쉽게 바뀌지 않으며, 아이가 세상을 바라보고 배우는 방식은 이 기질 위에서 형성된다는 사실이다. 부모 또한 각자의 타고난 기질과 성향을 바탕으로 아이를 바라보고 양육하게 된다. 이는 옳고 그름의 문제가 아니다. 부모와 아이는 서로를 평가하는 관계가 아니라, 한 팀으로서 각자의 성향과 기질을 이해하고 조율하며 함께 성장해가는 관계다. MBTI는 그 과정을 돕는 하나의 참고 자료가 된다. 앞서 살펴본 학습능력, 학습활동력, 학습 유형과 함께 MBTI를 종합적으로 고려하면, 아이에게 맞는 학습 전략과 진로 방향을 훨씬 정교하게 설계할 수 있다. 결국 중요한 것은 아이를 하나의 유형에 가두는 것이 아니라, 그 유형이 알려주는 학습의 경향성과 성장의 가능성을 섬세하게 읽어내는 일이다.

기질을 이해하면, 아이가 어떤 환경에서 가장 빛나는지를 자연스럽게 발견할 수 있다.

MBTI 간이 체크리스트

각 번호의 왼쪽과 오른쪽 문항 중 자신의 모습을 더 잘 설명하는 문항 쪽에 체크를 한다. 더 많이 체크된 쪽을 자신의 유형으로 선택한다(단, 동일한 개수가 나오면 각각 E, N, F, P로 표시한다).

	에너지 방향			
✓	외향성(E)		내향성(I)	✓
	여러 친구들과 두루 사귄다.	1	몇 명의 친구들과 깊이 사귄다.	
	말하고 생각한다.	2	생각하고 말한다.	
	모임에서 말이 많은 편이다.	3	누가 물어볼 때에야 대답한다.	
	활발하고 적극적이라는 말을 많이 듣는 편이다.	4	조용하고 차분하다는 말을 많이 듣는 편이다.	
	내 기분을 즉시 남에게 알린다.	5	내 기분을 마음속에만 간직하고 있다.	
	많은 친구들에게 얘기하는 게 더 좋다.	6	친한 친구들에게 얘기하는 게 더 좋다.	
	친구들과 함께 공부하면 잘 된다.	7	나 혼자 공부하면 더 잘 된다.	
	책 읽는 것보다 사람 만나는 게 더 좋다.	8	사람 만나는 것보다 책 읽는 게 더 좋다.	
	글쓰기보다 말하기가 더 좋다.	9	말하기보다 글쓰기가 더 좋다.	
	경험을 통해 이해한다.	10	이해가 되어야 행동에 옮긴다.	

→ E와 I 중에서 나의 에너지 방향은? (   )

✓	감각형(S)		직관형(N)	✓
	구체적이고 정확한 표현을 잘 기억한다.	1	상상 속의 이야기를 잘 만들어낸다.	
	주변 사람의 외모나 특징을 잘 기억한다.	2	물건을 잃어버릴 때가 종종 있다.	
	꾸준하고 참을성 있다는 말을 듣는다.	3	창의적이고 독창적이란 말을 듣는다.	
	손으로 직접 하는 활동이 좋다.	4	기발한 질문을 많이 하는 편이다.	
	정물화를 그리는 게 편하다.	5	수채화를 그리는 게 편하다.	
	'사과'를 생각하면 동그랗다, 빨갛다가 생각난다.	6	'사과'를 생각하면 백설공주나 뉴턴이 생각난다.	
	남들 하는 대로 따라하는 게 편하다.	7	나만의 방법을 만드는 게 편하다.	
	현실적이고 고지식하다는 말을 듣는다.	8	공상 속에 친구가 있기도 하다.	
	꼼꼼하다는 말을 자주 듣는다.	9	'하고 싶다', '되고 싶다'는 꿈이 많다.	
	산에서 나무를 보는 스타일이다.	10	산에서 전체를 보는 스타일이다.	

→ S와 N 중에서 나의 인식 기능은? (   )

<table>
<tr><td colspan="5" align="center">판단과 결정</td></tr>
<tr><td align="center">✓</td><td align="center">사고형(T)</td><td></td><td align="center">감정형(F)</td><td align="center">✓</td></tr>
<tr><td></td><td align="center">"왜?"라는 질문을 자주 한다.</td><td align="center">1</td><td align="center">남의 말을 잘 따르는 편이다.</td><td></td></tr>
<tr><td></td><td align="center">의지가 강한 편이의지다.</td><td align="center">2</td><td align="center">인정이 많다는 말을 듣는 편이다.</td><td></td></tr>
<tr><td></td><td align="center">꼬치꼬치 따지기를 잘하는 편이다.</td><td align="center">3</td><td align="center">협조적이고 순한 편이다.</td><td></td></tr>
<tr><td></td><td align="center">참을성이 있다는 말을 듣는 편이다.</td><td align="center">4</td><td align="center">어려운 사람을 보면 마음이 안 좋다.</td><td></td></tr>
<tr><td></td><td align="center">공평한 사람이 되고 싶다.</td><td align="center">5</td><td align="center">친절한 사람이 되고 싶다.</td><td></td></tr>
<tr><td></td><td align="center">야단을 맞아도 울지 않는 편이다.</td><td align="center">6</td><td align="center">야단을 맞으면 눈물을 참을 수 없다.</td><td></td></tr>
<tr><td></td><td align="center">어떤 일이든 이성적으로 판단한다.</td><td align="center">7</td><td align="center">어떤 일이든 가슴으로 판단한다.</td><td></td></tr>
<tr><td></td><td align="center">논리적으로 설명을 질한다.</td><td align="center">8</td><td align="center">이야기에 요점이 없을 때가 있다.</td><td></td></tr>
<tr><td></td><td align="center">내가 싫으면 싫다.</td><td align="center">9</td><td align="center">친구 따라 강남 가는 스타일이다.</td><td></td></tr>
<tr><td></td><td align="center">결정하는 일이 어렵지 않다.</td><td align="center">10</td><td align="center">양보를 잘하고 결정하기가 힘들다.</td><td></td></tr>
</table>

→ T와 F 중에서 나의 인식 기능은? (　　　　)

✓	판단형(J)		인식형(P)	✓
	공부나 일을 먼저 하고 논다.	1	먼저 놀고 난 후에 일을 한다.	
	쫓기면서 일을 하는 게 싫다.	2	막판에 몰아서 일할 수도 있다.	
	정리정돈된 깨끗한 방이 좋다.	3	정리정돈이 잘 안 되고 방이 지저분하다.	
	사전에 계획을 짜는 편이다.	4	계획을 짜는 것은 왠지 불편하다.	
	규칙적인 생활을 하는 편이다.	5	상황에 따라 유연하게 행동한다.	
	준비물을 잘 챙기는 편이다.	6	준비물 챙기는 걸 잘 잊어버리는 편이다.	
	계획에 없던 일이 생기면 짜증이 난다.	7	틀에 박힌 생활은 재미가 없다.	
	목표가 뚜렷하고 실천을 잘한다.	8	색다른 것이 좋고 짧은 공상을 즐긴다.	
	계획적으로 일을 하는 편이다.	9	그때그때 일을 해치우는 편이다.	
	남의 지시에 따르는 편이다.	10	내 마음에 따라 행동하는 편이다.	

행동 양식

→ J와 P 중에서 나의 인식 기능은? (   )

※ 위 테스트는 정식테스트에서 일부 발췌를 통해 아이의 성향을 간단히 알아볼 수 있게끔 작성한 것으로 보다 정확한 결과를 위해서는 부모와 아이가 함께 정식 검사를 받아보고 반드시 함께 결과에 대한 해석 상담을 받을 것을 추천한다.

Golden Time for Studying

Part 3

초등 골든타임,
최고의 전략으로 화룡점정을 찍어라

부모의 관심과 노력은
'양'이 아니라 '질'이 중요하다

부모와 아이의 하모니 : 공부 잘하는 아이에겐 궁합 잘 맞는 부모가 있다

아이의 학습 성과를 이야기할 때 많은 부모는 아이의 성격과 능력만을 먼저 떠올린다. 하지만 실제로 아이의 공부에 가장 강력한 영향을 미치는 요소 중 하나는 부모의 성향이다. 아이가 어떤 방식으로 배우고 움직이는지 이해하는 만큼, 부모가 어떤 방식으로 말하고 지도하며 반응하는지가 학습의 지속성과 자존감 형성에 직접적으로 작용한다. 특히 초등 시기에는 부모의 성향이 아이의 정서와 태도 전반에 깊이 스며들기 때문에, 부모의 접근 방식이 아이에게 맞지 않으면 겉으로는 성적이 오르는 것처럼 보여도 내부에서는 스트레스와 불안이 차곡차곡 쌓일 수 있다.

이런 이유로 나는 아이의 MBTI를 분석할 때 반드시 부모의 성향까지 함께 살핀다. 부모의 성격은 아이의 학습능력뿐 아니라 학습활동력, 실행력, 동기 형성 방식, 스트레스 내성까지 전반적인 학습 태도에 영향을 주기 때문이다. 내가 대학원 석사 논문에서 진행한 〈부모의 MBTI 성격유형이 초·중등 학생의 기초 학습 능력에 미치는 영향〉 연구에서도 부모-아이 성향의 궁합은 생각보다 훨씬 강한 변수였다. 실제 컨설팅을 통해 다양한 가족을 만나는 과정에서도, 부모의 성향이 아이의 학습 기반과 성취 흐름을 얼마나 바꾸는지를 반복적으로 확인할 수 있었다.

성향에 따라 부모의 지도 방식은 자연스럽게 달라진다.

직관·사고형(NT) 부모는 구조화된 방식으로 문제를 접근하며 논리적으로 설명하는 데 강점이 있다. 아이에게 학습의 틀을 만들어주고, 이유와 원리를 차근차근 전달하는 데 익숙하다. 반면 감각·감정형(SF) 부모는 현실적이고 구체적인 방식으로 아이의 일상을 관리하며, 세심한 관찰과 따뜻한 정서적 지지를 통해 아이가 안정감을 느끼도록 돕는다. 두 성향 모두 아이를 이해하려는 마음과 맞춤형 접근을 자연스럽게 하기 때문에, 이런 부모 밑에서 자란 아이는 학습 기반이 빠르게 잡히는 경우가 많다. 직관·감정형(NF) 부모는 아이의 기분과 가능성을 민감하게 읽어내고 기다려주는 경향이 있어, 아이의 기억력·집중력·실행력·학습 동기에 긍정적인 영향을 미치는 것으로 나타났다. 아이가 스스로 자기주도성을 형성할 수 있는 환경을 만들어주는 것이다.

문제는 부모와 아이의 성향이 크게 어긋났을 때 어려움이 생길 수 있다는 것이다. 즉흥적이고 유연한 인식형(P) 부모가 계획적이고 원칙이 분명한 판단형(J) 아이를 키우면, 아이는 부모의 일정한 기준 부재 속에서 눈치를 많이 보게 된다. 반대로 계획적인 부모가 자유로운 성향의 아이를 지도하면, 부모는 끊임없이 답답함을 느끼고 아이는 자신이 통제당한다고 여겨 갈등이 커질 수 있다. 사고형(T) 부모와 감정형(F) 아이의 조합도 마찬가지다. 사고형 부모는 논리로 접근하고 싶어 하지만 감정형 아이는 마음이 먼저 움직이기 때문에, 서로가 서로를 이해하지 못한다는 느낌을 받기 쉽다. 부모가 외향형(E)인데 아이가 내향형(I)이라면 과도한 자극과 활동이 아이에게 부담이 되기도 한다. 성향의 궁합은 맞다 틀리다의 의미가 아닌 너와 내가 다르다는 것인데 이것을 이해하기도, 이해시키기도 쉽지 않다는 데 어려움이 있다.

중요한 것은 아이의 성향은 쉽게 바뀌지 않는다는 사실이다. 부모의 방식이 옳아서 아이가 맞추길 바라는 태도는 오히려 아이의 자존감과 학습 의욕을 약하게 만든다. 부모가 먼저 '내 방식'이 아니라 '이 아이에게 맞는 방식'이 무엇인가를 이해하려고 움직일 때, 아이는 비로소 학습 과정에서 안정감을 얻고 자기만의 동기 구조를 만들어간다. 결국 공부가 잘되는 아이는 능력이 뛰어난 아이가 아니라, 자신의 성향을 잘 알고 부모가 아이의 성향을 넘나들어 아이를 보듬어 주며 다듬어가는, 즉 관계 형성이 잘 이루어진 아이라고 말할 수 있다.

이제 다음 장부터는 MBTI 성격유형별로 아이들이 어떤 방식으로 공부하고, 어떤 기질적 강점과 주의점을 가지고 있으며, 어떤 학습 전략이 가장 잘 맞는지 본격적으로 살펴보려 한다.

사례로 보는 유형별 부모 역할 :
학습적·정서적 가이드

많은 부모들이 '내 아이는 공부를 잘해야 한다' 혹은 '무조건 열심히 해야 한다'는 단일한 기준으로 접근한다. 아이의 기질이나 성향은 부차적인 문제로 여겨지고, "그래도 공부는 해야지."라는 전통적 태도 아래 일률적인 학습 방식을 고수하는 경우가 많다. 하지만 이는 아이를 성장시키기보다, 내면을 꺾고 자존감을 떨어뜨리는 결과를 낳는다.

부모는 알고 있다. 성향에 맞춘 공부가 더 효율적이라는 걸. 하지만 실천은 다르다. 내 아이가 어떤 기질인지 이해하고 거기에 맞게 도와야 한다는 현실적 자각이 부족하다. 컨설팅을 하면서 가장 많이 느끼는 건 결국 아이보다 부모가 바뀌는 게 더 어렵다는 사실이다. 주변을 의식하고 비교하는 데 익숙한 부모는 정작 자신의 태도와 성향을 점검하지 못한 채, 아이를 계속해서 외적 기준에 맞춰 끌고 가기 십상이다.

특히 MBTI 관점에서 보면, NT나 ST 성향의 아이들은 자율성이 강하고 혼자서도 학습을 잘 해내는 경향이 있으므로 과도한 개입이 오히려 역효과를 낳는다. 반대로 NF나 SF 성향의 아이들은 정서적 지지가 필요해 부모의 세심한 공감과 격려가 중요하다. 그러나 현실에서는 그 반대로 움직이는 경우가 많다. 성취가 잘 보이는 NT/ST 아이들을 더 푸시하고, 상대적으로 독립성이 약한 NF/SF 아이들은 방치하는 경우가 많은 것이다. 그 결과, 오히려 강점이 있는 아이들이 꺾이거나 무기력해지는 문제가 생긴다.

부모 기질도 중요하다. 한국 부모의 다수는 SJ 기질(ISTJ, ESTJ, ISFJ, ESFJ)을 가지고 있어 계획과 책임, 규율 중심의 양육을 선호한다. 그런데 요즘 아이들의 다수는 NFP, NTP, SFP 계열로 감성적이고 자유로운 성향이다. 결국 서로 잘 맞지 않는 조합이 대부분이라는 뜻이다. 여기에 부모가 자신의 기질을 돌아보지 않고 아이에게 똑같은 방식을 강요하면, 관계는 더 멀어지고 아이는 자기 성향을 부정하며 살아가게 된다.

그래서 부모의 자기 인식과 조율 능력이 무엇보다 중요하다. 초등 시기에는 감성과 공감 중심(F)의 접근이, 중등 이후에는 논리적(T) 접근이 효과적일 수 있다. 부모가 한결같은 기준만을 고집하는 것이 아니라, 시기에 따라, 아이의 성향에 따라 F와 T를 오가며 탄력적으로 대응하는 태도가 필요하다. 실제로 성공적인 양육 사례에서는 부모 중 한 명이 감성 중심, 다른 한 명이 이성 중심인 경우가 많다. 반대로 두 부모 모두 T 성향이면, 아이는 공감받지 못해 자존감이 낮아지고, 공부에 반항하는 경우도 많다.

또한 아이는 부모에게 잘 보이고 싶어 자신의 진짜 모습을 숨기게 된다. 겉으로 보기에는 성실한 아이처럼 보이지만, 실제로는 자기 욕구를 억누른 채 부모가 원하는 모습만 연출하는 것이다. 따라서 부모는 아이를 있는 그대로 보려는 훈련이 필요하다. 성격 검사나 기질 검사를 통해 객관적인 시선을 갖는 것도 한 방법이다.

단순한 정보력이나 학원 선행이 승부를 가르는 시대는 지났다. 지금의 교육 환경은 획일화되어 있고, 대부분의 학원들이 똑같은 방식으로 아이들을 관리하고 가르친다. 이 틀 안에서 유리한 아이는 정해져 있다. 결국 모든 아이에게 똑같은 공부법을 적용하면, 소수(ST, NT 기질)만 성공하고 다수는 지친다. 아이의 성향에 맞는 '맞춤 공부'가 이루어지지 않는다면, 실패하는 사례는 더 늘어날 것이다.

결국 부모는 아이의 기질을 이해하고, 자기 자신을 돌아보며, 탄력적으로 태도를 조절할 수 있어야 한다. "내가 누구인지, 아이는 어떤 기질인지"를 정확히 아는 것. 그것이 아이를 진짜로 성장시키는 첫걸음이다.

지금부터 내가 직접 컨설팅해온 사례들을 토대로 부모와 아이의 유형이 서로 시너지를 내지 못하는 이유와 개선점에 대해 구체적으로 살펴보도록 하자.

부모가 바뀌지 않으면 아이도 길을 잃는다 : 성향을 무시한 '무작정 푸시'의 위험성

명진이는 흔히 말하는 '대치동 키즈'였다. 초등학교 때부터 최상위권 성적을 놓치지 않았고, 몇 학년 앞선 선행학습도 자연스럽게 해냈다. 주변에서는 '머리가 좋은 아이' '자사고 갈 아이'라는 말이 따라붙었고, 실제로도 용인외고에 진학하며 기대를 충족했다. 그러나 고등학교에 들어서면서 분위기는 완전히 달라졌다. 중학교까지 잘 통하던 '시키는 대로 성실히 해내는 방식'만으로는 더 이상 성적이 나오지 않았다. 치열한 경쟁 속에서 내신은 4~5등급 사이를 오갔고, 노력해도 성과가 따라오지 않는다는 사실이 명진이를 크게 흔들었다. 집중은 흐트러지고, 친구 관계에서도 예전 같은 여유를 잃어갔다.

명진이는 ENTP, 엄마는 ESTJ였다. 사춘기를 지나며 두 사람의 성향 차이는 점점 깊어졌다. 명진이는 무엇이든 "왜?"를 먼저 묻고, 스스로 납득해야 움직이는 아이였다. 반면 통제력과 원칙 중심의 사고가 강한 엄마에게는 묻지 말고 해야 할 일을 하는 것이 당연했다. 초등 시절에는 이 두 성향이 묘한 균형을 이루었지만, 고등학생이 된 명진이는 더 이상 엄마의 방식에 순응할 수 없었다. 엄마는 여전히 '잘하던 아이'의 이미지만 기억했고, 명진이는 자신을 있는 그대로 보지 않는 그 시선이 버겁기만 했다.

그렇다고 명진이가 모든 일에 무기력했던 것은 아니다. 오히려 좋아하는 것에는 누구보다 깊이 몰입하는 아이였다. 게임을 해도 단순히 즐기는 수준이 아니라 원리와 구조를 파고들었고, 책을 읽기 시작하면 새벽까지 불을 끄지 않을 정도로 집중했다. 문제는 이러한 몰입이 성적과 연결되지 않는다는 점이었다. 성적이 떨어지고 자존감이 낮아진 명진이는 시험을 앞두고 오히려 공부를 일부러 하지 않기도 했다. 이른바 '셀프 핸디캐핑self-handicapping'이라고 불리는 행동이다. "나 어제 하나도 안 했어." "시험 전날 밤새 유튜브만 봤다니까?" 이런 말들 뒤에는 '내가 진짜 하면 잘할 수 있는데 안 해서 이 정도 나온 거야.'라는 자기방어가 숨어 있었다. 공부로 반항하고, 점수로 자기를 방어하는 아이. 명진이는 그렇게 자기 감정과 자존감을 지켜내려 했다. 겉으로는 무심한 말들 뒤에, 상처받지 않으려는 마음이 숨어 있었다.

하지만 명진이에게 진짜 필요했던 건 더 많은 공부나 강한 통제가 아니었다. 자신을 이해해주고, 왜 힘든지 들어주려는 부모의 태도였다.

ENTP인 명진이는 원래 지적 호기심과 가능성이 큰 아이였지만, 성향이 존중되지 않으면 어떤 학습법도 효과가 나기 어렵다. 만약 명령 대신 대화로 접근하고, "왜 그렇게 느끼니?" "네가 좋아하는 게 뭔지 알고 싶어."라고 말해주는 부모가 옆에 있었다면, 명진이는 자신의 리듬을 잃지 않고 성장의 길을 찾았을지도 모른다. 성향에 맞는 말 한마디가 공부보다 더 큰 동기를 만들 수 있기 때문이다.

잘하지만 더 이상 하고 싶지 않은 아이 : 진심을 먼저 봐주어야 하는 이유

●

윤호는 INFJ 유형의 아이였다. 깊이 생각하고, 내면의 감정이 풍부하며, 말은 많지 않지만 속으로는 복잡한 세계를 품고 있는 아이였다. 초등학교 시절 그는 엄마의 계획대로 하나고를 목표 삼아 착실히 따라왔고, 학습에도 성실했으며 과제도 꼼꼼히 해냈다. 그런데 어느 순간부터 윤호는 공부에 손을 놓기 시작했다. 윤호에게는 대체 무슨 일이 있었던 걸까?

윤호의 엄마는 ESTJ였다. 사람들과 잘 어울리고 감정적으로 풍성한 기질을 지닌 분이었지만, 아이에게만큼은 전혀 다른 모습을 보였다. 감정적 교류나 공감보다 성과 중심의 대화가 많았고, 칭찬보다 지적이 더 앞섰다. 윤호가 잘하면 더 많은 과제를 내주었고, 기대에 부응하면 더 높은 목표를 제시했다. 어느 순간부터 윤호에게 '잘한다'는 말은 곧 '이제 더 해야 한다'는 뜻이 되어버렸다. 그래서 윤호는 요령을 부리기 시작했다. 너무 빨리 끝내지 않고, 때로는 대충하는 척도 했다. 엄마의 기대가 무서웠고, 실망시키는 것도 두려웠다. 결국 윤호는 아예 평균을 맞추며 눈에 띄지 않는 전략을 택했다.

윤호의 눈에는 엄마가 자신의 잘함보다는 늘 다른 아이를 보고 비교하는 것으로 보였다. 주변 아이들의 진도, 성적, 수상 경력 등을 본 엄마는 말하곤 했다. "다 너 잘되라고 하는 거야." 하지만 윤호는 알고 있었다. 자신이 누군가를 이기기 위한 도구가 되어간다는 사실을. 엄마가 원하는 결과에 도달하지 못하면 사랑받지 못할지도 모른다는 불안함을.

INFJ인 윤호는 겉으로 티를 내지 않았다. 성격상 참을 줄 알고, 감정을 안으로 넣어두는 편이었다. 그래서 그의 '공부 거부'는 조용하고 은밀하게 찾아왔다. 일부러 속도를 늦추고, 일부러 틀리기도 했다. 더 이상 똑똑하다는 말이 자랑스럽지 않았고, 칭찬은 부담스러웠다. 공부는 '엄마가 원하는 나'를 위한 수단이 되었을 뿐, 자기 자신을 위한 것이 아니었다.

윤호가 진심으로 바랐던 것은 아주 단순한 것이었다. "윤호야,

넌 정말 최선을 다했구나. 수고했어."라는 말. 결과가 어떻든, 시킨 만큼 했든 안 했든, 자신의 존재를 인정해주는 단 한마디였다. 하지만 엄마는 그러지 못했다. 사회적 관계에서는 누구보다 따뜻한 사람이었지만, 자녀에게만큼은 철저히 결과 중심적이었다. 윤호는 그 다름을 너무 잘 알고 있었다.

어느 순간부터 윤호는 공부가 아니라 자기 자신을 바라보기 시작했다. 이 공부는 누구를 위한 것인지, 왜 계속해야 하는지. INFJ에게 의미 없는 반복은 내면을 더 깊은 무기력으로 끌어내리기 마련이다. 그는 갈등 끝에 조용히 무너졌다. 더 이상 하고 싶지 않다고, 잘하고 싶지도 않다고 말하기까지 오랜 시간이 걸렸다.

윤호가 갑자기 무너진 이유는 공부가 싫어졌기 때문이 아니라, 자신이 누구인지에 대한 존중을 받지 못했기 때문이다. 그의 내면을 들여다보면, 공부를 놓아버린 행동은 하나의 신호처럼 보인다.

"엄마, 나 좀 알아줘."

"그냥 있는 그대로 날 봐줘."

많은 부모들은 학습 중심으로 아이를 바라본다. 우리나라 부모들의 상당수는 SJ 기질로, 책임감이 강하고 안정적인 구조 안에서 아이를 키우고자 한다. 반면 아이들은 NF나 SF 또는 생활방식에서 P 성향인 경우가 많다. 감정에 민감하고 자유로운 사고를 지니며, 의미와 내적 동기를 중시한다. 이 조합은 구조적으로 충돌할 수밖에 없다. 그런데도 우리는 여전히 '같은 공부법'과 '같은 목표'를 아이들에게 적용하려 한다.

윤호는 생각이 깊고 조용하지만 그 안에는 누구보다 넓은 세계가 있다. 만약 엄마가 그 깊이를 한 번만 들여다보았더라면, 단순히 결과가 아닌 '사람'으로 아이를 보았다면, 윤호는 지금도 자신이 잘해왔던 공부를 즐기며 해내고 있었을지도 모른다.

공부는 아이를 성장시키기도 하지만, 때로는 가장 깊은 상처를 남기기도 한다. 결국 부모가 먼저 알아야 할 것은 공부법 이전에 인간으로서 아이의 마음이다. "왜 안 하니?"라는 꾸지람보다 "어디가 힘들었니?"라는 질문 하나가 아이의 삶을 바꿔놓을 수 있다.

"엄마, 그냥 나를 믿어줘도 돼요." : ESFP 유형의 아이는 어떻게 다뤄줘야 할까

지민이는 어릴 적부터 밝고 사교적인 아이였다. 친구들을 좋아하고, 분위기에 잘 휩쓸리는 성격이라 누가 무엇을 하자고 하면 좀처럼 거절하지 못했다. 하고 싶은 것도 너무 많아 늘 에너지가 여러 곳으로 흩어지곤 했다. 그의 MBTI는 ESFP로 사회성과 친화력은 뛰어나지만 지적 의심이 약하고 멘탈이 쉽게 흔들리는 유형으로, 공부에는 불리한 조건들이 겹쳐 있었다.

그럼에도 지민이는 전교 5등 안에 드는 학생으로 성장했고, 지금은 의대를 목표로 고등학교 1학년을 다니고 있다. 이 변화는 단순한 성실함만으로 설명되지 않는다. 지민이의 성향을 정확히 파악하고, 그 기질을 해치지 않는 방식으로 방향을 잡아준 엄마의 전략이 있었다.

지민이의 엄마는 ENFP였다. 자신도 학창 시절 비슷한 성향을 지녔기에 아이를 누구보다 깊이 이해했다. 그 이해는 방임도 강압도 아닌 '부드러운 리드'로 이어졌다. 지민이는 외부 자극에 민감한 아이였다. 수학여행, 체육대회, 어학연수처럼 큰 행사 후에는 한동안 학습 리듬이 무너지곤 했다. 엄마는 그 특성을 정확히 파악하고 불필요한 외부 스케줄을 조율하며 아이의 에너지가 분산되지 않도록 도와주었다. 하고 싶은 게 많은 지민이가 산만해지지 않도록 계속해서 방향을 맞춰주는 일도 게을리하지 않았다.

무엇보다 중요했던 건 '정서적 지도'였다. 지민이는 다른 사람의 시선을 많이 의식하는 편으로, 누군가가 자신을 지켜봐 주고 "잘하고 있어."라고 말해주면 힘이 나는 아이였다. 엄마는 그 점을 놓치지 않았다. 과정에서의 작은 성취를 놓치지 않고 칭찬하며, 좌절하지 않도록 심리적으로 든든한 버팀목이 되어주었다.

그런 엄마의 일관된 리드는 지민이의 학습습관에도 그대로 반영되었다. 혼자서는 에너지가 여러 곳으로 분산되기 쉬웠던 아이가, 방향을 잡아주는 손이 곁에 있으니 조금씩 자신만의 페이스를 찾아가기 시작했다. 공부는 결과보다 '과정에서 의미를 찾는 경험'이어야 한다는 사실을 지민이 역시 점차 이해하게 되었다.

의대는 단순히 성적만으로 갈 수 있는 곳이 아니다. 꾸준한 노력, 안정적인 멘탈, 인성과 태도까지 모두 갖춰야 한다. ESFP 성향의 아이에게는 특히 감정 관리가 어려울 수 있지만, 지민이는 초등학교 5학년부터 이어진 꾸준한 양육 전략과 친밀한 관계 덕분에 멘탈의 기반을 탄탄히 다져왔다.

물론 여기엔 지민이 특유의 '착한 성격'도 한몫했다. 선생님의 말을 잘 듣고, 시키는 일은 성실하게 해내는 기질. 그 순응성이 엄마의 부드러운 리드와 만나 좋은 시너지를 냈다. 그리고 지금은 스스로를 이끌어갈 힘까지 차츰 만들어가고 있다.

지민이의 사례는, 정서적으로 민감하고 외부 영향을 많이 받는 아이도 성향에 맞는 전략이 더해진다면 충분히 가능성이 열린다는 사실을 증명한다. 특히 초등 4~6학년은 방향을 잡는 데 결정적 시기다. 이 시기를 제대로 잡지 못하면 중학교에 들어가서는 회복이 어렵다.

지민이의 이야기는 단지 한 아이의 성공담이 아니다. 공감과 이해, 그리고 지속적인 리드가 어떤 변화를 만들어내는지를 보여주는 실제 사례다. 그리고 우리에게 조용히 묻는다.

"당신의 아이는 어떤 성향인가요?

그 성향에 맞는 리더가 되어주고 있나요?"

세상에 '그냥 잘 큰' 아이는 없다 :
ESFP 유형을 키우는 가장 지혜로운 방법

동진이는 특별한 간섭도, 엄격한 관리도 없이 '그냥 잘 큰' 아이처럼 보인다. 하지만 그 이면에는 운이나 재능이 아니라, 따뜻한 믿음이 만든 기적 같은 성장의 서사가 담겨 있다.

동진이의 성향은 ESFP로 사람을 좋아하고 감정이 풍부하며, 칭찬과 격려에 특별히 민감한 유형이다. 외부 자극에 쉽게 흔들리고 집중력도 요동치기 때문에, 일반적으로 학업에서 두각을 나타내기 어려운 편이다. 그런데도 동진이는 이 성향을 지녔음에도 불구하고 하나고에 당당히 입학했고, 최근 모의고사에서는 전 과목 1등급을 받았다. 지금은 의대와 사이버 국방학과 사이에서 진로를 고민하고 있을 정도다. 무엇이 이 아이를 이렇게 만들어낸 것일까?

핵심은 엄마와의 궁합이었다. 동진이 엄마 역시 ESFP 성향이었다. 따뜻하고, 감정적으로 풍부하며, 아이를 통제하려 하기보다

'예뻐해 주고 믿어주는' 양육을 자연스럽게 실천하는 사람이었다. 아이가 원하면 최대한 들어주고, 흔들릴 때도 "괜찮아, 다시 해보자."라고 말해주는 스타일. 이 기질이 동진이의 정서적 안정감을 단단하게 지지해주는 기반이 되었다.

ESFP 아이는 환경의 영향을 크게 받는다. 부모가 과하게 관여하거나 감정적으로 압박하면 순식간에 위축되고, 성취에 대한 자신감을 잃기 쉽다. 동진이가 흔들리지 않고 성장할 수 있었던 이유는, 엄마의 믿음이 아이의 기질과 딱 맞는 방식으로 작동했기 때문이다. 누군가가 앞에서 끌어주지 않아도, "넌 할 수 있어."라는 말이 주는 정서적 안정감이 동진이를 스스로 움직이게 했다.

이 사례는 앞서 살펴본 지민이와도 결이 다르다. 지민이는 전략적으로 방향을 잡아주는 '리딩형' 양육이 필요했던 아이였다면, 동진이는 감정적 지지를 기반으로 신뢰를 쌓아주면 자율적으로 움직일 수 있는 아이였다. 물론 그 자율은 저절로 생긴 것이 아니라, 꾸준한 격려와 따뜻한 지지 속에서 자란 자율이었다.

지금도 동진이는 중요한 선택을 앞두고 엄마와 대화를 나눈다. 엄마는 조언을 해주되 지시하지 않고, 결정을 대신 내려주지 않는다. 다만 "네가 잘할 거야."라는 말로 아이의 용기를 북돋운다. 그리고 그 한마디가 동진이를 움직이는 가장 강력한 에너지가 된다.

때로는 '밝은 얼굴, 단단한 습관'이 전부다 :
'내 얼굴에 책임'을 지게 만드는 아이들로

성경이는 만날 때마다 얼굴이 밝았다. 뭔가에 억눌린 기색이 없이 눈빛이 맑고, 말투는 자연스러웠다. 공부에 지쳐 구겨진 표정이 아니라, 좋아서 하는 사람이 갖는 여유가 느껴지는 아이였다.

성경이는 대치동에서 자란 ESTP형 아이였다. 보통 이 성향은 에너지가 넘치고 즉흥적이며 통제에 예민해 '공부와는 거리가 멀다'는 편견을 받곤 한다. 까칠하고, 학습량이 많아지면 학습 자체에 반기로 반응하는 경우도 적지 않다. 그런데 성경이는 하나고에 수석으로 입학했고, 지금은 가톨릭대학교 의대에서 즐겁게 공부하고 있다.

이 변화의 중심에는 엄마의 전략적인 양육이 있었다. 엄마는 아이의 기질을 정확하게 읽고 있었다. 선행을 무리하게 밀어붙이지 않았고, 대신 학교 수업에 충실하도록 도우며 인강 같은 '스스로 활용할 수 있는 학습 도구'를 적극 활용하게 했다. '엄마의 개입은 최소화하고, 아이의 주도성을 최대화하는 방식'이 성경이에게 완벽하게 맞았던 것이다.

대치동에서 성공하는 아이들의 공통점은 의외로 '선행'이 아니다. 습관이다. 어릴 때부터 많은 학습량을 접하기 때문에 출발선

공부 골든타임

은 대체로 비슷하다. 결국 승부는 스스로 공부하는 습관을 가진 아이에게서 갈린다. 성경이는 그 습관이 잘 잡힌 사례였다.

성경이의 가장 큰 특징은 '밝은 얼굴'이었다. 눈빛이 선명하고 말에 힘이 있었고, 공부를 하며 받는 스트레스보다 '의욕'이 더 짙게 느껴졌다. 성공하는 아이들의 중요한 공통점은 바로 이런 밝음이다. 단순히 성적이 좋은 것이 아니라, 긍정적인 에너지와 건강한 자아를 가진 것. 그 밝음은 어디서 오는가? 엄마와의 안정된 관계에서 온다. 자존감을 지켜주는 양육, 지지와 격려, 그리고 나를 믿어주는 어른이 있다는 감정이 그 아이들을 다르게 만든다.

이와 비슷하게 ESFP 유형 중에서도 또 다른 성공 사례가 있다. 지혜는 현재 서울대 수의학과에 재학 중이다. ESFP는 활발하고 사회성이 좋지만, 학업 집중력 면에서는 결코 유리하지 않다. 산만하고 감정 기복이 크며, 주변 환경에 쉽게 영향을 받는다. 그런데 지혜는 이 구조적 약점을 뛰어넘었다.

비결은 부모의 전문적인 이해와 초기 개입이었다. 지혜의 부모는 학원장이었다. 아이의 성향을 누구보다 잘 알고 있었고, ESFP 아이에게는 일찍부터 체계적인 학습 루틴이 필요하다는 것을 정확히 이해하고 있었다. 어릴 때부터 적절한 학습량과 훈련을 꾸준히 제공했고, 지혜는 자신의 강점을 '관찰과 모방'에서 찾았다. 잘하는 친구들을 보고 따라 하며 자연스럽게 학습 전략을 흡수했고,

그 흐름이 끊기지 않도록 부모가 환경을 뒷받침했다.

이런 아이들은 인성과 사회성이 좋고, 주변 분위기에 민감하다. 그래서 환경이 좋으면 금방 긍정적으로 전환되지만, 그 반대일 경우 흐지부지되기 쉽다. 지혜는 초등 고학년이라는 결정적 시기의 방향 설정을 놓치지 않았다. 그 결과, 일관된 학습 루틴과 안정된 자아 인식이 결합해 서울대 입학으로 이어졌다.

성경이와 지혜. 성향은 서로 다르지만, 두 아이의 공통점은 분명하다. 자신의 기질에 맞는 환경과 전략이 있었다는 것. 그리고 그 전략은 '무리한 계획'이 아니라, 아이를 있는 그대로 바라보고 '이 아이에게 지금 필요한 것이 무엇인가'를 고민한 부모의 선택에서 시작됐다는 것이다.

대충 한 걸 학습이라 믿는 아이 : 머리 좋고 근자감 있는 아이는 어떻게 다뤄야 할까?

석규는 가톨릭대학교 의대에 입학한 학생이다. 지금은 휘문고를 졸업하고 최고의 결과를 만든 아이로 소개되지만, 그의 성향만 놓고 보면 공부에 불리한 조건을 가진 유형이다. NTP형, 즉 ENTP 또는 INTP. 대치동에서 가장 큰 수혜를 받는 동시에, 가장 위험 요소도 많은 성향이다.

이유는 분명하다. 이 유형은 기본적으로 성실하지 않다. 그리고 근거 없는 자신감, 일명 근자감이 강하다. 머리는 좋고 이해력은 빠르지만, 꼼꼼함이 부족하다. 학습의 기준이 '깊이'가 아니라 '속도'에 있다. 완벽하게 이해하지 않아도 몇 번 훑어보고 반복해 들었다면 '공부했다'고 생각하는 스타일이다. 속도감 있는 학습 흐름에서 동기와 자극을 받는 아이들이기도 하다.

대치동의 학습 환경은 이런 아이들에게 최적화되어 있다. 선행을 빠르게 밀어붙이고, 개념보다 문제풀이 위주이며, 반복과 진도를 중시하는 학원 시스템. 바로 이 방식이 석규에게는 정확히 맞아떨어졌다. 특히 센 학원을 오래 다닌 경험, 그리고 서울대 출신 학원장인 부모가 일찍부터 충분한 학습량을 제공한 환경은 NTP형 아이가 잘 성장할 수 있는 이상적인 조건을 모두 갖춘 셈이었다.

이에 대비되는 성향이 STJ형이다. 성실하고 꼼꼼하며 구조적으로 사고하는 학생들. STJ형은 한 가지를 완전히 이해해야 '학습했다'고 느끼지만, NTP형은 대략 익힌 것도 반복하면 그게 공부라고 여긴다. 같은 속도로 진도를 나가도 STJ형은 속이 타고, NTP형은 오히려 신난다. 그래서 STJ형 아이들은 "왜 저 친구는 저렇게 쉽게 따라가지?"라는 괴리감과 좌절을 경험하곤 한다.

결국 이 성향 차이가 성공과 실패의 갈림길이 된다. 석규는 자신의 성향에 맞는 환경과 방식이 아주 일찍부터 갖춰져 있었기에, 학습 효과가 극대화되었다. 단순히 운이 좋았던 것이 아니라, 부모의 전략적 판단이 있었다. ENTP형은 부모의 통제가 잘 먹히지 않는 성향이지만, 초등 시기까지는 앞에서 자주 살펴주고 자극을 주는 '콩나물식 관리'가 필요하다. 이후 중등부터는 자율성을 주는 '벼처럼 방목하는 방식'이 맞다.

"콩나물 시기에 물을 제대로 주고, 벼처럼 심은 뒤에는 스스로 자라게 두라." 석규는 바로 그 방식대로 성장한 매우 정석적인 성공 사례다.

따뜻한 밥 한 끼, 맛있는 간식 하나가
동기부여가 될 수 있다면 :
ESFJ형 아이의 성장 이야기

●

찬형이는 지금 하늘고등학교 교사로 일하고 있다. 누가 시키지 않아도 스스로 계획을 세우고, 맡은 일은 책임감 있게 끝내는 사람. 사실 이런 모습은 어린 시절부터 이어져 온 성향이었다. 그의 MBTI는 ESFJ. 외향적이고 꼼꼼하며, 완벽주의적 기질을 지닌 유형이다.

ESFJ 아이들은 공부를 잘할 수도, 그렇지 않을 수도 있다. 관건은 '관계'와 '정서적 환경'이다. 이들은 무언가를 맡으면 잘하고 싶고, 좋은 평가를 받고 싶어 한다. 동시에 감정적으로 예민해, 부모와의 유대감이 학습 동기보다 훨씬 더 중요한 영향을 미친다.

찬형이도 그랬다. 찬형이가 스스로 공부를 잘해냈던 것은 혼자서 만든 결과가 아니었다. 학교가 끝나면 늘 집에서 기다려주는 엄마가 있었다. 단순히 집에 있기만 한 것이 아니라, 따뜻한 한 끼를 준비해주는 존재. 그 일상적인 행동이 찬형이에게는 "나는 중요한 사람이다."라는 메시지였고, 그 감정적 안정감이 자연스럽게 학습의 동기로 이어졌다.

ESFJ 아이들은 관계가 먼저 놓여야 공부가 따라온다. 반대로 정서적 유대 없이 학습만 강조하면, '셀프 핸디캐핑'처럼 자기 보호적 행동이 나타나기도 한다. 일부러 공부를 미루거나, "어제 공부 안 했어." 같은 말을 하며 성적이 낮아도 마음이 덜 다치도록 장치를 만드는 것이다. 이는 못해서가 아니라, 인정받고 싶은 마음이 제대로 충족되지 않았기 때문에 생기는 방어다.

찬형이는 그런 위기를 비교적 자연스럽게 지나왔다. 엄마가 그의 방식과 감정을 이해하고, 조르기보다 기다려주고, 지시하기보다 믿어주었기 때문이다. 그 태도가 찬형이의 자존감을 세웠고, 공부와 진로를 스스로 개척하는 힘까지 만들어주었다.

누군가는 '따뜻한 한 끼가 무슨 영향을 주겠어?'라고 생각할지 모른다. 하지만 찬형이 같은 유형에겐 그것이 전부였다. 그 안에는 "너를 기다려줄게." "너는 소중해." "나는 너를 믿어."라는 메시지가 담겨 있었고, 그 메시지가 아이를 움직였다.

찬형이의 사례는 아이의 기질을 이해하고 따뜻하게 품어준 부모의 태도가, 성적보다 앞서 아이의 마음을 세우는 가장 중요한 힘이라는 것을 잘 보여준다.

할 마음은 있지만, 마음만으로는 되지 않는다
: 흔들리는 아이들이 실패에서 배우는 것

진영이는 ENFP 유형으로 밝고 사람을 좋아하며 에너지가 넘쳤지만, 동시에 주변의 영향을 쉽게 받는 기질이었다. 처음 만났을 때 그는 대학 입시에 실패한 채 재수 중이었고, 이미 반수를 선택했다는 사실 자체가 위험 신호였다. ENFP형인 진영이는 계획은 잘 세우지만 실행력이 약했고, 반복·정리 중심의 공부를 특히 어려워했다. 머릿속으로는 이해했다고 느끼지만 실전에서는 학습의 깊이가 따라가지 못하는 전형적인 패턴을 보였다.

여기에 친구 관계의 영향까지 컸다. 공부보다 다른 활동을 선호하는 친구들과 함께하다 보니 마음이 자주 흔들렸고, 감정 기복에도 취약했다. 특히 구조적이고 엄격한 ESTJ 성향의 엄마는 진영이의 기질을 잘 이해하지 못했다. "왜 못하니?" 같은 말은 진영이에게 동기 대신 불안만 남겼고, 결국 재수 끝에도 만족스러운 결과를 얻지 못했다.

지원이의 경우도 비슷했다. 자사고에 입학했지만 성적이 떨어져 결국 일반고로 전학했고, 이후 고대 의대에 진학했다. 겉으로 보면 성공 같지만, 그 과정은 고통스러웠다. INTJ 성향의 엄마는 완벽주의적이고 논리 중심적인 사람이었다. 작은 실패도 날카롭게 지적하는 피드백은 지원이에게 무력감을 쌓게 했고, 스스로에 대한 확신을 잃게 만들었다. 그는 능력이 없어서가 아니라, 정서적 기반이 무너지면서 배움의 리듬이 깨진 케이스였다.

세 번째 사례인 민수는 성인이 된 후 공무원 시험을 여덟 번 치렀지만 번번이 실패했다. 이는 성인기의 문제라기보다, 초등 시절부터 학습습관이 자리 잡지 못한 결과였다. 공부의 기본기가 없었고, 환경의 영향을 지나치게 많이 받았다. 시험이 임박해도 주변 일정에 휩쓸렸고, 학습에 몰입하는 힘이 부족했다. 결국 긴 여정을 끝까지 끌고 갈 체력이 없었다.

이 세 사례의 공통점은 분명하다. 감정적이고 환경의 영향을 많이 받는(NF, FP) 아이일수록 학습은 더 '전략적 환경' 속에서 이루어져야 한다는 것. ENFP나 ESFP처럼 에너지가 외부로 많이 향하는 아이들은 혼자 중심 잡기가 어렵다. 감정의 기복도 크고, 주변 분위기에 쉽게 휘둘린다. 그렇기에 부모는 아이의 기질을 이해한 채 '움직이는 울타리'가 되어주어야 한다. 조이지 않되, 흐트러지지 않도록 끌어주는 최소한의 구조 말이다.

공부는 의지보다 환경이 크게 작용할 때가 많다. 부모의 한마디, 아이 주변의 분위기, 일상의 리듬이 결국 성공과 실패의 방향을 결정한다.

끌려간 실패, 놓친 주도성 : 부모의 영향력이 아이의 삶에 미치는 영향

하준이는 외고 진학에 실패했다. 하준이의 엄마는 ISTJ 성향으로, 지나치게 고지식하고 융통성이 없었다. 아이를 틀에 가두고 계획대로만 움직이게 하는 양육 방식이 강했다. 학원을 여러 곳에 보내고, 면접도 무려 6개월 전부터 준비시켰지만, 문제는 그 모든 방식이 하준이에게 전혀 맞지 않았다는 점이었다.

하준이는 자기 생각이 분명한 아이였다. 시행착오를 겪어야 스스로 배우고, 과정에서 고민하는 시간이 중요한 성향이었다. 그러나 엄마는 정해진 답을 외우게 했고, 아이가 스스로 사고해볼 기회를 거의 주지 않았다. 외고 면접은 정답을 말하는 자리가 아니다. 자기만의 시각, 생각의 깊이, 태도를 보는 자리다. 엄마의 반복적 주입식 준비는 오히려 하준이를 면접장에서 더 어색하게 만들었다. 결국 아이는 자신의 언어로 말하지 못했고, 면접관이 이를 알아차리는 데 오래 걸리지 않았다.

문제는 그 이후에도 이어졌다. 하준이는 스스로 공부하는 법을 몰랐다. 학원에서 진도를 나가면 그것이 곧 '공부했다'고 여겼고, 틀린 문제를 분석하거나 다시 풀어보는 기본 과정이 없었다. 이런 아이에게 필요한 건 자율성과 주도성이었지만, 엄마는 그 기회를 주지 않았다.

하준이는 자발적인 태도가 아닌 쫓기는 공부, 즉 '끌려가는 태도'로 공부에 임했다. 공부의 중심에 아이가 없었고, 학습이 자신의 일이 되지 못했다. 부모의 불안과 기준에 맞춘 공부는 결국 아이의 의욕을 꺾고 성취를 막는다.

중요한 것은 지금의 성적이 아니라, 아이가 '자기 힘으로 공부하는 사람'으로 자라나는 과정이라는 점을 잊어선 안 된다.

Chapter 3

아이의 성장 시너지를 내기 위한 학년별, 유형별 부모 역할

아이의 성향을 이해했다면, 이제 부모가 조금 더 실용적으로 챙겨두면 좋은 것들이 있다. 학년별로 어떤 점을 조심해야 하는지, 어떤 부분에 초점을 맞춰야 성장에 있어 효과적인지 같은 작은 팁들이다. 본격적인 학습 전략이라기보다는, 아이를 관찰하는 데 도움이 되는 추가 지침에 가깝다. 하지만 이런 작은 차이가 때로는 아이의 학습 흐름을 부드럽게 만들고, 부모의 역할을 훨씬 더 수월하게 해주기도 한다. 이번에는 '알아두면 좋은 부모 가이드'라는 마음으로, 학년별·유형별로 기억해두면 유용한 포인트들을 정리해보려 한다. 그리고 여기에는 중학생 시기까지 함께 정리했다. 지금 입시는 중학교 때 가장 중요하므로 6학년 때 학습적인 사춘기가 발현되기 전에 모든 공부 방법 및 습관을 형성시켜 놓아야 한다.

3~4학년 부모의 역할

학습적인 측면

- 국/영/수 교과개념에 대한 이해를 정확히 한다.

- 국/영/수 및 처음 접하는 사회/과학 과목도 주 1회 이상 교과서 중심의 개념 이해를 할 수 있도록 돕는다.

- 매일 일정시간/일정 분량의 학습을 꾸준히 할 수 있도록 한다.

- 다양하고 폭넓은 주제의 독서를 짧은 글에서부터 서서히 늘려 짧아도 꾸준히 할 수 있도록 한다.

- 책을 고르고 읽는 행위가 거부감 들지 않고 즐거운 경험이 되도록 돕는다.

- 독립성을 키워나가는 첫 단계로, 스스로 선택하고 결정해보는 기회를 작게라도 제공한다.

생활적인 측면

- 저학년이 아니기 때문에 기본 생활습관이 완성되도록 신경 쓴다.

- 기본 생활습관이 루틴화되는 첫 시기이므로 잘하지 못하더라도 매일 조금씩 실천하는 것에 목표를 두자.

- 전신운동과 다양한 체험 활동(여행·캠핑 포함)을 통해 신체 발달과 폭넓은 사고를 키운다(고학년 이후에는 체험 기회가 줄어듦).

- 또래집단 형성이 본격화되므로 친구 관계·대인 관계에서의 적응

을 세심하게 살핀다.

• 타인의 입장을 이해하고 공감하는 능력이 발달하는 시기이므로 배려, 칭찬, 격려 연습을 일상 속에서 자연스럽게 경험하게 한다.

• 게임·오락 등은 중독 예방을 위해 시간 규칙, 공개된 공간에서의 사용 등 기본 원칙을 마련한다.

• 작고 구체적인 과제를 통해 근면성과 성취 경험을 쌓게 한다.

정서적인 측면

• 성공·실패를 모두 안전하게 경험할 수 있는 분위기를 조성한다.

• 실패해도 괜찮다는 메시지를 지속적으로 주며, 작은 성취 경험을 통해 자기효능감을 키운다.

• 부모-자녀관계에서 정서적 안전감을 느낄 수 있도록 한다. 감정 인식과 표현을 돕는 시기로 분노·실망·불안 등 다양한 감정을 안전하게 다루는 연습을 시작한다. 부모의 온정적이고 수용적인 태도가 정서 안정과 학교 적응의 가장 강력한 기반이 된다.

• 또래 관계에서의 정서적 안정 지원, 친구 관계의 변화가 큰 시기이므로, 갈등이나 고민을 편하게 이야기할 수 있는 환경을 만든다. 배려·양보·칭찬 등 기본적인 사회적 기술을 일상에서 자연스럽게 경험하도록 한다.

5~6학년 부모의 역할

●

학습적인 측면

• 수학은 개념 이해와 안정적 복습이다. 선행보다 배운 개념을 충분히 이해하는 것이 중요하다. 아이가 해당 단원의 개념 이해를 제대로 하고 있는지 확인하고 빠진 부분이 있다면 반드시 복습하고 다음 단계로 넘어갈 수 있도록 한다.

• 국어 중심으로 학습 체력을 키운다. 이 시기부터 수업 내용 난도가 높아지므로 교과서 개념을 정확히 이해하는 학습이 필수다. 자습서 활용을 통해 학교에서 다루지 않은 부분까지 교과 기반의 균형 잡힌 지식을 만든다. 대입까지 연결되는 핵심 독해력은 국어에서 결정되므로 국어 기반을 단단히 하는 데 우선순위를 둔다.

• 독서에서는 다독보다 탐독, 즉 깊이 있게 읽고 생각하는 경험이 더 중요하다. 독서는 원하는 분야 중심으로 하고, 만화·교양 도서도 허용하되, 교과서 내용만큼은 정확히 이해하도록 지도한다. 독서 후 생각을 말하고 토론하는 활동(독서토론, 밥상토론 등)이 논리·비판적 사고력을 키운다.

• 일기나 독후감을 넘어 논리적 글쓰기·자유 글쓰기 등 구조화된 글쓰기 훈련을 시작한다. 글쓰기를 '당연한 학습활동'으로 자연스럽게 받아들이게 한다.

• 영어는 자연스러운 노출 중심으로 공부한다. 단어 암기보다 말하

기·듣기 노출이 더 효과적이다. 수능 영어는 절대평가이므로 초등·중등 시기에 과도한 투자보다 기본 감각 유지를 목표로 한다. 중학교 영어를 미리 끝내려는 과도한 선행은 비효율적이다.

· 교과 개념어 대부분이 한자어이므로, 단어의 구성·의미를 자연스럽게 이해하는 것이 고학년 학습에 매우 도움이 된다. 특히 사회와 과학과목은 한자어를 이해하면 쉽게 넘어갈 수 있다.

· 5~6학년은 자기주도학습이 싹트는 시기이므로 시간 관리, 예·복습 루틴, 간단한 학습 계획 세우기 등을 실습시키며 점진적으로 독립성을 키운다.

생활적인 측면

· 신체 발달에 따른 체력 관리가 중요하다. 전신운동을 통한 근육 형성 및 기본 체력 유지에 신경쓰며, 사춘기 신체 변화에 대비해 규칙적인 운동 습관을 잡아준다. 스스로 즐길 수 있는 꾸준한 취미·활동을 찾도록 돕는다. 체력이 떨어지면 학습 집중력이 크게 흔들리는 시기이므로 전반적인 컨디션의 흐름을 살펴본다. 스스로 스트레스를 관리하는 방식을 익히도록 돕는다.

· 아침·저녁 루틴을 포함해 하루를 스스로 조절하는 습관을 만든다. 시간 관리, 복습 루틴 등을 통해 기본적인 자기관리 능력을 기른다. 오랜 시간 의자에 앉아 집중하는 연습을 통해 고학년 학습 체력을 키운다.

• 집안일, 은행 업무 경험, 간단한 요리 등 생활밀착형 경험을 통해 책임감과 자기효능감을 높인다. 작은 역할을 맡아 해내는 경험은 중학생 이후의 독립적 생활로 이어지는 기반이 된다.

정서적인 측면

• 초기 사춘기에 들어서는 시기이므로 심리적·정서적 안정감이 가장 중요하다. 부모와의 원만한 소통이 정서 기반을 결정하므로, 판단보다 공감을 우선한다.

• 또래 관계를 세심하게 살핀다. 편가르기, 따돌림, 서열화 등이 시작될 수 있으므로 사회적 관계의 질을 지속적으로 관찰해야 한다. 또래 압력에 휘둘리지 않도록 건강한 자기주장과 경계 설정을 가르친다.

• 감정 기복이 많은 시기이므로, 성적·비교보다 노력·성장에 초점을 둔 피드백이 필요하다. 실수나 실패를 개인적 결함으로 받아들이지 않도록 회복 경험, 실패를 함께 재해석하는 대화가 중요하다.

• 특히 여학생의 경우 신체 변화가 시작되므로 자신의 몸에 대한 이해와 변화에 대한 정확하고 건강한 성교육이 필수다. 자기 몸을 존중하는 마음, 위험 상황에서 도움을 요청하는 법 등을 구체적으로 알려준다. 어떤 경우에도 부모의 수용적 태도를 유지하여 아이에게 정서적 안정감을 심어주도록 한다.

중학생 부모의 역할

학습적인 측면

• 중학생이 되어도 학습에서의 기본기는 언제나 중요하다. 아이가 과목별 학습 목표를 중심으로 필요한 개념을 잘 이해하고 설명할 수 있는지 확인하고 부족한 부분을 채울 수 있도록 도와주자.

• 중학생이 되고 성취에 대한 평가가 시작되면서 아이들은 자신이 잘하는 과목에 매몰되는 모습을 보일 수 있다. 절대로 하지 말아야 할 행동으로 과목 편중 학습이 일어나지 않도록 세심히 관찰한다.

• 초등학교 때부터 습관이 되어 있다면 플래너를 통한 학습관리가 어느 정도 자리잡혔을 것이다. 좀 더 구체적인 시간관리를 통해 학습의 효율을 높이는 연습을 해야 한다. 시간과 학습의 양을 일치시키는 훈련을 해보자.

• 플래너 사용이나 노트 필기 등 학습습관이 제대로 되지 않는다면 2학년이 지나기 전에 반드시 습관화되도록 도와준다.

• 독서는 이 시기에도 꾸준히 해야 한다. 비문학 문학을 가리지 않고 골고루 읽어 어휘력과 문해력을 향상시키는 데 신경을 쓰게 돕는다.

생활적인 측면

• 중학교 이후에도 기본 체력 유지는 중요하다. 사춘기 전후의 신체 변화에 대비해 규칙적인 운동 습관을 잡아준다. 여전히 아이 스스로

즐길 수 있는 취미생활이나 활동을 찾아주고 휴식의 시간을 가질 수 있도록 배려한다.

- 중학생이 되면 초등학교와는 달리 수면시간이 불규칙해지고 늦잠을 자는 모습이 많아진다. 이는 뇌구조의 변화와 함께 발생하는 자연스러운 모습이나, 학교생활에 지장이 있거나 방학 동안 일상생활에 방해를 주면 안 되기 때문에 되도록 정해진 시간에 잠들고 일어나는 규칙적인 모습을 보일 수 있도록 돕는다.

- 또래 집단의 말이 영향을 많이 끼치는 시기이므로 친구들의 SNS 활동에 몰두할 수 있다. 특히 이 시기 미디어기기 관리에서 충돌이 생기기 쉬우므로 초등학교 고학년 때와 마찬가지로 서로 합의 하에 미디어 기기, 게임 등에 대한 규칙을 함께 설정하도록 한다.

정서적인 측면

- 본격적인 사춘기에 접어들면서 부모로부터 독립하려는 모습이 보인다. 이때 사춘기적 특성에 얽매여 아이의 행동이나 말투 등에 너무 크게 반응하지 않도록 한다. 여전히 부모-자녀 간의 관계에서 안정감은 중요하다. 부모의 온정적이고 수용적인 태도가 정서 안정과 학교 적응의 가장 강력한 기반이 된다. 비교·비난보다는 아이의 장점과 노력을 구체적으로 인정해 긍정적 자기 인식을 강화하도록 도와주자.

- 갑자기 학습에 무기력한 모습을 보이거나 초등학교 때처럼 부모 주도의 학습이 이루어지지 않을 수 있다. 다소 힘들 수 있겠으나 부모

는 포기하지 않고 아이의 정서적 안정감을 어루만져주면서 학습을 놓지는 않도록 이끌어가자.

• 동아리·소모임·협동 활동 등 집단 속 역할 경험이 정체성 형성에 크게 기여하는 시기다. 집단 속에서 협력하고 책임지는 경험이 곧 독립된 생활력으로 이어진다.

• 감정 기복이 많은 시기이므로, 성적·비교보다 노력·성장에 초점을 둔 피드백이 필요하다. 실수나 실패를 개인적 결함으로 받아들이지 않도록 회복 경험, 실패를 함께 재해석하는 대화가 중요하다.

• 신체 변화가 두드러지므로 정확하고 건강한 성교육이 필수다. 자기 몸을 존중하는 마음, 위험 상황에서 도움을 요청하는 법 등을 구체적으로 알려준다.

진로와 진학, 그 너머로 : 유형별 진로, 진학 선택법

진로 탐색은 중학교 이후의 일이 아니다. 초등학교 고학년 무렵부터 이미 아이의 관심사와 성향이 뚜렷해지기 시작하고, 이 시기에 진로를 탐구하며 구체적인 목표를 세워두면 이후의 학습 방향이 훨씬 명확해진다. 창의적 체험활동에서 진로 탐색이 가장 중요한 영역으로 자리 잡는 것도 같은 이유다.

문제는 학교에서 시행하는 진로 검사를 부모들이 크게 신뢰하지 않는다는 점이다. 진로 탐색이나 다중지능 검사 결과표만 건네고 그 이후의 방향 설정이나 구체적인 설명이 부족한 경우가 많다. 그러나 진로 검사는 그 어떤 검사보다 해석이 필요하다. 단순히 유형을 알려주는 데서 끝나는 것이 아니라, 상담을 통해 앞으로의 학습 전략과 진학 방향까지 이어져야 의미가 있다.

진로를 결정할 때 가장 중요한 것은 아이의 재능과 적성이다.

하지만 부모와 아이 모두 스스로 이를 정확히 파악하기 어려워한다. 그래서 진로 탐색 과정에서는 아이의 흥미, 정서와 기질, 뇌 성향, 학습능력 등을 종합적으로 살펴보아야 한다. 아이가 어떤 상황에서 성취감을 느끼는지, 무엇을 좋아하는지, 어떤 방식으로 사고하고 배우는지를 파악해야 비로소 '맞는 길'을 찾아갈 수 있다. 여기에 부모의 희망이나 집안의 교육 환경도 일정 부분 영향을 미치기 때문에, 객관적인 검사나 상담을 병행하여 균형 있게 판단하는 것이 중요하다. 결국 최종 결정은 아이의 재능과 욕구를 중심에 두고 함께 고민해 내려가는 것이 바람직하다.

진로란 "나는 어떤 사람이 될 것인가?" "나는 무엇을 하며 살 것인가?"라는 질문에 대한 답을 찾아가는 과정이다. 그래서 목표를 빨리 설정한 아이가 실제로는 훨씬 유리하다. 앞으로 모든 입시가 고교학점제와 학생부 종합 전형의 흐름으로 이어지는 한, 고등학교 생활기록부에는 단순한 성적이 아니라 '스토리'가 필요하다. 봉사활동, 동아리, 독서, 자율활동 등 수많은 기록이 결국 하나의 방향으로 이어질 때, 그 학생의 스토리는 힘을 갖는다. 자연스럽게, 진로를 일찍 설정한 아이들이 그만큼 더 일찍 자신의 이야기를 써 내려갈 수 있다.

자유학기제 역시 같은 맥락에서 이해할 수 있다. 이 제도는 학생들이 다양한 체험을 통해 꿈과 적성을 찾을 수 있도록 돕는 데 목적이 있다. 하지만 그 효과가 극대화되기 위해서는 학생 스스로 어느 정도의 목표 의식이 있어야 한다. 목표가 있어야 체험이 의미를 갖고, 경험이 다시 공부로 이어진다.

결국 진로는 직업을 고르는 선택지가 아니라, '내가 어떤 삶을 살고 싶은가'를 탐색해 나가는 과정이다. 아이가 진정 좋아하는 것, 잘할 수 있는 것, 스스로 의미를 느끼는 것을 발견하도록 돕는 것이 부모가 할 수 있는 가장 큰 지원이다. 진로와 목표는 아이가 스스로 변화를 만들어내는 가장 강력한 동력이 된다.

'학습능력, 성격, 진로흥미'의 상관관계를 알아야 한다

진로 전략을 제대로 세우려면 진로 검사 결과만으로는 부족하다. 아이의 진로 흥미와 뇌 성향, 학습능력, 정서와 기질, 그리고 부모의 양육 태도까지 함께 살펴야 비로소 전체 그림이 그려진다. 이 요소들이 서로 어떻게 맞물리는지를 이해해야 아이에게 맞는 진로와 진학 방향을 비교적 정확하게 짚어줄 수 있다.

흔히 사용하는 진로 흥미 유형에는 탐구형 – 진취형, 사무형 – 예술형, 현장형 – 사회형처럼 서로 대립하는 쌍이 존재한다.

진로 탐색과 학습의 상관관계 : 직업·전공·성격

R : 현장형

기술자	공과대학	신체활동적
기계기사	농축산대	솔직성
항해사	체육대	검소한
환경기사	기술대	말이 적은

I : 탐구형

과학자	자연대학	탐구심
의사	의과대학	논리적
사회학자	사회대학	분석적
심리학자	공과대학	학문적

A : 예술형

예술가	순수예술	상상력
무용가	산업예술	감수성
연예인	공연예술	개방적
디자이너	예술기획	창의성

S : 사회형

교사	사회대학	친절한
상담사	사범대학	공감적
사회복지사	아동학	봉사적
간호사	간호학	친화력

E : 진취형

기업인	경상대학	지도력
법조인	행정대학	설득력
영업사원	법과대학	경쟁적
보험계리사	사회대학	외향적

C : 사무형

세무사	경상대학	책임감
경리사원	행정대학	신중성
도서관사서	법과대학	보수적
은행원	정보대학	계획적

진로흥미 주요 키워드

현장형 R	탐구형 I	예술형 A	사회형 S	진취형 E	사무형 C
신체활동	지적호기심	예체능	인간성	리더십	성실성
행동형	수학/과학	직관/감성	친구관계와 환경에의 영향	근거없는 자신감	규범과 완벽주의
실행력 낮음	논리적 사고	창의력	사회성과 배려	고집 센	실행력 높음
	전문직에 유리	공간지각력		다재다능	
		우뇌형			

공부 골든타임

진취형(E)은 능동적이고 자신감이 강하며, 어휘력과 실행력이 좋아 여러 일을 추진하는 데 능하며 탐구형(I)은 좌뇌·수리력·논리적 사고가 강한 이과형이다. 현장형(R)은 몸으로 부딪치며 익히는 실천형이라면, 사회형(S)은 인간 이해, 배려, 눈치, 이상지향성이 높은 사람에게서 많이 나타난다. 예술형(A)은 우뇌·공간지각·직관과 감성, 창의력이 두드러지는 유형이고, 반대로 사무형(C)은 규범·모범·성실성을 중시하고, 행동은 억제되어 있지만 꾸준한 학습 동기와 책임감을 가진 경우가 많다.

여기서 흥미로운 것은, 부모의 성향과 강도가 아이의 진로 흥미 결과에 상당한 영향을 준다는 점이다. 부모의 성격이 강하고 통제적일수록, 특히 손이 많이 가는 우뇌형 아이들은 수동적으로 변하기 쉽다. 부모 입장에서는 양육이 수월해진 것처럼 느껴질 수 있지만, 아이는 자신의 의견이 무시된다고 느끼며 내면에 부정적인 인식을 쌓게 된다. 반대로 좌뇌 성향의 아이들은 부모가 일정 부분 강하게 잡아줄 때 오히려 긍정적인 자극을 받을 수 있다. 원래 한 방향으로 파고드는 경향이 있기 때문에, 부모가 의도적으로 능력이 골고루 계발되도록 도와주면 여러 분야에서 실력을 발휘할 여지가 커진다.

사무형(C) 비율이 높은 아이들은 대체로 성실하지만, 공간지각력이 상대적으로 낮고 창의성이 약한 경우가 많다. 뇌의 피로도가 높은 편이고, 실행력에서도 한계를 보이기 쉽다. 규범과 모범을 중요하게 여기고, 스스로 판단하기보다 시키는 대로 움직이는 경향이 강하다. 그래서 우리 교육 현실에서는 사무형 지수가 높은 아이들이 '공부를 잘하는 아이'로 평가받기 쉽지만, 이런 유형이 특목고에 진학할 경우 학교생활과 시험에서 받는 스트레스가 매우 크다. 공간지각력과 창의성이 약한 상태에서 강도 높은 경쟁에 노출되면, 학습 성취보다 소진이 먼저 찾아오는 경우가 많다. 이 경우에는 일반고에서 자신의 성실함을 살려 내신을 탄탄히 쌓는 전략이 오히려 유리하다.

진취형(E)이 높은 아이들은 이야기가 다르다. 대체로 부모보다 기세가 강하고, 공간지각력이 높으며, 여러 방면에 자신감이 넘친다. 추진력과 도전 의식이 강한 장점이 있지만, 소위 '뻥'도 잘 친다. 그래서 부모가 진취형 아이에게 끌려가기 시작하면, 아이는 본인이 하고 싶은 것만 하며 한쪽으로 기울기 쉽다. 이 유형은 스스로 잘 할 수 있는 힘이 있지만, 그렇다고 내버려두기보다는 '자율성을 기르는 방향'으로 틀과 기준을 잡아주는 것이 필요하다.

진취형 지수와 다른 지수의 조합도 중요하다. 진취형은 높은데 사무형이 낮다면, 근거가 약한 자신감만 앞서고 성실성이 부족한 경우다. 진취형은 높은데 사회형이 낮다면, 자기중심적이고 타인 배려가 부족한 '독불장군형'일 가능성이 크다. 반대로 진취형이 낮고 사무형만 높다면, 시키는 일은 성실히 하지만 스스로 방향을 잡으려는 힘이 약한, 수동적인 사람으로 남을 위험이 있다.

특목고·자사고를 고민할 때는 이 진취형 지수가 특히 중요하다. 아무리 성적이 좋아도 진취형 지수가 매우 낮으면, 특목고 환경이 오히려 자존감과 정서에 큰 부담이 될 수 있다. 경쟁이 치열한 환경에서 스스로를 밀어붙이고, 넘어져도 다시 일어나는 힘이 부족하기 때문이다. 이런 경우에는 일반고에서 자신의 강점을 살려 안정적으로 진학 전략을 세우는 편이 훨씬 낫다. 반대로 진취형 지수가 너무 높기만 하고, 사무형이나 탐구형이 동반되지 않는다면 '하기 싫은 건 안 하는' 스타일이 되어, 특목고 진학은 말뿐인 꿈에 그칠 가능성이 크다.

탐구형(I) 지수가 높은 아이들은 대체로 공부를 잘한다. 좌뇌가 발달해 있고, 논리적·객관적 사고에 능하며, 성취가 높아도 학습적으로 겸손한 경우가 많다. 이때 탐구형과 사무형이 함께 높다면 성실성과 학습능력이 동시에 받쳐주는 타입으로, 자사고 스타일에 잘 맞는다. 반면 탐구형과 진취형이 동시에 높게 나오는 경우는 드물지만, 이런 아이는 공부를 잘하면서도 성취 욕구와 도전의식이 강해, 스스로 계획하고 공부하는 과학고·영재고와 같은 환경에서 큰 힘을 발휘할 수 있다.

예술형(A)과 사무형(C)의 관계도 눈여겨볼 만하다. 예술형 지수가 높은 아이는 틀에 얽매이는 것을 싫어하고 자유로운 발상을 좋아하기 때문에, 일반적으로 사무형 지수는 낮게 나온다. 반대로 강한 부모 밑에서 자란 아이는 사무형 지수가 높게 나타나는 경우가 많은데, 이때 예술형 지수는 상대적으로 낮아진다. 두 지수가 동시에 높게 나온다면, 내면에서는 자유를 원하면서도 외부의 규범을 강하게 요구받는 상황이라 부모와 충돌이 잦을 수 있다.

결국 부모가 진로 탐색에서 가장 먼저 봐야 할 것은 '의사냐, 변호사냐, 연예인이냐' 같은 직업 이름이 아니다. 그 직업이 나오게 된 근거, 즉 아이의 성향이다. 어떤 흥미와 기질이 작동하고 있는지, 어느 부분을 더 키워주고 어떤 부분을 보완해야 할지에 대한 이해가 먼저다. 그래야 지금 아이에게 맞는 학습 방법과 진학 전략을 구체적으로 설계할 수 있다.

부모의 바람대로 특목고에 진학했지만 진취형과 사회형이 낮아 학교 생활에 적응하지 못하는 경우, 예술형이 낮은데 음대·미대를 선택한 경우, 문과 성향인데 이과를 선택한 경우 등은 모두 '성향을 제대로 읽지 못한 결과'다. 이런 선택은 학교 성적과 학업 성취는 물론, 장기적으로는 사회적 성공과 삶의 만족에도 부정적인 영향을 미친다.

진로 탐색은 직업 하나를 고르는 작업이 아니라, 어떤 삶을 어떤 방식으로 살아갈 것인가를 고민하는 과정이다. 그렇기 때문에 성향과 능력을 입체적으로 바라보는 일, 그리고 그 해석을 토대로 진학과 학습 전략을 세우는 일이 무엇보다 중요하다. 이 과정만큼은 감이 아니라, 가능한 한 신중하고 전문적으로 접근해야 한다.

상위 1%의 비밀 : 그들의 학습법에서 놓쳐선 안 될 6가지 포인트

상위권 아이들을 가까이서 관찰하다 보면 한 가지 사실이 분명해진다. 그들은 결코 모든 분야에서 완벽한 아이들이 아니다. 누구보다 머리가 비상하거나 특별한 재능을 타고났기 때문도 아니다. 오히려 눈에 잘 띄지 않는 사소한 습관들, 학습 과정에서의 선택, 마음가짐의 차이가 시간이 지나면서 엄청난 격차를 만든다.

이번에는 상위 1% 아이들의 학습법에서 공통적으로 발견되는 요소들을 살펴보며, 우리가 놓치고 있었던 핵심이 무엇인지 짚어보고자 한다. 특별한 비법을 찾는 것이 아니라, 오히려 누구나 실천할 수 있지만 대부분은 '중요성을 모르기에 흘려버리는' 포인트들에 주목하는 시간이다. 작은 차이가 어떻게 큰 결과를 만드는지, 그 비밀을 함께 들여다보자.

1. 혼자 공부하는 법을 알고 있다

●

요즘 아이들이 혼자 공부하기 어려워하는 이유는 의외로 단순하다. 공부를 대신 '설명해주는' 사람이 너무 많기 때문이다. 학원, 과외, 인터넷 강의까지, 필요한 개념을 즉시 알려주는 시스템은 분명 도움이 된다. 그러나 설명은 학습의 시작일 뿐 완성이 아니다. 누군가의 설명을 들은 후, 그것을 스스로 설명할 수 있을 정도가 되어야 비로소 '자기 공부'가 된다. 그래서 상위권 아이들은 같은 2시간 강의를 들어도, 반드시 그만큼의 시간을 투자해 복습하고 예습하며 내용을 자기 언어로 재구성한다. 남이 가꿔놓은 밭에서 열매만 따는 것이 아니라, 스스로 씨를 뿌리고 길러내는 과정까지 간다는 뜻이다.

혼자 공부하기 어려운 또 다른 이유는 요즘 아이들의 책상 주변에 놓인 수많은 유혹 때문이다. 스마트폰, 게임, SNS, 유튜브 등 쏟아지는 각종 유희성 정보들은 생각보다 집중력을 쉽게 분산시키는 요인이 된다.

더 근본적인 원인은 따로 있다. 아이들이 '왜 공부해야 하는지'를 충분히 이해하지 못한다는 점이다. 공부를 통해 무엇을 얻을 수 있는지, 왜 노력해야 하는지에 대한 관점이 단편적이거나 외부에서 주어진 기준에 머무를 때, 혼자 버티는 힘이 생기기 어렵다.

부모가 "요즘 아이들은 끈기가 없다."고 말하면서도 정작 그 끈기를 어떻게 길러주어야 할지 모르는 경우가 많다. 그래서 결국 가장 쉬운 방식인 '강요'로 흐른다. 하지만 강요로 책상에 앉은 아이는 오래 버티지 못한다. 인내심도, 집중력도, 성취감도 자라지 않는다. 해야 해서 하는 공부는 습관이 아니라 피로만 남긴다.

반대로 공부의 이유와 방향이 분명한 아이는 혼자서도 흐트러지지 않는다. 목표가 있으니 인내할 수 있고, 인내하는 과정에서 성취가 생기며, 그 성취가 다시 동기가 된다. 공부의 주인이 부모가 아니라 아이 자신이 될 때 비로소 가능한 일이다.

만약 내 아이에게 인내력이나 집중력이 부족해 보인다면, 먼저 '지금 이 아이가 어떤 어려움을 겪고 있는지'를 살피는 것이 우선이다. 아이가 걸려 넘어지는 지점을 정확히 찾아 해결해주기만 해도 학습 자신감이 빠르게 회복된다. 목표를 명확히 하고 공부를 '자기 일'로 받아들이는 순간, 아이의 집중력과 실행력은 자연스럽게 올라간다. 나를 관리하고, 나의 목표를 스스로 정하며, 나의 시간을 책임지는 힘. 이 힘을 가진 아이가 대학에서도, 그리고 그 이후의 삶에서도 안정적으로 성장한다. 공부란 결국 '나라는 사람을 운영하는 법'을 배우는 과정이기 때문이다.

2. 구체적인 목표가 있다

상위 1% 아이들을 관찰해보면, 공통적으로 하나의 특징이 보인다. 목표가 학습의 중심축이 된다는 점이다. 그들은 막연히 '열심히 해야지.'라고 생각하는 대신, 자신이 왜 공부하는지, 무엇을 향해 가고 있는지를 분명히 알고 있다. 같은 시간을 공부해도 결과가 다른 이유는 바로 이 '방향성'의 차이에서 시작된다.

목표가 없는 아이는 그날그날 주어진 상황에 따라 움직이며 표류하기 쉽지만, 목표가 있는 아이는 공부라는 긴 항해에서 방향을 잃지 않는다. 이들이 공부에서 흔들리지 않는 이유는 성취 경험 때문이 아니라, 목표가 주는 에너지와 기준이 명확하기 때문이다.

상위권 아이들의 또 다른 특징은 장기 목표와 단기 목표를 함께 세운다는 점이다. 큰 꿈만 바라보면 막연하고, 당장 해야 할 공부만 보면 방향을 잃기 쉽다. 그래서 이 아이들은 큰 목표를 잡되, 주·일 단위의 작은 계획을 세워 그 목표로 가는 길을 매일 조금씩 축적한다. 이 축적이 결국 성적의 격차가 된다.

목표는 구체적일수록 실천이 가능하다. 흔히 말하는 1%의 아이들은 과목-교재-분량-기한의 순서로 자신이 세운 목표에 필요한 접근 방식을 쪼개어 학습한다. 즉 어떤 교과목을 우선 공부할 것인지, 그 과목은 어떤 교재를 활용할 것인지, 시험 기간 혹은 평소 공부와 같은 학습일과 중 시기에 맞는 학습분량은 얼마인지, 그리고 이 분량에 맞춰 내가 끝낼 수 있는 기한은 언제인지를 정확히 계산하고 목표를 설정한 후 이를 실천하는 데 능하다.

결국 상위권 아이들이 돋보이는 이유는, 타고난 머리보다 목표를 세우고 다듬는 능력, 그리고 그 목표를 중심으로 자신의 하루를 정렬하는 힘을 가지고 있기 때문이다. 목표를 정확히 세우고 꾸준히 점검하는 것은 학습을 넘어, 아이가 스스로 삶을 설계하는 가장 중요한 토대가 된다.

3. 반드시 성취 경험을 만든다

상위 1% 아이들에게는 공통적으로 하나의 토대가 있다. '하면 된다'는 자기 확신, 즉 자기효능감이다. 이 확신은 타고나는 것이 아니라, 작고 구체적인 성취 경험이 반복되면서 만들어진다. 그래서 1% 아이들은 공부를 잘하기 이전에, '작은 성공을 스스로 만들어본 경험'이 이미 쌓여 있다.

반면 끈기가 부족하거나 금세 지쳐버리는 아이들의 경우, 대부분 성취 경험이 충분히 쌓이지 않은 상태다. 부모가 억지로 책상에 앉혀놓을 때 잠시 공부하는 흉내는 낼 수 있지만, 이는 자신감이나 집중력으로 이어지지 않는다. 오히려 인내심이 약한 아이에게 강요만 반복되면, 공부는 '버티는 시간'이 되고, 책상에 앉아 있는 동안 마음은 계속 도망갈 곳을 찾게 된다.

아이에게 의욕이 생기지 않는 근본적인 이유는 '해도 안 될 것 같다'는 내면의 불신, 그리고 그동안의 학습 과정에서 느껴본 성공의 감각이 부족해서다. 부모가 만든 계획을 따라가는 공부는 아이의 것이 아니다. 아이 스스로 정한 목표를 이루고, 그 경험을 자기 힘으로 반복해볼 때 비로소 집중력과 지속력이 생긴다.

자아존중감과 자기효능감은 비슷해 보이지만 전혀 다른 개념이다. 자아존중감이 '나는 소중하다'라는 감정적 기반이라면, 자기효능감은 '나는 할 수 있다'라는 능력에 대한 믿음이다. 전자만 높고 후자가 낮은 이유는, 부모의 기대와 강요 속에서 능력을 스스로 검증해볼 기회를 충분히 갖지 못했기 때문이다.

1% 아이들의 부모는 이 지점을 누구보다 잘 알고 있다. 그래서 결과를 강요하기보다, 아이가 달성할 수 있는 작은 목표를 세우게 하고, 그 목표를 이루도록 돕는다. 이때 부모의 역할은 해결사가 아니라 조력자다. 아이가 힘들어할 때 함께 방법을 찾고, 잘하는 부분에는 과감하게 동기부여를 해주며, 어려운 부분은 감당 가능한 수준으로 쪼개준다.

무엇보다 중요한 것은 과정이다. 결과만 비교하는 양육은 아이에게 실패 경험만 남기지만, 과정을 인정받는 아이는 실패조차 성장의 일부로 받아들인다. 작은 성취가 반복되면 아이는 결국 자기주도학습의 문을 연다. '나는 할 수 있다'는 믿음은, 바로 그 순간 탄생한다.

4. 확실한 동기부여가 되고 있다

●

아이가 공부를 미루고 피한다는 것은, 아직 마음속에서 '움직이게 만드는 이유'가 충분히 만들어지지 않았다는 신호다. 그래서 부모가 가장 먼저 해야 할 일은 "왜 공부를 안 하니?"라고 다그치는 것이 아니라, 어떤 동기가 부족한지를 함께 찾아보는 일이다.

동기부여에는 크게 2가지 축이 있다.

**결과(능력) 중심 동기부여와
과정(노력) 중심 동기부여의 차이**

결과(능력) 중심 동기부여	과정(노력) 중심 동기부여
도전을 제한한다	도전의식을 갖게 한다
능력 부족	노력 부족
실패에 대한 좌절	과정에 만족
망신당할 기회	배움의 기회
실패 시 동기가 사라진다	실패해도 동기를 찾는다
평가 목표(자존감 상실)	학습 목표(실력 쌓기)
평가 동기	학습 동기

하나는 성적, 칭찬, 보상처럼 바깥에서 주어지는 외재적 동기, 다른 하나는 흥미, 호기심, 성장의 즐거움처럼 공부 그 자체에서 나오는 내재적 동기다.

시험을 잘 보면 갖고 싶은 것을 사주겠다는 약속은 전형적인 외재적 동기다. 반대로 '이 과목이 재미있어서 더 알고 싶다.' '이 문제를 풀어내는 과정이 신난다.'와 같은 감정은 내재적 동기에서 나온다. 어떤 과목을 좋아해서 스스로 찾아 공부하는 아이라면 이미 꽤 강한 동기 기반을 가진 셈이다. 억지로 혼나지 않으려고 하는 공부와는 출발점부터 다르다.

다만 현실에서 내재적 동기가 강한 아이는 그리 많지 않고, 외재적 보상의 효과는 생각보다 빨리 사라진다. 성적이 조금만 떨어져도 동기가 함께 꺼져버리기 쉽다. 그렇기에 2가지 동기를 대립시키기보다, 아이의 기질과 시기에 맞게 섞어 쓰는 감각이 필요하다. 초반에는 외재적 동기로 시작하더라도, 점점 과정에서 얻는 만족과 성장감으로 무게중심을 옮겨가는 것이 이상적이다.

한 가지 더 중요한 포인트가 있다. 많은 부모가 결과 중심의 동기부여에 익숙하다는 점이다. 점수, 등수, 합격 여부에 초점을 맞추면 아이는 잘하는 것만 보여주려 하고, 조금만 실패해도 "나는 안 되는구나."라는 결론을 내리기 쉽다. 새로운 도전을 피하고, 실수 자체를 두려워하게 된다. 반대로 과정 중심의 동기부여는 배운 내용, 노력한 시간, 시도해본 방식에 먼저 주목한다. '이번에는 어디까지 해봤는지' '지난번보다 어떤 점이 나아졌는지'를 구체적으로 짚어주는 피드백은 아이가 실패를 '망신'이 아니라 '연습'으로 받아들이게 만든다. 이렇게 되면 결과가 조금 아쉬워도 동기가 꺼지지 않고, 다음 시도를 이어갈 힘이 남는다.

상위권 아이들은 예외 없이 이 과정 중심의 경험을 통해 자신감을 키워온 경우가 많다. 성적이 좋아서 자신감이 생긴 것이 아니라, 실패와 성공을 오가는 과정에서 "그래도 나는 다시 할 수 있다."는 감각을 반복해서 맛본 것이다.

만약 내 아이가 스스로를 잘 못한다고 느끼고 자신감이 떨어져 보인다면, 가장 먼저 해볼 일은 '잘하는 것'에서 출발하는 것이다. 특정 과목일 수도 있고, 책 읽기, 그림 그리기, 발표, 사람을 잘 챙기는 태도일 수도 있다. 어떤 것이든 아이가 힘을 발휘하는 지점을 찾아내어, 그 경험이 "나는 할 수 있는 사람이야."라는 메시지로 연결되도록 도와주자.

좋은 동기부여는 아이를 끌고 가는 힘이 아니라, 아이 안에서 스스로 다시 일어나게 만드는 힘이다. 그 힘이 생기는 순간, 공부는 더 이상 부모의 과제가 아니라 아이 자신의 선택이 된다.

5. 역치를 경험한 적이 있다

'역치'란 인간이 넘기 힘들다고 여기는 한계지점을 뜻한다. 격렬한 운동을 하거나 어려운 외국어를 공부할 때, 한 번 자기 한계를 넘어본 경험이 있으면 그다음부터는 훨씬 수월해지는 순간이 찾아온다. 오랜 시간 집중해 버틴 끝에 자신이 생각한 한계를 넘어섰기 때문에, 그 경험이 용기와 자신감으로 이어지는 것이다. 공부에서도 마찬가지다. 결국 자기와의 싸움이다.

학습에서도 이 '역치 경험'은 매우 중요하다. 방학처럼 시간을 비교적 자유롭게 조절할 수 있을 때, 한 번이라도 자신의 한계에 가까운 공부를 해보면 아이의 역량이 크게 달라진다. 그 과정에서 스스로에 대한 자각이 생기고, '나는 이 정도까지도 할 수 있다'는 감각이 자리 잡는다.

역치를 만들기 좋은 대표적인 영역은 수학·영어·독서(특히 고전)다. 이 셋 중 하나만 제대로 잡아도 효과가 크고, 2가지 이상이면 더 좋다. 보통 도전하는 아이들의 평균 수준을 보면 수학 5시간, 영어 단어 100개, 방학 동안 고전 3권 정도를 기본으로 삼는다. 입시 경쟁이 치열한 곳에서는 하루에 영어 단어 1,000개를 외우는 아이도 있을 정도다.

물론 처음부터 목표를 세우는 것이 쉽지 않을 수 있다. 하지만 일단 시작하면 대부분은 스스로 세운 약속을 지키기 위해 노력한다. 중요한 것은 처음부터 무리하지 않고, 실천 가능한 현실적 계획으로 출발하는 일이다. 어느 정도 바탕이 잡힌 후에는 상황에 맞게 범위를 넓혀갈 수 있다. 무엇보다 역치는 누가 대신 만들어주는 것이 아니라 아이 스스로 수행하는 경험이어야 한다. 노트나 연습장을 마련하는 작은 준비부터 자기 의지로 해보는 것이 좋다.

다만 자기주도학습이 아직 익숙하지 않은 아이들은 이 과정이 쉽지 않다. 공부를 잘하는 아이들도 중간에 포기하고 싶은 마음이 들 수 있다. 이때 '혼자 하는 게 아니다'라는 인식을 심어주는 것이 필요하다. 이때 필요한 것이 '멘토'로, 아이의 학습을 관리하는 멘토는 용기와 힘을 북돋아주면서도, 수행 여부를 꾸준히 점검해줘야 한다. 이것이 성적과 습관을 동시에 잡아주는 매니징이다. 그 역할을 가장 잘할 수 있는 사람은 부모다. 역치는 집에서 스스로 공부하는 시간에 만들어지는 것이기 때문에, 부모가 관심을 가지고 수학 오답노트나 영어 단어장, 국어 용어정리, 독후감 노트를 수시로 확인해주며 칭찬과 격려를 아끼지 않아야 한다.

특히 많은 아이들이 수학·영어보다 독서를 가장 쉽게 생각하지만, 실제로는 꾸준한 독서가 가장 어렵다. 독서는 어릴 때부터의 습관이 필요한 활동이지만, 늦게 시작하더라도 반드시 필요한 요소다. 실제로 평소 독서를 많이 한 아이가 대학 입시에서 자신의 기본 실력보다 훨씬 높은 성과를 보이는 경우가 많다. 독서는 수학·영어와 달리 삶 전반에서 힘이 되기 때문에, 아이에게 천천히 스며들며 사고력과 가치관을 키워준다. 특히 어려운 고전 100권을 읽어낸 아이가 가지는 힘은 다른 어떤 경험으로도 대체할 수 없다. 고전 읽기를 통한 역치 경험은 학습뿐 아니라 생각하는 힘, 판단 기준, 언어력 등 아이의 '전체 역량'을 바꾼다(사상가, 노벨상 수상자를 대거 배출한 세인트 존스 대학이나 시카고 대학에서는 과를 불문하고 고전 100권 읽기를 통한 역치 경험을 하는 것이 졸업의 필수 요건이다).

결국 역치를 통해 얻을 수 있는 가장 큰 성과는 자신감이다. 한계를 넘었다는 경험은 어떤 과목이든 도전할 수 있다는 용기를 준다. 그리고 그 감각이 쌓이면 평소 어렵게 느꼈던 공부도 자연스럽게 다가오고, 반복되면서 공부습관으로 이어진다. 최근에는 이런 역치 경험을 체계적으로 돕는 기관도 많아지고 있다.

물론 무리하면 독이 된다. 따라서 강약을 조절해 아이가 포기하지 않고 따라올 수 있도록 이끌어주는 것이 중요하다. 역치 경험은 잘하고, 못하고의 문제가 아니라 '할 수 있다'라는 마음을 만드는 과정이다. 꾸준히 시도하면 반드시 변화는 온다.

6. 몰입을 통해 공부에 대한 희열감을 느낀다

아프리카 초원을 달리는 얼룩말을 떠올려보자. 뒤에서는 사자가 맹렬히 추격하고 있다. 잡힐 듯 말 듯 이어지는 생사의 레이스 끝에서 얼룩말은 결국 사자를 따돌린다. 이 순간 얼룩말은 왜 쓰러지지 않고 끝까지 달릴 수 있었을까? 목숨이 걸린 순간, 자신의 모든 에너지와 감각을 하나의 목표에 쏟아부었기 때문이다. 이것이 바로 '몰입'이다.

얼룩말은 극한의 상황에서 자신의 잠재력을 최대로 끌어올렸고, 살아남았다는 경험은 앞으로도 도망칠 수 있다는 강한 확신으로 이어졌을 것이다. 두려움이 도전으로, 도전이 다시 희열로 바뀌는 과정 – 이것이 능동적 몰입이 만들어내는 심리적 전환이다.

공부에서도 이와 비슷한 장면이 나타난다. 어떤 아이는 한 문제, 한 단원에 깊숙이 빠져드는 순간이 찾아오고, 시간이 어떻게 흘렀는지도 모른 채 몰입한다. 이 경험이 있는 아이는 단순히 공부를 '해야 해서' 하는 것이 아니라, 집중이 만들어내는 내적 충만감과 성취의 희열을 알게 된다. 그 한 번의 몰입이 장기적인 자존감과 자기효능감으로 연결된다.

하지만 몰입이 자연스럽게 생기는 아이는 많지 않다. 그래서 일부러라도 몰입 훈련을 시도할 필요가 있다. 시험 때 긴장하거나 걱정이 많으면 에너지가 분산되어 집중력이 떨어진다. 반대로 몰입은 에너지를 한 점으로 모아 올리는 과정이다. 생각이 너무 많은 아이보다 비교적 단순하게 목표를 잡는 아이가 몰입을 잘한다는 말도 결국 에너지 집중 능력의 차이를 표현한 것이다.

서울대학교 황농문 교수가 제시한 '몰입의 힘을 키워주는 10가지 생활습관' 역시 이러한 원리와 맞닿아 있다. 습관을 통해 몰입의 조건을 만들고, 몰입의 경험을 통해 성취를 누적하는 방식이다. 이는 공부뿐 아니라 삶 전체의 태도에도 영향을 미친다.

몰입은 두뇌를 한계까지 활용하는 일이다. 사자에게 쫓기는 얼룩말이 생존을 위해 에너지를 최고치로 끌어올리듯, 공부에서도 몰입의 순간이 찾아오면 아이의 뇌는 가장 효율적으로 작동한다. 상위 1% 아이들이 공통적으로 말하는 '공부의 손맛'이나 '집중의 황홀감'은 사실 특별한 재능의 산물이 아니라, 이런 몰입 경험이 축적되며 생겨나는 감각이다.

몰입에서 핵심은 정해진 시간 안에서 힘을 모으는 능력이다. 목숨이 걸린 동물의 본능적 집중도, 방학 동안 고전 10권을 읽겠다고 결심한 학생의 의지적 집중도, 모두 제한된 시간 속에서 에너지를 응축시키는 경험이다. 일정한 시간과 목표를 정해두면 그 구간을 넘는 시점에서 이전의 자기와는 다른 변화를 체감하게 된다. 이 임계점을 넘어본 아이들은 '할 수 있다'는 확신을 갖게 되고, 그 확신이 다시 더 깊은 몰입을 가능하게 한다.

몰입은 그저 집중을 오래 유지하는 상태와는 다르다. 집중력은 게임이나 쇼츠, 릴스처럼 즉각적인 보상이 주어지는 환경에서도 쉽게 만들어진다. 반면 몰입은 전두엽을 적극적으로 사용하는 상태에서만 가능하다. 즉, 보상이 당장 주어지지 않더라도 기다리고, 생각을 이어가며, 스스로 목표를 붙잡고 있을 때 비로소 나타나는 힘이다. 그래서 몰입은 참아내는 시간 위에서 만들어지고, 그 시간을 견뎌냈을 때 아이는 비로소 깊은 성취감과 학습의 즐거움을 경험하게 된다. 이 차이를 이해하는 순간, 우리는 아이의 집중을 '자극'하는 데서 멈추지 않고, 몰입할 수 있는 힘을 키워주는 방향으로 교육의 시선을 옮기게 된다.

몰입하는 힘을 키워주는 10가지 생활 습관

① 수면시간을 늘려라

우리나라 청소년들은 잠을 적게 잔다. 4당5락, 4시간 자면 붙고 5시간 자면 떨어진다는 말이 있을 정도로 공부에 목숨을 거는데 사실 청소년들에게 잠은 굉장히 중요하다. 충분한 잠은 뇌의 휴식을 돕고 이를 통해 깨어 있는 동안 습득한 지식을 정리하고 통합할 수 있게 한다. 적어도 6~7시간 정도 수면을 취하는 것이 좋다. 실제로 최근 몇 년간 수능 만점자들의 인터뷰를 보면 공통적으로 "잠은 충분히(6시간 이상) 푹 잤다."는 이야기가 나온다. 잠은 푹, 잘 자야 뒤에 나올 내용처럼 깨어 있는 동안 효율을 충분히 낼 수 있다.

② 깨어 있는 시간을 최대한 활용해라

잠은 푹 자되, 대신 깨어 있는 시간에는 우리의 뇌를 쉬지 않게 해야 한다. 의도적으로 뇌를 써야 몰입도가 올라간다. 학생들의 경우 수면이 충분해야 깨어 있는 시간에 활력을 찾을 수 있다. 수업 시간이나 쉬는 시간에 졸음이 오는 것은 수면이 부족해서다. 그러면 몰입이 어렵다.

③ 땀을 흘리는 운동을 하라

규칙적인 운동의 중요성은 굳이 강조하지 않아도 잘 알 것이다. 특히 공부하는 학생들은 반드시 몸을 움직이는 운동을 해야 한다. 심한 운동을 하면 몸의 에너지가 더욱 활성화된다. 또 전두엽이 활성화되어 긍정적인 마인드가 생긴다.

④ 하나에 몰입하라

아이들이 몰입을 경험하기 위해서는 한 가지에 빠져들어야 한다. 한 과목에 집중해서 몰입하면 끈기와 지구력도 생긴다. 우선 자신이 좋아하는 한 과목을 골라 오랜 시간 공부해보자.

⑤ 명상 이완하라

명상과 이완은 집중력을 키워준다. 몸은 편하게 휴식을 취하면서 머리로는

명상을 하는 것이다. 마음이 편안해지고 지치지 않기 때문에 공부할 때 긴장
감을 없애준다.

⑥ 암기하지 말고 이해하라

암기는 머리를 쓰지 않는 것이다. 어떤 문제에 부딪혔을 때 이해하려고 노력
해야 한다. 비록 천천히 진행하더라도 완벽하게 자기 것으로 소화시켜야 한
다. 공부를 할 때도 답을 먼저 보는 것이 아니라 직접 문제를 풀려고 노력할
때 학습 효과가 있는 것이다. 이해가 되면 암기는 자동으로 따라온다.

⑦ 생각하고 또 생각하라

공부는 두뇌를 쓰는 것이다. 어떤 문제든 능동적으로 도전해야 한다. 스스
로 정답을 찾아내는 과정이 많아져야 실력이 쌓인다. 초 · 중 때는 문제 양도
중요하지만 한 가지 문제를 깊이 생각하고 풀어내는 습관도 쌓기 시작해야
한다.

⑧ 결과보다는 과정이다

공부는 과정이다. 최선을 다했으면 결과를 기다리는 것이다. 괜히 걱정과
긴장을 하면 에너지만 소비된다.

⑨ 선택과 집중하라

모르는 문제를 암기하려고 하지 말고 이해해야 한다. 개념은 알고 있는지,
설명할 수 있는지 확인하자. 또 반드시 알고 있어야 하는 것에 집중하자.

⑩ 반복학습이 중요하다

한 가지 일을 반복해서 계속 습관처럼 하게 되면 자기도 모르게 몰입이 된
다. 일상생활에서는 물론 공부에서도 루틴을 만들어라.

Golden Time for Studying

Part 4

초등 골든타임,
공부의 방향을 잡아라

학습의 나침반을 완성하는 학년,
과목별 집중 공략

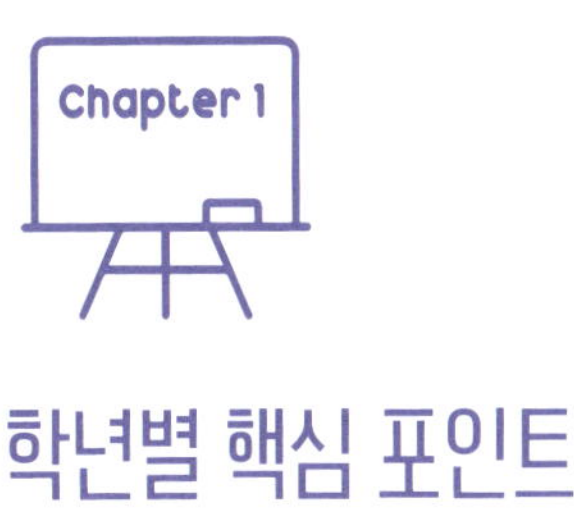

학년별 핵심 포인트

지금껏 수만 명의 학부모와 상담을 하며 가장 많이 들었던 질문은 "공부는 머리인가요, 노력인가요?"였다. 그러나 그 질문에 대해 나는 늘 같은 대답을 해왔다. 공부는 머리의 문제가 아니고, 노력의 문제도 아니다.

"공부는 습관의 문제다."

어른이 된 우리는 이미 알고 있다. 삶은 하루아침에 만들어지지 않는다는 사실을. 늦잠을 자는 습관을 가진 아이는 어른이 되어서도 아침을 힘들어하고, 한자리에 오래 앉아 있지 못하던 아이는 커서도 집중을 어려워한다. 다른 사람의 말을 끝까지 듣지 못하던 아이는 관계 속에서도 자주 엇갈린다. 이렇게 반복된 습관은 오랜 시간에 걸쳐 굳어지고, 결국 한 사람의 삶의 태도와 방향을 결정한다. 그래서 어른이 된 우리는 뒤늦게 습관을 바꾸겠다고 다짐한다. 하지만 이미 몸에 밴 습관을 고치는 일은 쉽지 않다. 수많은 습관 관련 책이 쏟아지고, 해마다 새로운 결심을 하지만 변화가 오래 이어지지 않는 이유도 여기에 있다. 이미 굳어진 습관을 바꾸는 일은 그만큼 어렵다.

공부 역시 다르지 않다. 나는《혼자 공부하지 못하는 아이들》에서 과거와 현재, 그리고 미래를 통틀어 결코 변하지 않을 공부의 핵심은 '혼자 공부하는 힘'이라고 말한 바 있다. 스스로 왜 공부하는지를 알고 책상 앞에 앉는 아이들은 누가 시키지 않아도 공부를 이어간다. 목표를 세우고, 계획을 조정하며, 어려움이 생기면 도움을 요청하고 다시 혼자 돌아온다. 이러한 모습은 특별한 아이들에게만 나타나는 장면이 아니다. 혼자 공부하는 힘을 제대로 길러온 아이들에게서는 흔히 볼 수 있는 모습이다.

그렇다면 이 힘은 언제부터 만들어지는 것일까. 공부와 관련된 습관은 늦어도 초등학교 4학년부터는 방향을 잡아야 한다. 이 시기를 놓치면 아이는 더 많은 시간을 들이고도 성취감을 느끼지 못한 채 지치기 쉽다. 반대로 이 시기에 올바른 습관이 자리 잡으면, 공부는 아이를 억지로 끌고 가는 부담이 아니라 삶을 떠받치는 힘이 된다.

• 초등학교 3학년 : 공부가 본격적으로 '시작'되는 시기다. 이때 아이에게 가장 먼저 필요한 것은 성적이 아니라, 공부를 향한 호기심이다.

• 초등학교 4학년 : 학습량이 늘고 속도가 빨라지기 시작한다. 이 시기에는 빨리 가는 것보다 어디로 가고 있는지 공부의 방향을 점검해야 한다.

• 초등학교 5학년 : 아이가 스스로를 비교하기 시작하는 시기다. 잘하는 아이와 그렇지 못한 아이가 눈에 보이기 시작하면서 공부에 대한 마음이 흔들린다. 이때 부모가 지켜야 할 것은 아이의 성적이 아니라 자신감이다.

• 초등학교 6학년 : 이제 아이는 중학교라는 새로운 환경을 앞두고 있다. 부모의 관리 없이도 스스로 공부를 이어갈 수 있는 힘, 즉 혼자 공부하는 힘이 완성되어야 하는 시기다.

공부는 단거리 경주가 아니다. 방향을 잃은 노력은 아이를 빠르게 지치게 하고, 반복되는 좌절은 '아무리 해도 안 된다'는 감각을 남긴다. 그러나 잘 만들어진 습관은 아이를 끝까지 데려간다. 포기하고 싶은 순간에도, 몸에 밴 습관은 아이를 다시 책상 앞으로 이끈다.

아이의 공부습관을 만들어주는 일은 부모의 역할이다. 아이를 대신해 달려주는 것이 아니라, 올바른 방향으로 출발할 수 있도록 돕는 일이다. 특히 초등학교 3학년부터 6학년까지의 시간은, 아이의 공부가 평생을 지탱할 힘이 될지, 아니면 버거운 짐으로 남을지를 가르는 결정적인 시기다.

이제부터 이 책에서는 초등학교 3학년부터 6학년까지, 학년별로 반드시 짚어야 할 공부의 핵심을 차근차근 살펴보고자 한다. 이는 성적을 조금 더 올리기 위한 요령이 아니라, 아이가 자신의 삶을 스스로 설계하고 책임질 수 있는 힘을 길러주기 위한 선택에 관한 이야기다.

초3, 초등 공부의 시작점

●

"완벽한 부모가 아닌 충분한 부모가 되어라."라는 말을 들어보았을 것이다. 여기서 '완벽한 부모'란 아이의 모든 것을 통제하고 일방적인 사랑을 주면서도 그것이 '충분하다'고 여기는 부모를 뜻한다. 하지만 '충분한 부모'는 다르다. 그들은 언제나 스스로 부족함을 알고 시행착오를 인정한다. 그들은 아이에게 일방적인 사랑을 주기보다는 아이의 있는 그대로를 지켜보고 이해하려고 애쓴다. 특히 아이의 성장과 발달에 대한 이해를 바탕으로 적절한 양육 방법을 선택하고 실행하기 위해 노력한다. 또 깊은 소통을 통해 아이의 생각과 감정을 이해하고, 아이가 자신의 의견을 표현할 수 있도록 각별한 신경을 쓴다. 통제보다는 자율성을 존중함으로써 아이가 스스로 문제를 해결할 수 있도록 돕고 기다려준다. 또 아이에게 공부를 강요하기보다는 공부에 흥미를 가질 수 있도록 도우며, 적절한 교육 방법이 무엇인지 끝없이 고민한다. 충분한 부모는 무엇보다 자녀의 정서적 안정에 주의를 기울이며, 아이가 스트레스를 해소할 수 있도록 아이와 한 팀이 되어 노력한다.

보통 부모가 아이와의 관계에서 실패하는 이유는 완벽한 부모가 되려 하는 데 있다. 부모는 최선을 다해 아이를 사랑하지만, 아이는 그러한 부모의 사랑을 온전히 이해하지 못한다. 나는 부모와 아이의 궁합을 매우 중요시하는데, 모든 문제는 그들이 서로 '동상이몽同床異夢'할 때 발생한다. 부모는 아이를 사랑한다고 말하면서 정작 아이를 이해하지는 못하고, 아이들은 부모와 가장 긴밀하게 소통하면서도 늘 결핍됨을 느낀다. 아이와 부모의 궁합이 틀어지기 시작하면, 가장 먼저 찾아오는 것은 아이의 정서적 문제이고 그다음은 학업적인 면에서의 문제다. 나를 찾아오는 대부분의 부모가 이러한 문제를 호소한다.

부모와 아이가 서로의 간극을 줄이고 궁합을 맞추는 방법은 사실 간단하다. 물론 부모도 아이도 이미 타고 나는 기질이 있어 처음부터 잘 맞는다면 더할 나위 없다. 이 책 속에 나는 30년 넘게 학부모 상담을 하며 쌓아온 아이의 기질에 맞춘 공부방식과 부모의 역할을 세세하게 담았다. 그러나 문제는 부모와 아이의 궁합이 맞지 않는 경우다. 그때는 어떻게 할 것인가?

부모는 아이의 성향을 자신에게 맞추려 하지만, 이는 100% 실패로 이어진다. 따라서 우리는 충분한 부모가 될 준비를 해야 한다. '충분한 부모'는 아이의 양육에 있어 자신이 중심이 되는 것이 아니라 어떤 '조력자'가 되어야 할지 고민한다. 즉, 아이의 기질을 잘 알고 그에 맞는 양육을 해나가며, 무엇보다 내 아이의 변화에 늘 관심을 갖고 집중한다. 분명 자녀는 성장하고 변해간다. 하지만 그 변화를 이해하지 못하고 늘 같은 방식으로 아이를 대한다면 아이는 부모로부터 이해받지 못한다고 느끼며, 어느 순간부터 소통을 힘들어하게 된다.

지금껏 많은 학부모를 만나며, 아이의 공부와 서로의 관계라는 두 마리 토끼를 성공적으로 잡은 경우들을 종종 보았다. 그들의 비결은 무엇일까? 바로 부모가 자신의 역할을 잘 알고 아이의 변화에 유연하게 대응한다는 것이다. 특히, 이 책에서 가장 먼저 다루게 될 초등학교 3학년 시기는 이전에 부모가 보아왔던 내 아이와는 많이 다른 모습이 발견되는 시기다. 이 시기에 지니는 아이의 특징을 잘 이해해야 할 뿐만 아니라 그에 따라 변화하는 학업 과정 역시 부모가 충분히 이해하고 있어야만 아이와의 원활한 소통을 통해 성공적인 다음 단계로 나아갈 수 있다.

특히 초등학교 3학년은 전조작기에서 구체적 조작기로 오는 시기다. 전조작기란 2세에서 7세까지의 시기로, 이 시기의 아동은 아직 논리적인 사고를 하지 못하고, 직관적인 사고를 한다. 직관적 사고란 대상을 직접적으로 보고 느끼는 것을 바탕으로 판단하는 사고이다. 또 자신의 생각과 기준을 중심으로 판단하는 자기중심적 사고, 대상을 상징적인 형태로 표현하는 상징적 사고를 한다. 그런데 7세를 넘어 13세까지는 조작기에서 구체적 조작기로 넘어가는 시기로, 많은 변화가 일어난다. 이때의 아이는 대상을 논리적으로 분석하는 논리적 사고를 한다. 이는 곧 어휘력, 문장력 확장 시기. 논리력, 추론력, 분석력 발달, 사회성 발달로 이어진다. 또 이 시기의 아이는 대상을 분류하고 서열화하는 능력을 통

초등학교 3학년 아이들에게서 두드러지는 변화의 특징 7가지

① 자기 정체성이 형성된다.
② 타인의 시선을 의식하게 된다.
③ 소극적인 모습을 보이기도 한다.
④ 단짝 친구의 개념이 형성된다.
⑤ 친밀한 유대관계를 선호하게 된다.
⑥ 동적인 활동을 즐기게 된다.
⑦ 비속어나 욕, 일탈 행동에 죄책감을 느끼는 정도가 낮아진다.

해 대상을 이해하고, 대상의 크기나 모양이 변해도 그 속성이 변하지 않는다는 '보존 개념'을 이해하게 된다. 이러한 아이의 시기적 특성과 함께 학습적 측면에서도 많은 변화가 일어난다. 따라서 이를 구체적으로 알고 이해하면서 아이의 변화에 유연하게 대응해 나가는 부모가 되는 것이 중요하다.

초등학교 3학년 교육과정 특징

개정된 교육과정은 2024년 초1~2 적용을 시작으로 2025년 3~4학년에 적용되기 시작했다. 이때 개정된 내용은 앞으로 초등학생들과 학부모들이 어떤 방향을 가지고 학업에 임해야 하는지 알려주는 기초가 된다. 특히 초등학교 3학년은 비로소 엄마와 함께하는 공부에서 아이가 스스로 하는 공부의 시기로 넘어오는 단계로, 저학년에서 통합적으로 배우던 교과목들이 분철화되면서 '사회'나 '과학' '영어'처럼 새로운 과목들이 등장한다. 게다가 1, 2학년 때 강화된 한글 및 기초 문해력에 대한 강화된 교육을 받아온 세대로 3, 4학년의 경우 디지털 시대에 대비한 미디어 리터러시 등에 대한 문해력을 높이기 위한 교육에 신경을 써야 한다. 이때 역시 필요한 능력이 독서다. 미리 독서를 통해 배경 지식을 가진 아이들은 새롭게 등장하는 사회나 과학에 흥미를 느끼고 빨리 적응해가지만 그러지 않을 경우 어려움을 느끼거나 자신감을 잃을 수 있다. 초등학교 3학년 이전에 다양하고 충분한 독서를 해두고, 영어 역시 자주 접함으로써 흥미도를 올려놓는다면 훨씬 유리하다. 이 장에서는 상담 및 강의 때 가장 많이 들어오는 질문을 중심으로 간단히 몇 가지 과목에서 알아두어야 할 점과 반드시 숙지해야 할 엄마의 역할과 아이의 변화에 대해 정리하려고 한다.

"영어는 처음이에요. 어떻게 시작해야 좋을까요?"

2022 개정 교육과정 중 영어의 경우 눈에 띄는 변화는 듣기/말하기/읽기/쓰기의 기능적인 영어에서 '이해'와 '표현'이라는 2가지 영역으로 개편되었다는 것이다.

2022 교육과정이 반영된 영어교육 구조변화

신 2022 개정 교육과정	이해reception	표현production
기존 2015 개정 교육과정	듣기	말하기
	읽기	쓰기

즉 이전에는 기능적 언어로서의 영어를 가르쳤다면 이해와 표현의 영역, 즉 실생활 중심의 소통적 언어로서의 영어교육으로 전환한다는 의미로 볼 수 있다. 그리고 초등 3학년은 실질적으로 '영어교과'를 공교육에서 가르치고 접하는 시기이기 때문에 영유

아 시기부터 해당 과목에 노출된 아이와 그렇지 않은 아이의 차이가 자연스럽게 나게 되는 구조다. 다만 영어는 특별히 언어감각을 타고난 아이를 제외하고는 영어에 흥미도가 높고 꾸준히 하는 아이들이 잘할 수 있는 과목이기 때문에 영어를 늦게 시작했다고 해서 불안해할 필요는 없다. 다만 무슨 뜻인지 알아들을 수는 없지만, 영어로 된 노래나 책을 미리 접한 아이들. 자연스럽게 알파벳과 파닉스를 보고 읽고 다루어본 아이들. 이런 아이들과 처음으로 영어를 접한 아이들은 '자신감'에서 차이가 나기 때문에 과목으로서의 영어보다는 놀이나 취미로서의 영어에 대한 노출을 미리 시켜주는 것도 나쁘지 않다.

영어는 언어이기 때문에 우리가 아이에게 모국어를 가르쳤던 것처럼 듣기에서 읽기 순서로 자연스럽게 접하도록 하는 것이 좋다. 반복해서 들으면 금세 익숙해지고, 거기에 읽기를 통해 문자가 더해지면 자연스럽게 영어와 친숙해진다. 특히, 요즘은 영어와 관련한 많은 콘텐츠를 유튜브나 앱을 통해 접할 수 있으니 이를 활용해도 좋다. 초등학교 1~2학년 시기를 잘 활용해 영어와 친숙해질 기회를 만들도록 하자.

"사회, 과학 과목을 유난히 힘들어해요."

2024년부터 초등 1·2학년 교과서가 개정되면서 교과의 구성 방식이 크게 달라졌다. 예전의 국어·수학·바른생활·슬기로운생

공부 골든타임

활·즐거운생활처럼 과목명이 분명하게 드러나는 체계에서 벗어나, '나·자연·마을·세계'와 같은 생활 중심의 주제로 교과서의 제목과 내용이 재구성된 것이다. 이 시기의 교과서는 특정 교과를 구분하기보다, 아이의 경험과 일상을 중심으로 여러 영역을 자연스럽게 엮어가는 데 초점을 둔다.

그러나 3학년에 올라가면서 변화는 분명해진다. 그동안 '마을'이나 '자연'이라는 이름으로 접하던 내용이 '사회'와 '과학'이라는 교과목으로 분리되고, 교과서의 형식 역시 달라진다. 짧은 활동 위주의 구성에서 벗어나 줄글이 길어지고, 개념 설명과 사고를 요구하는 질문이 본격적으로 등장한다. 아이들은 아직 낯선 개념과 긴 글을 단번에 이해할 힘이 충분히 길러지지 않은 상태에서 이러한 교과서를 마주하게 된다.

이 과정에서 사회와 과학은 쉽게 '어려운 과목'으로 인식된다. 충분히 익숙해질 시간도 없이 부담감이 먼저 앞서고, 그 결과 두 과목은 힘들고 재미없는 과목이 되어버리기 쉽다. 문제는 이렇게 형성된 선입견을 이후에 다시 되돌리기가 쉽지 않다는 점이다. 따라서 사회와 과학의 경우, 아이들이 처음부터 어렵게 느끼지 않도록 충분하고 다양한 주제의 독서를 통해 배경지식을 쌓고, 교과서 용어의 근간이 되는 한자어에 미리 익숙해지도록 돕는 준비가 필요하다.

아이든 어른이든 자신이 조금이라도 아는 부분에 대한 이야기가 나오면 관심을 갖게 된다. 한 번쯤 들어본 내용이라면 훨씬 이해하기도 쉽다. 초등 저학년 정도에서 사회나 과학 과목은 별도의 공부를 통해 준비하는 과목이 아니다. 나 역시 학교에 입학하기 전부터 집 책꽂이에 꽂힌 백과사전을 뒤져보면서 사회나 과학과 친해졌던 기억이 있다.

결국, 가장 좋은 방법은 독서다. 독서를 통해 관련한 지식들을 자연스럽게 접하면서 익숙해지고 흥미를 갖게 되면, 나중에 교과서 공부를 할 때도 이질감을 느끼지 않는다. '예전에 책에서 본 적 있는데?' 하는 내용이 나오면 괜히 좀 더 우쭐해지기도 한다. 독서를 통해 문해력을 갖춘 아이들은 사회, 과학과 관련한 내용이 나올 때 훨씬 더 잘 이해하면서 따라가게 된다. 흥미를 갖고 이해하면서 해나가는 학습은 그 어떤 채찍질보다 빠른 속도를 낸다. 먼저 독서를 통해 관련 분야에 대한 배경지식을 두루 갖추게 하고, 함께 체험학습을 하거나 자주 부모가 사회, 과학과 관련된 주제로 이야기를 나누는 등을 통해 아이에게 친숙함을 심어주는 것도 좋은 방법이 될 수 있다.

"3학년, 수학 선행 학습을 시켜야 할까요?"

수학은 언제나 용어만으로도 '어렵다'는 느낌을 안겨준다. 그러나 가끔 "수학이 가장 재밌어요."라고 말하는 아이들이 있다. 그 아이들은 초등학교 1학년 때부터 6학년까지, 각 학년별로 반드시

초1, 2와 3학년에서 다루는 수학의 내용 예시

영역	핵심개념	1~2학년	3학년 1학기
수와 연산	수의 체계	• 자연수	• 분수와 소수(6단원)
	수의 연산	• 두 자리 수 범위의 덧셈과 뺄셈 • 한 자리 수의 곱셈	• 세 자리 수의 덧셈과 뺄셈(1단원) • 두 자리×한 자리 수의 곱셈(4단원) • 나눗셈(3단원)
도형과 측정	평면도형	• 평면도형과 그 구성 요소	• 도형의 기초(2단원) • 여러 가지 삼각형(2단원) • 여러 가지 사각형(2단원)
	양의 측정	• 길이(cm, m)	• 길이(mm, km)(5단원)
		• 시각과 시간(초)(5단원)	• 시각과 시간(시, 분)

익혀야 할 수학의 원리를 차근차근 이해하고 쌓아왔다는 걸 알 수 있다. 특히 소위 '수포자'의 시작이 되는 시기가 바로 3학년임을 생각하면 이 시기에 반드시 부모는 아이가 각 시기에 익혀야 할 연산과 수학의 원리를 제대로 이해했는지 점검할 필요가 있다. 그렇지 않으면 초등학교 6년 동안 배우는 수학은 곧 중학교 3년의 수학으로 이어지기 때문에 당연히 어려움을 느끼고 성적은 점점 떨어질 수밖에 없다. 우리는 아이가 지레 '수포자'가 되는 것을 방지하기 위해서라도 초등학교 때 완벽하게 수학의 원리를 다져놓는 게 중요하다. 특히 초등학교 3학년은 1, 2학년 때 세운 기초 원리 위에 새로운 개념이 얹어진다.

초등 2학년에서 나오는 구구단을 시작으로, 곱셈, 나눗셈을 비롯한 사칙연산이 모두 완성되며, 자릿수와 수의 크기가 커지며 연산에서 실수가 자주 나게 되는 시기가 3학년이다. 따라서 수학의 응용, 확장이 일어나는 5~6학년에 대비해 사칙연산은 물론 각 단원에서 나오는 개념에 대해 완벽하게 익혀두어야 한다.

부모는 아이가 1~2학년 때 배운 수학의 기본 원리들을 제대로 이해하고 있는지 점검하면서, 새로 등장하는 개념을 이해할 수 있도록 미리 대비해야 한다. 이를 각 학년이 올라갈 때마다 자연스럽게 반복한다면 수학에 흥미를 잃지 않고 해나갈 수 있게 된다. 수학은 선행학습이 필요한 과목이기도 하지만 기초체력이 갖춰지지 않은 상태에서 쌓아간 선행의 탑은 정말 중요한 시기에 무너질 수 있음을 반드시 기억해야 한다. 초등 3학년은 선행을 꿈꾸기보다는 다소 느리고 답답하더라도 수학의 기초체력을 단단히 하는 시기임을 명심하자.

"독서가 중요하다고 하는데… 공부 시간과 조율이 필요하지 않을까요?"

"국어 성적은 집을 팔아도 안 된다."라는 대치동의 잠언 같은 말이 있다. 실제로 절대 벼락치기가 되지 않는 영역이 '독서'다. 책을 도통 보지 않는 아이의 부모는 공부의 배경 지식이 부족하고 문해력이 떨어질까 걱정하고, 책을 너무 좋아하는 아이의 부모는 학습에 할애하는 시간을 빼앗길까 걱정한다. 물론, 정답은 없다. 하지만 이렇게 생각해보면 어떨까? 독서량이 성적에 미치는 영향을 보면, 책을 많이 읽어서 성적이 저하되는 경우보다는 책을 적게 읽음으로써 성적에 영향을 미치는 경우가 훨씬 많다. 초등학교 6년, 중학교 3년, 고등학교 3학년의 과정은 결국 대학 입시라는 문을 향해 달려간다고 보아야 한다. 수학능력시험은 곧 이 긴 시간을 통해 아이가 학습능력을 충분히 갖추어왔는지를 보는 시험으로, 여러 영역을 통해 다양한 문제 방식으로 시험을 치르게 된다. 어릴 적부터 충분한 독서량으로 풍부한 지식과 정보를 쌓고 문해력이 발달한 아이들은 그렇지 않은 아이에 비해 이 시험에서 훨씬 높은 역량을 발휘할 수밖에 없다.

그렇다면 초등학교 3학년 아이들의 독서는 어떻게 가이드해 주어야 할까? 이 책의 출발점이 초등학교 3학년인 것은, 이 시기가 1~2학년 때와는 많은 변화가 생기기 때문이다. 독서 습관 역시 변화가 일어난다. 1~2학년 때는 글보다는 그림이 많은 책, 쉬운 단어로 된 단순한 책들을 읽었다면 이제 배경 지식을 탐구하고 낯선 어휘들이 등장하는 책으로 넘어가야 하는 시기라고 할 수 있다. 아이들의 독서도 어른의 독서와 다르지 않다. 조금씩 난이도를 높여 나갈 때 처음에는 어렵다고 느껴지지만 한 권씩 이해하고 넘어갈 때마다 커다란 성취감을 느끼고 조금은 더 어려운 것을 독파하고 싶은 도전심이 생긴다. 이에 따라 지적 영역이 넓

학습만화에 대한 오해와 이해

흔히 학습만화는 "만화니까 이제 안 돼!"라는 부모님들이 있다. 하지만 기다란 줄글을 읽기 버거워하는 3, 4학년의 경우에는 '만화'라는 부분을 빼고 보면 학습만화도 꽤 훌륭한 학습도구가 될 수 있다. 의외로 많은 수능고득점자 중 '학습만화'의 순기능에 대해 이야기하는 경우가 많다. 결국 우리가 알아야 할 것은 아이가 줄글이든 만화든 그 안에서 어떤 정보를 습득하는지, 습득한 정보를 실생활과 학습에 어떻게 연계시키는가이다.

학습만화를 학업과 연계시킬 수 있는 팁을 몇 가지 제시하면 다음과 같다.

① "재미있었어?" 대신 "무엇을 배웠어?"를 묻기

학습만화를 읽은 뒤 가장 흔한 질문은 "재밌었니?"다. 하지만 이 질문은 학습과 연결되지 않는다. 대신 이렇게 질문해 보자.

  ∟ 이 만화에서 새로 알게 된 개념은 무엇이었을까?

  ∟ 한 장면만 골라 말로 설명할 수 있을까?

이때 아이가 말로 설명하지 못한다면, 아직 학습으로 이어지지 않은 상태다.

② 만화 속 표현을 '교과서 언어'로 바꿔보기

학습만화는 개념을 쉽게 풀어 쓰지만, 시험과 실제 학습에서는 교과서 언어로 이해해야 한다.

예) 만화 : "공기가 꽉 차서 터졌어!"

  ∟ 학습 : "압력이 증가하여 파열되었다."

이때 필요한 개념이나 용어에 한자어 등이 있다면 함께 찾아보며 설명해줄 수도 있다.

학습만화를 단순히 '읽기만 하는 공부'나 '웃긴 말투만 남는 책'으로 끝내지 않으려면, 아이들에게 친숙한 학습만화라도 활용 방법에 따라 학습 효과가 크게 달라진다는 점을 이해해야 한다. 핵심은 만화를 '결과'로 보는 것이 아니라, '출발점'으로 활용하는 데 있다.

어지고 이러한 독서 습관이 전 학습 영역에 영향을 미침은 물론이다. 그러므로 초등학교 3학년 때는 독서량을 전보다 조금씩 늘리고 책의 성격을 바꾸면서, 자연스럽게 아이의 독서 습관에 변화를 주어야 한다. 혹, 여전히 독서에 관심이 없는 아이라면 독서에 관심을 가질 수 있도록 유도하는 것도 반드시 필요하다.

초4, 학습 속도보다는 공부 방향

초등학교 4학년 아이를 둔 부모는 종종 "내 아이가 부쩍 큰 것 같아요."라는 말을 곤잘 해온다. 단순히 겉으로 보이는 성장을 의미하는 게 아니다. 어쩐지 그전과는 다른, 어린이의 티를 훌쩍 벗는 모습을 외적, 내적 면에서 보이기 때문이다. 자기중심적으로 행동하던 모습들도 조금씩 변화해 문제해결력이 생기고, 새로운 대상에 대한 호기심도 더욱 많아진다. 또 어휘력이 풍부해지면서 전에 사용하지 않던 단어나 문장을 사용하고 말을 구사하는 방법도 달라진다. 자신의 의사를 더욱 명확히 표현할 줄 알게 되고, 외모에도 부쩍 신경을 쓰게 된다. 이전까지는 하기 싫은 일에 대해 투정을 부리는 식으로 표현하거나 자신이 한 행동에 대해 깊이 생각해보지 않았다면, 이제는 행동의 이유를 설명하거나 투정 대신 변명과 명분을 만들어 설명하려고 노력한다. 따라서 부모가 볼 때 내 아이가 훨씬 성숙해졌다고 느끼게 되는 것이다.

가끔 이런 아이의 변화를 보며 "내 아이가 영악해졌다." "이상해졌다."라고 표현하는 부모도 있는데, 그렇지 않다. 자연스러운 변화이며 이러한 변화는 학습적인 측면에도 고스란히 반영된다. 아이가 기본적으로 가진 기질과 성향에 변화가 더해지면서 부모의 역할이 한층 요구되는 시기라고 볼 수 있다. 내가 무엇을 좋아하는지, 무엇을 하기 싫은지, 그것을 구분하고 의사를 표현하는 아이와 이전까지 아이를 통제해왔던 부모가 서로 부딪히는 일이 많아지므로 각별히 주의를 기울여야 한다.

특히 초등학교 4학년 아이는 이제 엄마 중심으로 학습하던 습관에서 스스로 계획을 짜고 공부하는 쪽으로 옮겨가는 시기다. 성적 또한 잘하는 아이와 못하는 아이 사이의 격차가 벌어지기 시작한다. 어떤 부모는 조급함을 가지고 아이를 더 닦달하거나 타이트하게 공부 계획을 세워 강요하기 시작한다. 물론, 명확한 목표를 세우고 이를 성취해가는 식의 공부습관이 필요한 시기인 건 사실이다. 하지만 공부해야 할 과목과 시간이 절대적으로 많아지는 4학년 시기에 적응할 시간을 주지 않은 채 몰아붙여서는 안 된다. 아이가 공부에 흥미를 잃거나 포기하게 되는 것을 가장 주의해야 하기 때문이다.

나는 초등학교 4학년을 둔 부모는 오히려 아이에게 좀 더 사랑과 관심을 쏟고 아이가 서서히 주변과 관계를 형성하며 건강하게

공부 골든타임

초등학교 4학년 아이들에게서 두드러지는 변화의 특징

초등학교 4학년은 아동에서 청소년으로 넘어가는 과도기인 사춘기에 접어드는 시기로 신체적, 정서적, 사회적으로 많은 변화가 나타난다.

① 신체적 변화

- 키와 몸무게가 급격하게 성장한다.
- 남자아이는 목소리가 굵어지고, 여자아이는 가슴이 발달하기 시작한다.
- 골격이 커지고 근육이 발달한다.

② 정서적 변화

- 감정의 변화가 심해진다.
- 자신의 생각과 감정을 표현하는 것이 어려워진다.
- 부모님이나 친구들과의 갈등이 생길 수 있다.

③ 사회적 변화

- 친구들과의 관계가 중요해진다.
- 학교에서 규칙을 지켜야 하는 것을 배우게 된다.
- 자신의 역할과 책임을 인식하게 된다.

④ 인지적 변화

- 논리적 사고력이 발달한다.
- 문제 해결 능력이 향상된다.
- 학습에 대한 관심이 증가한다.

그 시기에 적응해 나가도록 지켜보라고 강조한다. 특히, 이 시기에는 인정 욕구가 강해지기 때문에 많은 부분에서 칭찬과 이해로 아이의 사기를 북돋아 주고 조금씩 앞으로 나아갈 수 있도록 해주어야 한다. 새로운 학습이 많아진다는 건 아이에게 있어 어렵고 힘든 변화를 수용해야 하는 과정일 수 있지만, 한편으로는 설레고 넘치는 호기심을 충족하며 자신감을 고취하고 인정 욕구를 채우는 과정이 될 수도 있다.

내 아이의 4학년 시기가 어떻게 그려지면 좋을까 하는 것은 전적으로 부모의 역할에 달려 있다 해도 과언이 아니다. 아이의 조력자로서 어떤 부분에 도움을 주어야 하는지, 부모 역시 어떤 변화를 꾀해야 하는지 고민하고 이를 실행으로 옮기기 위해 노력해야 한다.

초등학교 4학년 교육과정 특징

3학년부터 시작해 4학년으로 넘어오면서 공부의 양이 급격히 늘어난다. 그러면서 하기 싫은 것은 더욱 싫어지고, 좋아하는 것은 훨씬 좋아하는 식으로 극단적인 모습을 보인다. 그러다 보니 과목별로 성취도도 달라지고 학습 태도도 달라지는 경우가 많다. 유독 어떤 과목에서는 산만하고 집중을 못 하면서, 어떤 과목에서는 과할 정도로 흥미를 느껴 몰두하게 되기도 한다. 이 시기에는 특별히 아이에게 더 세심한 관심을 기울이면서, 특정 과목에 편중

공부 골든타임

되는 현상이 생기지 않도록 잘 관리해줄 필요가 있다. 특히 공부량이 늘어나면서 갖게 되는 심리적 부담을 잘 해결할 수 있도록 도와야 한다. 이 시기에 가지는 부모들의 가장 큰 고민 몇 가지를 짚어보자.

"벌써부터 수학을 포기하려는 것 같아요. 어떡하죠?"

상담을 할 때 아이들에게 "공부가 재밌니?" 혹은 "너는 공부를 잘하는 편이니?"라고 물었을 때 대체로 "네. 재밌어요.""잘하는 편이에요."라고 대답하는 아이들은 대부분 수학 점수가 높은 경우가 많다. 그러나 다른 과목에서 우수해도 수학 성적이 낮으면 "잘 못해요.""어려워요."라고 대답한다. 그만큼 '수학'이라는 과목은 성적 전체를 놓고 볼 때 중요한 위치를 차지한다고 볼 수 있다.

특히 초등학교 4학년의 경우, 3학년 수학에서 사칙연산과 분수와 소수 등 새로운 수의 개념이 나오면서 '수포자 양산의 시작점'에서 간신히 벗어나 만/억/조와 같은 큰 수를 접하며 '멘붕'에 빠지는 경험을 하게 된다. 하지만 수학의 전체 흐름을 살펴보면 4학년 1학기 1단원에서 나오는 큰 수는 이때 아니면 다시는 접할 일이 거의 없다. 자세히 살펴보면 오히려 1학기 3단원과 2학기 1, 3단원 그리고 1학기와 2학기에 걸쳐 고르게 나오는 평면도형의 기초 부분에 오히려 집중하는 것이 수학멘탈을 관리하는 측면에

4학년 수학 목차(교과서 공통)

	4학년 1학기	
	단원명	**배우는 내용**
1단원	**큰수**	만 / 억 / 조
2단원	**각도**	각도 / 각도기의 사용 / 예각 / 둔각 / 사각형 세 각의 합 / 사각형 네 각의 합
3단원	**곱셈과 나눗셈**	세자리×두자리, 세자리÷두자리
4단원	**평면도형의 이동**	평면도형 밀기 / 뒤집기 / 돌리기
5단원	**막대그래프**	막대그래프
6단원	**규칙 찾기**	수배열에서, 도형배열에서, 계산식에서, 달력에서 규칙 찾기

	4학년 2학기	
	단원명	**배우는 내용**
1단원	**분수의 덧셈과 뺄셈**	분모가 같은 분수의 덧셈과 뺄셈
2단원	**삼각형**	이등변삼각형 / 정삼각형 / 예각삼각형 / 둔각삼각형
3단원	**소수의 덧셈과 뺄셈**	소수 두 자리 수 / 소수 세 자리 수 / 소수의 덧셈과 뺄셈
4단원	**사각형**	수직 / 수선 / 평행 / 평행선 / 평행선 사이의 거리 / 사다리꼴 / 평행사변형 / 마름모
5단원	**꺾은선 그래프**	꺾은선 그래프 / 물결선
6단원	**다각형**	다각형 / 정다각형 / 대각선

공부 골든타임

서 훨씬 유리하고 효율적이다. 부모가 관심을 가져야 할 부분이 바로 이것이다. 점점 복잡해지는 수학의 원리들을 배우며 내 아이가 포기하려는 마음을 가진다면, 어떤 부분에서 어려워하는지, 이것이 앞으로의 수학의 흐름에서 어떤 위치를 차지하고 중요도가 어떤지 등을 확인하여 힘을 빼도 될 곳과 집중해야 할 곳을 알려주고 칭찬과 인정을 해주며 용기를 북돋아 주어야 한다.

실질적으로 이 시기엔 3학년 때 부족했던 부분이 있다면 반드시 완벽하게 다지고 넘어갈 수 있도록, 필요하다면 학원이나 사교육의 진도 등과 맞춰가면서 관리를 할 필요가 있다. 그 후에 4학년 과정을 충분히 개념정리와 1, 2학기를 넘나드는 정도의 선행을 통해 문제풀이나 개념이해도를 체크하고 지나가면 좋을 것이다. 이렇게 수학은 뒤처지지 않고 잘 따라가면서 가능한 한 높은 성적을 유지하거나 평균 이상을 꾸준히 해나갈 수 있도록 관리하면서 내가 수학을 잘해 나가고 있다'는 자신감이 있어야만 앞으로 다가올 5학년의 고비에 다시 한 번 휘청이지 않게 된다.

"초등학교 4학년 과정에서는 영어, 수학보다 국어가 더 중요한 게 맞나요?"

아이의 교과서를 꼼꼼하게 훑어본 부모라면 알겠지만, 1~2학년 때 공부하던 교과서와 3~4학년의 교과서는 확연한 차이를 보인다.

No.	도서명	출판사
1	신통방통 홈쇼핑	비룡소
2	용암이 남긴 비밀-거문오름의 동굴들	웅진주니어
3	한석봉 : 독창적인 서체를 만들어낸 조선 최고 명필가	효리원
4	세종대왕이 사랑한 조선 최고의 발명가 : 장영실	해와나무
5	발표하기 무서워요!	두레아이들
6	세상을 바꾼 위대한 책벌레들	뜨인돌어린아이
7	마음 소화제 뻥뻥수	국민서관
8	전교 어린이 회장 만들기 작전	가문비어린이
9	사자 마트	천개의바람
10	지붕이 들려주는 건축 이야기	현암주니어
11	가정 통신문 시 쓰기 소동	위즈덤하우스
12	깊은 밤 필통 안에서	비룡소

예로 제시한 표를 살펴보면, 1~2학년 교과서가 듣기와 읽기 중심의 활동으로 구성되어 있다면, 3학년부터는 본격적인 '읽고 독해하는 학습'이 시작된다는 점을 확인할 수 있다. 단순히 내용을 듣고 이해하는 수준을 넘어, 글을 스스로 읽고 의미를 파악하는 능력이 요구되기 시작하는 것이다. 여기에 2022 개정 교육과정이 적용되면서, 4학년 교과서에는 기존의 다섯 개 영역인 듣

기·말하기, 읽기, 쓰기, 문법, 문학에 더해 '매체' 영역이 새롭게 추가되었다. 이는 디지털 환경 속에서 정보를 비판적으로 수용하고 활용하는 능력을 기르기 위한 것으로, 비판적 사고력과 융합적 사고력이 함께 요구됨을 의미한다.

이러한 변화에 따라 수업 방식도 달라진다. 문학 작품 한 권을 읽고 등장인물이나 사건에 대해 서로 다른 느낌과 생각을 나누는 활동이 중심이 되며, 이 과정은 자연스럽게 중심문장과 뒷받침문장을 파악하거나, 사전을 활용해 낱말의 의미를 찾아보는 쓰기 활동으로 이어진다. 학습의 깊이는 분명해졌지만, 그만큼 읽어야 할 분량과 사고의 부담도 커진다.

이 과정에서 독서량과 어휘력이 충분히 쌓이지 않은 아이들은 시험 문제의 의미 자체를 이해하지 못한 채 낮은 점수를 받는 경우가 적지 않다. 문제를 못 풀어서가 아니라, 문제를 읽고 해석하는 데서부터 막히는 것이다. 그래서 읽기 능력은 곧 이해 능력으로 직결된다.

만약 3학년까지 스토리 위주의 창작동화를 중심으로 독서를 해왔다면, 4학년부터는 초등 추천 문학 작품이나 배경지식을 함께 담은 비문학 도서를 병행하며 독서의 폭을 넓혀갈 필요가 있다. 독서의 다양성을 확보하는 일은 이후 모든 교과 학습의 기반이 된다.

국어가 영어, 수학보다 중요하다기보다는 '모든 과목'의 기본이 된다고 말하는 편이 정확할 것이다. 따라서 이 시기의 부모는 내 아이가 글을 읽고 이해하는 '문해력'을 높이고 이를 바탕으로 자신의 의견을 글로 정리하는 '쓰기'의 단계로 이어질 수 있도록 도와주어야 한다. 문해력이 있는 아이들은 독서를 통해 체득한 어휘력, 문장력으로 그렇지 않은 아이들에 비해 쓰기 면에 있어서도 훨씬 두드러진다.

실전! 독서영역 확장하기 TIP

이른바 '온 책 읽기', 즉 한 권의 문학 작품을 처음부터 끝까지 읽는 독서에 도전해보는 것도 좋다. 하지만 호흡이 긴 문학작품이 아직 버겁다면 짧지만 내용이 알찬 글을 찾아 읽는 것도 효과적이다. 이때 도움을 받을 수 있는 것이 독서평설이나 과학동아, 수학동아와 같은 어린이용 월간지이다. 요즘 나오는 아동용 월간지에는 해당 권을 다 읽고 나서 아이와 함께할 수 있는 독후활동지가 함께 부록으로 있으니 간단하고 짧은 글이지만 함께 읽고 아이와 독후활동을 해보는 것도 좋다. 매일 한 개의 기사를 읽고 이에 대한 소감이나 짧은 글짓기 등을 하는 활동은 아이에게 부담을 주거나 무리 없이 소화할 수 있는 양이니 추천한다.

초5, 독립과 정체성 확립이 시작되는 시기

초등학교 5학년은 겉으로 보기에는 한층 의젓해 보이지만, 내면에서는 크고 작은 변화가 동시에 일어나는 시기다. 학습적으로는 수학의 난도가 본격적으로 높아지고, 국어와 영어 역시 단순한 이해를 넘어 사고력과 표현력을 요구하기 시작한다. 정서적으로는 사춘기의 전조가 나타나며, 친구 관계와 자아 정체성에 대한 고민이 깊어진다. 학교생활기록부에 처음으로 '진로 희망 사항'이 기록되기 시작하는 것도 이 무렵이다. 아이의 관심사와 가치관이 서서히 방향을 갖기 시작하는 시기라 할 수 있다.

이 시기의 부모 역할은 분명하다. 아이의 독립을 서두르지도, 붙잡지도 말 것. 간섭이 아닌 적절한 거리에서의 동행, 필요할 때 손을 내밀 준비가 되어 있는 태도가 요구된다. 초등학교 5학년은 보호의 대상이었던 아이가, 스스로를 하나의 주체로 인식하기 시작하는 분기점이기 때문이다.

사춘기는 대개 5학년 2학기 이후부터 6학년에 걸쳐 나타난다. 빠른 경우 4학년부터 그 조짐이 보이기도 한다. 하지만 사춘기를 그저 '감정 기복이 심해지는 시기'로만 이해하는 것은 부족하다. 이는 부모로부터 심리적 독립을 시도하는 과정이며, 자기 세계를 세우기 위한 자연스러운 발달 단계다.

이 시기의 반항적인 태도는 종종 '나도 나를 잘 모르겠다'는 혼란의 표현이다. 아이 스스로도 감정과 생각을 정리하지 못한 상태에서, 부모의 말 한마디가 훈계나 통제로 느껴지기 쉽다. 그래서 이때 부모에게 가장 필요한 태도는 말을 줄이는 능력이다. 조언보다 경청이 먼저이고, 해결책보다 공감이 앞서야 한다. 아이가 도움을 요청할 때, 기다렸다는 듯 지적하거나 방향을 제시하기보다 그 이야기를 끝까지 들어주는 것만으로도 아이는 충분히 지지받고 있다고 느낀다.

여기서 중요한 것은 '방치'와 '존중'을 혼동하지 않는 일이다. 아무것도 하지 않는 것이 아니라, 아이가 스스로 생각하고 선택할 시간을 존중하는 것이다. 부모가 한 발 물러설수록 아이는 자기 문제를 돌아볼 여지를 얻게 되고, 그 과정에서 책임감과 독립성이 자라난다.

초등학교 5학년부터 친구 관계는 아이 삶의 중심 무대가 된다. 이전까지는 부모나 교사의 안정감이 중요했다면, 이제는 또래 집단에서의 인정이 중요한 기준이 된다. 비밀을 공유하고, 무리 안에서의 위치를 의식하며, 때로는 소속감을 지키기 위해 자신을 억누르기도 한다.

특히 이 시기에는 관계의 방식이 한층 복잡해진다. 여자아이들은 무리를 중심으로 관계를 형성하며, 직접적인 표현보다는 배제나 암묵적인 거리 두기 같은 방식으로 갈등을 드러내기도 한다.

공부 골든타임

남자아이들 역시 경쟁과 서열을 통해 관계를 조정한다. 이러한 경험은 아이에게 상처가 되기도 하지만, 동시에 사회성을 배우는 과정이기도 하다.

부모는 이때 "친구의 평가가 곧 너의 가치가 아니다."라는 메시지를 꾸준히 전해야 한다. 남들과 다르다는 사실을 부정하지 않고, 혼자 있는 순간도 견딜 수 있는 힘을 길러주는 것이 중요하다. 학교에서 상처받은 날, 집에서는 판단 없이 쉬어갈 수 있어야 한다. 가정은 아이가 다시 힘을 회복하는 안전지대가 되어야 한다.

초등학교 5학년 교육과정 특징

●

초등학교 5학년은 저학년의 '익숙한 공부'에서 벗어나, 중학교식 학습의 문법을 미리 맛보는 시기다.

수학은 분수·소수·도형·비와 비율처럼 개념 간 연결이 촘촘해져 한 단원만 흔들려도 다음 단원까지 연쇄적으로 영향을 받기 쉽고, 국어는 지문이 길어지며 설명문·논설문 등 정보성 글의 비중이 늘어나 '읽고 바로 답하기'보다 '의미를 정리하고 근거를 찾는' 독해가 요구된다.

사회·과학 역시 암기위주의 학습에서 벗어나, 용어에 대한 정확한 이해와 배경지식, 관찰과 탐구 과정을 설명하는 능력이 중요해진다. 영어는 어휘와 문장 구조가 복잡해지면서 듣기·말하기 중심에서 읽기·쓰기 비중이 커지며, 문장 단위의 정확성이 성취를 좌우하기 시작한다. 이는 과목이 갑자기 어려워진 것이 아니라, 2022 개정 교육과정이 지향하는 '역량 중심 학습'으로의 전환이 본격화되었음을 의미한다. 즉 4학년에서 5학년으로 넘어오면서 부모나 교사가 이끌어주던 공부에서 벗어나, 아이 스스로 개념을 연결하고, 근거를 설명하며, 학습 과정을 점검해야 하는 시기다. 이 변화에 적응한 아이는 6학년과 중학교를 훨씬 안정적으로 이어가지만, 적응하지 못한 아이는 노력 대비 성과가 떨어지며 자신감을 잃기 쉽다. 따라서 부모는 성적보다 먼저, 아이가 새로운 학습 방식(개념 연결, 근거 독해, 탐구 이해, 문장 정확성)에 적응하고 있는지 점검해주는 것이 중요하다.

수학, 수포자의 길목을 지나는 시간

초등학교 5학년 수학은 많은 아이들에게 분기점이 된다. 이는 수학이 갑자기 어려워져서가 아니라 3, 4학년을 지나면서 익혀온 계산 중심의 학습이 5학년에 이르러 '개념의 구조를 이해하는 학습'으로 전환되었기 때문이다.

약분과 통분, 최대공약수와 최소공배수, 분수의 연산은 각각 독립된 내용처럼 보이지만, 실제로는 하나의 개념 체계로 연결되어 있다. 이 연결 고리를 이해하지 못하면 아이는 계산은 따라 할

공부 골든타임

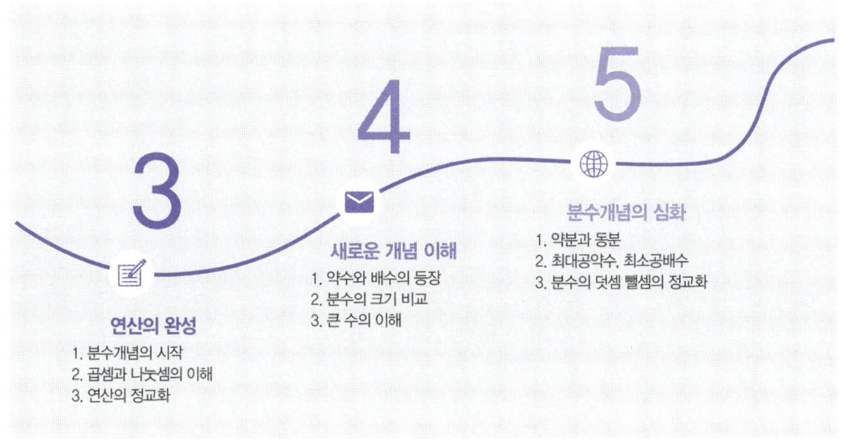

수 있어도 문제를 만나면 불안해지고, 수학 전체를 어렵게 인식하기 시작한다.

수학은 누적 과목이다. 이해하지 못한 개념 위에 새로운 개념을 쌓으면, 아이의 학습 부담은 더욱 커질 수밖에 없다. 이 시기에 중요한 것은 속도가 아니라 아이가 해당 개념을 정확히 알고 있는지, 그에 맞춰 계산할 수 있는지, 그리고 이를 설명할 수 있는지의 여부이다. 아이가 알고 있다고 착각하는 지점을 짚어주고, 이해한 개념과 그렇지 않은 개념을 구분해 주는 것만으로도 수학에 대한 불안은 크게 줄어든다. 5학년 수학에서 개념을 바로잡는 경험은, 아이가 수학을 포기하지 않도록 돕는 가장 확실한 안전장치가 된다.

영어 쓰기의 시작, 영어 일기에 도전하라

2022 교육과정에서 영어의 핵심적인 변화는 소통으로서의 영어교육이 실현되는 것이다. 따라서 초등학교 3, 4학년 영어가 듣고 말하며 영어에 익숙해지는 시기였다면, 5학년은 알고 있는 표현을 스스로 정리하고 활용해야 하는 단계로 넘어간다. 단어와 문장을 따라 말하는 데서 벗어나, '내가 하고 싶은 말'을 영어 문장으로 구성하는 경험이 필요해지는 것이다. 이러한 변화 속에서 5학년 영어에서는 쓰기 활동이 본격적으로 등장한다. 단지 주어진 문장을 따라 쓰는 단계를 넘어, 자신의 생각을 문장으로 표현하는 연습이 시작되는 것으로, 이 시기에 영어 일기를 시도해보는 것은 매우 효과적이다.

영어 일기는 완성도보다 사용 경험이 중요하다. 내가 알고 있는 표현을 활용해 의미 있는 문장을 만들어보는 경험은 아이에게 큰 성취감을 준다. 매일 쓰지 않아도 괜찮고, 길 필요도 없다. 좋아하는 것, 오늘 느낀 감정, 간단한 생각 한 줄이면 충분하다. 이러한 작은 출력 경험이 쌓일수록 영어에 대한 두려움은 자연스럽게 줄어든다.

독서 능력을 잡아주는 마지막 시기

초등학교 5학년부터 국어 교과서의 지문은 분명히 달라진다. 3, 4학년이 이야기를 따라가며 내용을 이해하는 독서의 시기였다

공부 골든타임

면, 5학년은 글의 구조와 목적을 파악하며 읽어야 하는 시기로 넘어간다. 지문은 길어지고, 설명문·논설문·문학 작품 등 다양한 장르가 등장하며, 단순히 읽고 내용을 확인하는 수준을 넘어 정보를 정리하고 의미를 판단하는 독서가 요구된다.

이 시기 독서는 소리 내어 읽는 단계를 지나, 문학 작품을 통해 감정을 느끼고 생각을 정리하며, 글쓴이의 관점과 의도를 파악하는 방향으로 확장된다. 감상 능력은 자신의 느낌을 말로 표현하는 힘으로, 비판적 사고력은 '왜 이렇게 썼을까'를 질문하는 과정에서 길러진다. 즉, 5학년 독서는 정답을 찾는 독서가 아니라, 읽은 내용을 스스로 해석하고 정리하는 독서로의 전환을 의미한다.

아이들이 책을 멀리하는 이유는 흥미 부족이 아니라 이해의 어려움인 경우가 많다. 읽어도 무슨 말인지 모르겠다는 경험이 반복되면, 책 읽기는 자연스럽게 부담스러운 활동이 된다. 고학년은 '즐겁게 읽기'보다 '배우기 위해 읽는' 독서가 시작되는 시기다. 이때 독서의 기본 힘을 회복하지 못하면 이후 교과 학습 전반에서 어려움을 겪기 쉽다.

따라서 5학년은 독서 능력을 다져줄 수 있는 사실상 마지막 시기라 할 수 있다. 6학년부터는 독서가 본격적인 학습의 도구로 사용되기 시작하기 때문이다. 6학년 국어는 물론, 사회, 과학 등 다른 과목에도 읽고 이해하는 힘이 전제조건이 되지만 6학년을 거쳐 고등에 이를 시기 동안 독서 자체를 즐길 수 있는 시간이 충분히 주어지지 않는다. 결국 5학년 때까지 쌓아온 독서는 6학년 학습 전반을 떠받치는 보이지 않는 기초 체력이다. 난이도를 무리하게 높이기보다 아이가 이해할 수 있는 수준의 글을 통해 차근차근 독서 경험을 쌓아가는 것이 중요하다. 이 시기에 쌓은 독서의 힘은 중학교 이후 학습을 떠받치는 가장 안정적인 기반이 된다.

초등학교 5학년은 공부도, 관계도, 자아도 흔들리는 시기다. 아직 어린아이 같지만, 동시에 자기만의 세계를 세워가고 있는 한 사람이다. 이 시기에 부모가 신뢰와 공감의 태도로 곁을 지킨다면, 아이는 다음 단계로 나아갈 힘을 축적하게 된다.이 힘은 곧, 중학교를 앞둔 초등학교 6학년에서 '스스로 공부하는 힘'으로 완성된다.

초6, 사실상 중학생과 같은 시기, 선택과 집중이 필요할 때

●

초등학교 6학년의 아이들은 겉으로는 거의 다 큰 것처럼 보이지만, 내면에서는 여전히 불안과 긴장이 교차하는 시기를 지나고 있다. 스스로를 판단하고 평가하는 기준이 또래 집단과 사회적 기준으로 확장되면서, 말수는 줄고 생각은 많아진다. 이전보다 감정을 쉽게 드러내지 않으며, 부모의 말에 예민하게 반응하거나 거리감을 두려는 모습도 나타난다. 이는 반항이라기보다 '이제는 나만의 기준을 세워보고 싶다'는 신호에 가깝다. 동시에 책임에 대한 인식도 커져서, 잘하고 싶은 마음과 실패에 대한 두려움이 함께 커진다. 이 시기의 아이는 보호받는 아이와 독립적인 존재 사이에서 균형을 찾으려 애쓰고 있으며, 부모의 과한 개입보다는 신뢰받고 있다는 감각 속에서 훨씬 안정감을 느낀다.

공부에 있어서는 더 많은 변화를 경험하게 된다. 초등학교 6학년을 '초등 과정의 마지막 학년'이라고 단순하게 생각해선 안 된다. 중학교라는 전혀 다른 학습 세계로 넘어가기 전, 마지막으로 숨을 고르고 방향을 정비할 수 있는 시기다. 이 시기의 공부는 성적을 조금 더 끌어올리는 데 목적이 있지 않다. 이후 학습의 방향과 속도를 좌우하는 결정적 준비 단계다.

그래서 6학년에는 무엇보다 '선택과 집중'이 필요하다. 모든 것을 다 잡으려는 공부는 오히려 아이를 지치게 한다. 이제는 무엇을 더 하지 않을 것인지, 무엇에 에너지를 모을 것인지 분명히 해야 한다. 그 기준은 남들이 하는 공부가 아니라, 우리 아이가 중학교에서 흔들리지 않기 위해 반드시 갖춰야 할 기본기여야 한다.

그 핵심은 3가지다. 수학, 영어, 그리고 독서. 이 3가지는 교과목을 넘어 이후 학습 전반을 지탱하는 중심축이다. 사고력과 논리력, 언어 능력은 이 세 영역을 통해 축적된다. 초등학교 6학년은 이 기본기를 점검하고 다질 수 있는 사실상 마지막 골든타임이다.

초등학교 6학년 교육과정 특징

초등학교 6학년 교육과정은 초등 학습의 마무리이자 중학교 학습의 예고편에 가깝다. 수학은 분수·소수 연산의 완성 단계에 들어가며, 비와 비율, 도형의 넓이와 부피 등 중학 수학으로 직결되는 개념들이 집중적으로 다뤄진다. 국어는 지문의 길이와 난도가 크게 높아져, 사실 확인을 넘어 글의 구조와 핵심 논지를 파악하는 독해력이 요구된다. 사회와 과학 역시 암기 위주의 학습에서 벗어나, 원인과 결과를 연결하고 개념 간 관계를 이해하는 사고력이 중요해진다. 영어는 어휘와 문장 구조가 한층 복잡해지며 읽기·쓰기의 비중이 늘어나 중학교 영어 학습을 대비하게 된다. 전반적으로 6학년은 '얼마나 많이 아는가'보다 배운 내용을 스스로 정리하고 적용할 수 있는가가 성취를 좌우하는 시기다. 이 변화에 안정적으로 적응한 아이는 중학교 입학 후에도 학습 부담을 훨씬 덜 느끼게 된다.

중학 영어, 미리 준비하지 않으면 늦는다

초등 영어가 흥미와 노출에 초점을 둔 단계라면, 중학교 영어는 구조와 이해를 요구하는 학습으로 급격히 전환된다. 지문의 길이는 길어지고, 어휘의 수준은 높아지며, 문법은 시험의 중심이 된다. 이 변화에 준비 없이 들어간 아이들은 당황할 수밖에 없다.

6학년 시기에는 중학 영어를 염두에 둔 준비가 필요하다. 가장 기본은 어휘다. 중학교 필수 단어를 매일 소량씩 꾸준히 익히고, 반드시 복습하는 루틴을 만들어야 한다. 여기에 쉬운 영어 원서나 리더스를 함께 읽으며 문장과 문맥에 익숙해지면 훨씬 수월하다.

문법 역시 이 시기부터 서서히 시작하는 것이 좋다. 시제, 기본 문형, 주어와 동사의 관계처럼 핵심 개념을 반복적으로 접하고, 직접 문장을 써보는 연습을 병행해야 한다. 독서 경험이 풍부한 아이들이 영어 지문을 빠르게 이해하는 이유도 여기에 있다. 독서는 영어 학습의 가장 강력한 보조 축이다.

중학 수학, 시작보다 복습이 먼저다

많은 부모들이 6학년이 되면 중학교 수학 선행을 고민한다. 하지만 더 중요한 것은 지금까지 배운 수학이 제대로 쌓여 있는지 점검하는 일이다. 6학년 수학은 난도가 높아 보이지 않아도 실수 요소가 많고, 연산의 정확성이 곧 성취로 이어지는 시기다.

분수의 나눗셈, 원의 넓이, 입체도형의 부피처럼 기본 개념을 정확히 이해하지 못하면 문제를 풀수록 불안감이 커진다. 특히 4~5학년 과정에서 연산과 개념이 느슨해졌던 아이들은 이 시기에 어려움을 크게 느낀다. 그래서 6학년 수학은 예습보다 복습이 우선이다. 약분과 통분, 최대공약수와 최소공배수 같은 핵심 개념이 정확히 자리 잡았는지 점검하고, 연산 실수를 줄이는 훈련이 선행되어야 한다. 이 기초가 다져져야만 중학 수학으로의 전환도 안정적으로 이루어진다.

아이의 꿈은 보여준 만큼 자란다

초등학교 6학년은 진학보다 진로를 고민하기 시작해야 하는 시기다. 아직 구체적인 목표를 정하지 못해도 괜찮다. 중요한 것은 아이가 무엇에 흥미를 느끼고, 어떤 활동에서 에너지를 얻는지를 부모가 관찰하고 함께 이야기하는 것이다.

"커서 뭐가 되고 싶어?"라는 질문보다 "요즘 뭐가 재미있어?" "이건 왜 좋았어?" 같은 일상적인 대화가 훨씬 많은 힌트를 준다. 부모는 아이가 아직 보지 못한 세계를 조금 더 보여주는 역할을 맡아야 한다. 아이는 자신이 경험한 만큼, 상상할 수 있는 만큼 꿈을 키운다.

초등학교 6학년은 넓은 강을 건너기 전 강둑과 같다. 지금까지 걸어온 속도를 점검하고, 숨을 고르며 다음 여정을 준비해야 하는 시간이다. 이제는 남들이 하니까 따라가는 공부에서 벗어나야 한다. 우리 아이에게 꼭 필요한 것에 에너지를 모으는 공부가 필요하다. 독서로 사고력의 뿌리를 단단히 내리고, 수학과 영어로 학

공부 골든타임

습의 기초 체력을 다진 아이는 중학교라는 강을 두려움 없이 건너갈 수 있다. 그리고 그 강 너머에는, 누가 시키지 않아도 스스로 길을 선택하고 걸어갈 줄 아는 아이가 기다리고 있다.

중학교 이후, 고교학점제가 바꾸는 고등학교 선택의 기준

고교학점제의 도입으로 향후 학생들은 자신의 진로에 대해 미리 살펴보고 원하는 과목이 개설된 고등학교로의 진학을 고민해야 하는 시기가 됐다. 혹자는 고교학점제 때문에 고교평준화가 이루어질 것이라 얘기하고 또 누군가는 아이들이 학업성취도에 대한 스트레스가 더욱 가중되어 고통받을 것이라고도 한다. 하지만 냉정하게 바라봤을 때 어느 교육제도에서건 학업성취도에 대한 스트레스는 늘 있어왔다. 학력평가에서 수능으로 변화할 때도 그랬고, 특목고와 자사고의 도입과 폐지 등이 논의될 때도 그래왔다. 단지 학생들은 그 교육과정 아래에서 자신을 증명하기 위해 늘 애써야 하는 존재이고 교육의 직접적인 소비자인 동시에 희생자가 되는 안타까움이 늘 함께 해왔다.

다만 고교학점제의 도입은 더 많은 학생들이 대입에 앞서 자신의 성향과 흥미에 맞는 과목들을 미리 배우고 이를 대학 입시와 연결시켜 자신의 진로를 찾는 데 좀 더 수월함을 주고자 도입된 교육제도이지만 현실이 이상을 반영하지 못하는 데 문제가 있다고 볼 수 있다. 특히 고교학점제 도입과 내신등급제 개편으로 자사고나 소위 '갓반고'에 진학하고자 하는 학생이 급감하고 일반고로 가서 등급을 잘 받으려는 전략적 선택이 늘고 있기 때문에 이 모습을 보고 고교평준화, 대학별고사에 대한 이야기가 나오는 것이다.

그런데 주지할 것은 고교학점제나 내신등급제와 같은 표면적으로 크게 변화를 보이는 제도의 문제가 아이들에게 큰 영향을 미치는 것이 아니라는 사실이다. 오히려 갓반고든 일반고든 자사/특목고든 고교학점제와 따로 분리하고 아이의 성향에 맞는 고등학교를 선택하는 것이 중요하다.

일반고, 자사고, 특목고 선택, 어떻게 할 것인가

앞서 공부머리를 좌우하는 4가지 인지능력과 학습활동력을 소개하면서 이 관계에 따라 아이의 성향이 결정되고 공부의 방식 또한 이 성향에 맞춰서 실행했을 때 효과적이라는 것을 이야기했었다. 이를 토대로 했을 때, 여전히 고등학교 선택에는 아이의 성향이 크게 영향을 미치며 성향을 무시하고 단순히 '내신 받기에 유리할 것 같다'는 '느낌'만으로 학교를 선택하기에는 너무나 위험하기 때문이다. 고교선택은 대입만큼이나 전략이 필요하다.

고등학교를 선택할 때 우선적으로 고려해야 할 것으로 아이의 성향을 들었다. 이 성향과 더불어 아이의 흥미, 학습능력 등에 대해 아이 자신은 물론 부모 또한 정확하게 인지하고 있어야 한다. 그렇다면 어떤 성향의 아이가 어떤 고등학교에 진학하는 것이 유리할까? 뒤에 나오는 표를 함께 살펴보자.

이 표는 실제로 내가 학생들을 컨설팅할 때 활용하는 자료이다. 여기서 학습능력과 성향은 학교를 선택하는 가장 중요한 지표가 되며 이를 기반으로 해당 학교에 진학했을 때 학생들의 적응이나 만족도가 높았다.

한 예로 자사고나 특목고에 진학하는 경우 아이에게 가장 필요한 것은 학습능력이 높고 자기주도성이 높은 학생이어야 한다는 것이다. 근자감이 있고 도전이나 실패에 두려워하지 않는 성격은 자사고나 특목고 진학에 유리한 조건일 수 있다. 더불어 지적 호기심이 높은 편이기 때문에 진로나 목표에 대한 방향성을 잡아 주도적으로 공부할 수 있도록 이끌어줄 필요가 있다.

반대로 학습능력 자체는 좋지만 목표가 뚜렷하지 않아 동기부여가 필요한 학생, 성실하지만 선행학습이 덜 되어 있고 자신감

우리 아이에게 맞는 고등학교 선택 전략

학교 유형	학습 능력 (학습 유형)	학습 성향 (성격, 뇌기능)	진로 (흥미)	기타 요소 (모의고사 성적, 내신 난이도, 교과편성표, 지적호기심 등)
예술고 / 특성화 / 마이스터고	• 수학▼ • 공간지각력▲ • 지시형(자신감↓)	ESFP ISFP INFP ENFP • 우뇌 성향	A, R, S	• 공부보다 다른 재능이 더 뛰어난 유형
자사고	• 수학/과학/국어▲ • 공간지각력▲ • 위임형(자신감↑)	ESTJ ISTJ ENTJ INTJ • 성실성↑ • 지적호기심↑	I, C, E	• 내신 관리(성실성), 주도적인 힘 • 최근 2~3개년 고1 3월 모의고사·풀이 1등급 이내일 경우
외고 / 국제고	• 영어/국어▲ • 공간지각력▲ • 지도형 ⇒ 위임형 (자신감↑)	ESFJ ESTJ ISFJ ISTJ ENFP ESFP ISFP INFP ⎤ 환경 영향 多 • 리더십↑	E, C, S	• 최근 2~3개년 고1 3월 모의고사 · 풀이 1등급 이내일 경우
일반고 (수능형)	• 수학/과학▲ • 공간지각력▲ • 지도형(근자감)		E, I, R	• 선행多, 성실성↓, 근자감 • 학원의존도↑ • 모의고사가 내신보다 잘 나오는 유형
일반고 (내신형)	• 역사/국어▲ • 공간지각력▼ • 위임형 ⇒ 격려형 (자신감↓)		C, S, I	• 암기과목 선호(역사, 국어) • 성실성↑ • 내신이 모의고사보다 잘 나오는 유형
과학고 / 영재고	• 수학/과학 선호 • 공간지각력▲ • 위임형, 지도형 (근자감) • 색깔이뚜렷함	ENTP INTP INTJ ENTJ • 좌뇌 성향 • 지적호기심↑ • 사회성↓	I, E, R	• 외곬형, 타고난 유형

이 부족한 학생은 집에서 가까운 일반고에 진학하여 내신등급에 올인하는 것이 좋다. 다만 이 경우 아이가 주변 환경에 영향을 많이 받는 타입이라면 일반고 중에서도 갓반고를 선택하거나 학생 수가 많아 등급 컷에 해당 학생 수가 많은 큰 학교를 보내는 것이 유리하다.

고교선택에 정답은 없다. 다만 대입을 눈앞에 두고 힘겨운 시간을 보내야 하는 아이를 바라보는 부모 입장에서는 조금이라도 아이가 시행착오를 덜 하길, 덜 힘들길 바라기 때문에 고입부터 신경을 많이 쓰게 되는 것이 작금의 현실이다. 정답은 없지만 아이도, 부모도 현재 자신에 대한 정확한 파악과 이해를 통해 조금이라도 수월한 학업을 이어갈 수 있기를 바란다.

과목별 핵심 전략

상담을 하다 보면 이런 말을 정말 자주 듣는다. "저희 아이는 노력은 하는데 성적이 안 나와요." "공부는 오래 하는데, 꼭 필요한 과목에서 힘을 못 써요." "과목마다 편차가 너무 커서 어디서부터 손을 대야 할지 모르겠어요."

이 말들에는 공통점이 있다. 아이가 공부를 '안' 하는 게 아니라, 공부의 힘을 제대로 쓰지 못하고 있다는 점이다. 많은 아이들이 시간을 들여 공부하지만, 그 시간이 성취로 이어지지 않는 이유는 과목마다 요구하는 힘이 다르다는 사실을 모르기 때문이다.

공부를 잘하는 아이들을 자세히 들여다보면 흥미로운 공통점이 있다. 모든 과목을 고르게 잘하는 것처럼 보이지만, 실은 각 과목의 성격에 맞는 능력을 정확히 쓰고 있다는 점이다. 수학 앞에서는 버티고, 영어 앞에서는 쌓고, 국어 앞에서는 곱씹는다. 같은

‘공부’라는 이름을 달고 있지만, 과목마다 전혀 다른 태도와 근육을 사용하고 있는 셈이다. 부모들은 종종 “우리 아이는 수학 머리가 없어요.” “영어 감각이 없어요.”라고 말한다. 하지만 현장에서 수없이 확인한 사실은 과목 성적의 차이는 재능보다 ‘맞는 방식으로 접근했는가’에서 갈린다는 점이다. 아이의 능력이 부족해서가 아니라, 그 과목이 요구하는 힘을 키워주지 않았기 때문에 막히는 경우가 훨씬 많다.

그래서 이 장에서는 ‘과목별 공부법’을 이야기하려 한다. 문제집을 어떻게 고를지, 학원을 몇 개 더 다닐지의 문제가 아니다. 각 과목이 아이에게 어떤 능력을 요구하는지, 그리고 그 능력을 어떻게 키워줘야 하는지를 짚어보려 한다. 수학은 왜 어떤 아이에게는 강력한 무기가 되고, 어떤 아이에게는 좌절의 시작이 되는지. 영어는 왜 성실한 아이에게 결국 보상을 주는지. 국어는 왜 가장 늦게 중요해지지만, 가장 오래 남는 힘이 되는지 말이다.

과목을 이해하면 아이가 보이고, 아이를 이해하면 전략이 선명해진다. 이제부터 수학, 영어, 국어를 점수가 아닌 ‘능력의 관점’에서 다시 들여다보자.

수학의 비밀병기 : 4가지 능력으로 승부하다

수학을 잘하는 아이들은 대체로 몇 가지 공통점을 보인다. 암기력, 집중력, 끈기, 그리고 논리적인 사고력이다. 물론 모든 아이가 이 4가지를 완벽하게 갖추고 있는 것은 아니다. 하지만 수학이라는 과목 자체가 이 4가지 능력과 긴밀하게 연결되어 있다는 점은 분명하다. 수학을 공부하면 이 4가지가 길러지고, 반대로 이 4가지가 잘 형성된 아이일수록 수학을 잘하는 경향도 뚜렷하다. 수학이 단순히 문제를 맞히는 과목이 아니라 사고력과 성격, 공부 근육을 함께 길러주는 과목이라는 뜻이다. 아래에서 각각의 능력(요소)에 대해 자세히 들여다보자.

1. 암기력 | 반복을 통해 정확해지는 힘

암기력은 흔히 기억력과 혼동되지만, 사실 둘은 성격이 조금 다르다. 기억력이 순간적인 두뇌 반응에 가깝다면, 암기력은 반복과 훈련을 통해 체득되는 힘이다. 눈으로 여러 번 보고, 손으로 직접 쓰고, 확인하는 과정을 거치며 몸으로 익히는 능력이기에, 암기력은 노력으로 충분히 길러낼 수 있다. 수학은 바로 이런 '반복 메커니즘' 속에서 학습되는 대표적인 과목이다. 초등 저학년 때는 사칙연산, 초등 저학년의 사칙연산부터 고학년의 분수 계산, 중학교의 대수 영역까지, 정확성을 요구하는 계산은 반복 없이는 완성되기 어렵다. 그래서 요즘 수학학원가에서는 '훈련소'라는 표현이 자주 쓰인다. 이는 단순히 많이 푼다는 뜻이 아니라, 반복과 숙련을 중시하는 방향성이 강조된 셈으로, 정확해질 때까지 익히는 과정(=훈련)을 의미한다.

이렇게 도와주세요!

① 초3~4
- 계산 실수를 줄이는 것이 목표다.
- 속도를 재촉하기보다, 같은 유형을 적은 양으로 여러 번 반복하게 해보자.
- "왜 틀렸을까?"를 함께 짚는 과정이 암기력을 키운다.

② 초5~6
- 분수 · 소수 계산처럼 헷갈리기 쉬운 부분은 풀이 과정을 말로 설명하게 해보자.
- 손으로 쓰고, 입으로 말하는 과정이 기억을 단단하게 만든다.
- 중학교 진학 전, 반드시 해당 학년에서 빠지거나 부족한 부분을 채우고 넘어가도록 하자.

③ 중1~2
- 공식 암기 전에 왜 이런 공식이 나왔는지를 한 번 짚어주는 것이 좋다.
- 공식을 스스로 유도하고 증명해보도록 하자.
- 초등학교에서 부족한 부분이 있다면 반드시 이전 학년으로 돌아가 개념을 채우도록 한다.
- 이해를 동반한 암기는 오래 남는다.

2. 집중력 | 손으로 생각하는 힘

수학은 머리로만 푸는 과목이 아니다. 손으로 직접 써가며 풀어야 하는 과목이다. 눈과 머리로만 문제를 읽고 푸는 아이는 쉽게 집중력이 흐트러진다. TV를 보며 글씨를 또박또박 쓸 수 없는 것처럼, 손을 움직이는 일에는 오롯이 집중이 따라붙는다. 이렇게 손을 움직인다는 것은 단순히 계산을 넘어 뇌를 활성화하는 행위이기도 하다. 따라서 수학 문제를 직접 손으로 풀어가는 과정 자

이렇게 도와주세요!

① 초3~4
- 짧은 시간이라도 책상에 앉아 손으로 푸는 경험을 만들어주자. 10~15분이면 충분하다.
- 교과서에 나오는 사칙연산이 매끄럽게 진행되는지 확인하자.

② 초5~6
- 풀이 과정을 생략하지 않도록 지도하자. 이 시기엔 급격히 귀찮아하는 아이들이 많아진다.
- 답만 쓰게 하기보다, 중간 과정을 적는 습관이 집중력을 키운다.
- 수학문제의 양과 질을 동시에 잡을 수 있도록 하자.

③ 중1~2
- 문제를 풀 때 주변 자극을 최소화하자.
- 수학 시간만큼은 한 문제를 끝까지 푸는 환경을 만들어주는 것이 중요하다.
- 몰입에서 오는 희열과 해냈다는 자신감을 갖게 하는 연습을 하자.

체가 곧 집중력 훈련이 된다. 이 점에서 수학은 자연스럽게 아이들이 몰입의 경험을 할 수 있게 돕는 과목이라고도 할 수 있다.

3. 끈기 | 답이 나올 때까지 버티는 힘

끈기는 대표적으로 수학으로 길러지는 능력이라 할 수 있다. 수학은 정답이 분명한 과목이다. 하지만 그 정답에 이르는 과정은

이렇게 도와주세요!

① 초3~4
- 바로 힌트를 주기보다 조금만 더 생각해보게 기다려주자.
- 짧은 '버티는 시간'이 중요하다.
(무엇보다 부모님의 버티는 시간이 중요합니다!)

② 초5~6
- 어려운 문제를 틀렸을 때 "괜찮아, 다시 해보자."라는 메시지를 분명히 전달하자.
- 실패 경험이 끈기를 만든다.

③ 중1~2
- 풀이가 막혔을 때 '정답을 알려주기'보다, 접근 방향만 '질문으로 던져주기'가 효과적이다.
(일단 틀리더라도 끝까지 풀어내는 힘이 중요하다. 다 풀었으면 정답지를 통해 내가 어느 부분까지 풀이했고, 어느 부분에서 막혔으며 어떻게 풀어내는가에 대한 확인을 반드시 하고 넘어가자)

쉽지 않다. 여러 번 생각하고 틀리고 다시 시도하는 등 반드시 사유와 탐색의 과정을 거쳐야 한다. 답이 나올 때까지 손을 놓지 않고 버티는 힘, 바로 그 지적 끈기가 수학 안에 녹아 있다. 아이가 수학을 잘한다는 것은, 단순히 머리가 좋은 게 아니라, 그만큼 한 문제를 붙들고 끝까지 파고드는 습관이 형성되어 있다는 의미다. 반복적으로 생각하고, 다양한 방법을 시도하며, 실패를 겪고도 다시 도전하는 힘. 이 끈기는 이후 고난도, 고학년 학습으로 나아갈 때 중요한 밑바탕이 될 것이다.

4. 논리적인 사고력 | 생각을 쌓아가는 힘

논리적 사고력은 수학의 출발이자 완성이라 할 수 있다. 수학은 기호와 약속의 학문이다. 출제자와 해석자 사이에 정해진 규칙이 있고, 이 규칙을 따라 단계적으로 풀어가는 방식 자체가 논리의 훈련이다. 수학은 논리에서 시작해 논리로 끝나는 과목이다. 수학을 잘하는 아이는 자연스럽게 추론하고 근거를 제시하며 사고의 구조를 명확히 세우는 능력을 갖추게 된다. 이렇게 길러진 논리적인 사고력은 수학에만 머물지 않는다. 학습의 전반에 걸쳐 글을 읽고 구조를 파악하는 능력, 과학 개념을 이해하는 힘, 사회 현상을 해석하는 능력으로까지 확장된다.

공부 골든타임

이렇게 도와주세요!

① 초3~4
- "왜 이렇게 풀었어?"라는 질문을 자주 던져보자.
- 정답보다 생각의 순서에 관심을 가져주는 것이 중요하다.

② 초5~6
- 한 문제를 여러 가지 방법으로 풀어보기를 시도해보자. 사고의 폭이 넓어진다.

③ 중1~2
- 풀이 과정을 말이나 글로 정리해보게 하자.
- 논리적인 사고는 표현하면서 더 단단해진다.
(집에 큰 화이트보드나 보드형 메모장이 있으면 더 효과적이다)

물론, 이 4가지를 모두 고루 갖춘 아이만이 수학을 잘하는 것은 아니다. 창의적인 문제는 잘 풀지만 반복을 싫어하는 아이, 논리적으로는 강하지만 성실성이 부족한 아이 등, 다양한 유형이 존재한다. 특히 초등 단계에서는 수학의 파트에 따라 요구되는 역량이 조금씩 다르기 때문에, 아이의 성향이나 기질에 따라 강점과 약점이 드러나기도 한다.

그러나 분명한 사실은, 수학은 점수를 위한 과목이기 이전에 아이의 공부 근육을 키워주는 과목이라는 사실이다. 암기력, 집중력, 끈기, 논리적인 사고력. 이 4가지 힘은 수학을 통해 서로 연결되며 함께 자란다. 그래서 수학은 아이가 앞으로 어떤 공부를 만나더라도 버텨낼 힘을 길러주는 중요한 도구가 된다.

부모가 흔히 하는 실수 : 이건 하지 말아주세요!

① '수학은 반복이니까 무조건 많이 풀어야 해.'라고 생각하는 것
- 반복은 중요하지만, 이해 없는 반복은 금방 무너집니다.
- '양치기'보다 중요한 것은 확실한 개념과 공식에 대한 이해입니다.

② 속도를 지나치게 재촉하는 것
- 주변의 성취도에 휘둘려 우리 아이만의 속도를 무시하지 말아주세요.
- 빠르게 푸는 능력은 정확성이 쌓인 뒤에 따라옵니다.

③ 막히면 바로 설명해주는 것
- 답답한 마음은 이해하지만 생각할 시간을 빼앗으면 끈기와 사고력이 자라기 어려워요.
- 아이가 어느 부분에서 막히는지(개념, 공식, 적용하여 풀이하는 과정)를 살펴봐주세요.

④ 수학을 '타고나는 과목'처럼 말하는 것
- "우리 애는 수학머리가 없어요."라고 미리 부모가 포기하지 않았으면 해요.
- 수학은 감각이 아니라 훈련으로 만들어지는 과목입니다.

영어의 마스터키 : 3가지 능력으로 정복하다

영어는 흔히 '잘하는 아이만 잘하는 과목'으로 오해된다. 하지만 실제로 영어는 외유내강의 과목이다. 겉으로는 어려워 보이지만, 속은 단순하다. 타고난 재능보다 성실함과 태도가 성취를 좌우하는 과목이기 때문이다. 매일 단어를 외우고, 문장을 익히고, 반복해서 읽고 쓰는 아이는 결국 영어를 잘하게 된다.

영어는 '노력한 시간만큼 반드시 보상받는 과목'이다. 그래서 아이러니하게도 짧은 시간에 성과를 내려 하거나, 남보다 빠르게 앞서가려는 성격의 아이들에게는 영어가 오히려 어려운 과목이 되기도 한다. 반대로, 묵묵히 하루 한 페이지씩 단어장을 넘기는 아이, 꾸준히 짧은 지문을 읽고 정리하는 습관이 있는 아이는 반드시 발전한다.

국어나 수학과 마찬가지로 영어를 잘하는 아이들에게서도 공통적으로 발견되는 능력이 있다. 바로 문해력, 단어력, 소통능력이다.

1. 문해력 | 영어 독해의 출발점은 국어다

영어를 잘하는 아이들에게 국어 기반의 문해력이 있다. 영어 독해는 국어 독해력과 절대적으로 연결되어 있다. 국어를 잘하는 아이는 영어 문장도 빠르게 이해하고, 중심 문장을 찾고 핵심어를

뽑아내며 문장과 문장 사이의 맥락을 자연스럽게 읽어낸다

이 힘은 영어에서 갑자기 생기지 않는다. 국어에서 먼저 형성 된다. 그래서 영어 읽기를 잘하려면, 국어 읽기가 반드시 선행되어야 한다. 요즘 아이들이 영어 독해에서 어려움을 겪는 이유 중 하나는 '읽는 속도'와 '생각하는 속도'가 맞지 않기 때문이다. 짧은 영상과 빠른 자극에 익숙해진 아이들은 글을 '읽는' 것이 아니라 '대충 훑는' 습관이 생기기 쉽다. 하지만 영어 지문은 단어 하나하나의 의미를 짚어가며 천천히 생각해야 이해할 수 있는 글이다. 이 습관이 없으면, 독해는 늘 벽에 부딪히게 된다.

2. 단어력 | 문해력의 바닥을 받치는 기초 체력

단어 암기에 대해서는 늘 의견이 갈린다. 하지만 한 가지는 분명하다. 영어는 외국어이고, 외국어를 잘하려면 문법 이전에 '내가 하고 싶은 말을 어떤 단어로 표현해야 하는지'를 알아야 한다. 중요한 것은 하루에 단어 몇 개를 외웠는지, 렉사일 지수[*]나 AR 단계[**]가 몇인지가 아니다. 문장을 이해하기 위해 충분한 시간과 몰입을 통해 나에게 부족한 것이 무엇인지 알아내려고 노력하는

[*]   Lexile measure, 글의 난이도와 독자의 읽기 능력을 같은 척도로 수치화해, '이 글을 이 아이가 이해하며 읽을 수 있는가'를 판단하는 지표

[**]   Accelerated Reader라는 독서 프로그램에서 사용하는 지표로, 책 한 권의 읽기 난이도를 학년 수준으로 나타낸다.

공부 골든타임

힘이 필요하고 그 출발점은 역시 단어이다. 단어를 모르면 해석이 되지 않는다. 용케 많은 영어책 읽기 등에 노출된 경우라도 결국 감에 의존한 영어는 중학교에서는 특히 도움이 되지 않는다. 언어는 근육과도 같아서 하루만 쉬어도 감이 떨어지고, 매일 써야 감각이 살아난다. 그래서 초등학교에서의 영어가 흥미라면 중학교에서의 영어는 문법과 단어를 통해 고등과 수능, 그 이후를 대비하는 기초체력을 쌓는 시기이다. 따라서 적어도 초등 고학년부터는 지금 배우는 교과서에 모르는 단어는 없는지 학교에서 제공하는 부교재의 단어를 정확히 알고 있는지 이것을 점검하는 것이 훨씬 중요하다.

단어는 '속도 경쟁'이 아니라 '누락 없이 채우는 작업'이다.

3. 소통 능력 | 영어는 결국 사람과 사람 사이의 언어다

영어가 요구하는 또 하나의 중요한 힘은 소통 능력이다. 영어는 혼자 잘한다고 완성되는 과목이 아니다. 언어의 본질은 언제나 상호작용에 있다. 상대의 말을 이해하고, 내 의사를 표현하고, 상황과 맥락을 읽어내는 능력, 그래서 영어는 머리보다는 '감각'과 '태도'의 과목이기도 하다. 영어를 잘하는 아이들은 대체로 낯선 상황을 두려워하지 않고 틀리는 것을 크게 문제 삼지 않으며 사람과의 상호작용에 비교적 익숙하다. 영어 학습이 밝고 유쾌한 분위기에서 이루어지는 이유도 여기에 있다. 영어는 수학처럼 조용히 혼자 파고드는 과목이 아니라, 함께 부딪히며 자라는 과목이다.

부모가 흔히 하는 실수 : 이건 하지 말아주세요!

① 영어만 따로 떼어내서 특수한 과목처럼 다루기
- 영어는 국어처럼 문해력이 필요한 과목입니다.
- 문학, 비문학 상관없이 국어책처럼 다뤄주세요.

② 선행으로 불안을 없애려 하기
- 학원의 레벨테스트가 현재 내 아이의 상황을 정확하게 알려주지 않습니다.
- 교과서 읽기, 다양한 지문 접하기 등으로 아이의 속도에 맞게 진행해주세요.

③ 틀린 표현을 즉시 고쳐 아이의 말을 끊기
- 영어는 '언어'입니다. 중간/기말고사가 아닌 경우 아이가 자유롭게 표현하게 도와주세요.
- 특히 초등 저학년 때부터 지적을 많이 받으면 위축되어서 영어를 싫어하게 됩니다.

④ "영어는 감각이야."라며 체계 없는 노출만 반복하기
- 유아기의 습관으로 의미 없고 체계 없는 노출만 반복하면 쌓이는 것이 없습니다.
- 교과서를 중심으로 놓치는 부분이 없도록 해주세요.
- 특히 교육과정에 기반한 듣기/'읽기/말하기/쓰기/표현하기'에서 편식이 없게 도와주세요.

공부 골든타임

결국 영어 학습에서 중요한 것은 정확함보다는 맥락을 읽는 힘이고, 어휘의 뜻보다 의도의 흐름을 파악하는 능력이다. 이 점에서 영어는 협업과 소통, 도전과 개방성, 성실함과 꾸준함이 동시에 요구되는 종합적인 공부다. 영어를 잘한다는 건, 언어 자체를 잘 다루는 사람이라는 의미일 뿐 아니라, 사람 사이의 연결을 잘 만들어가는 사람이라는 뜻이기도 하다. 단어와 문법을 넘어, 마음과 태도로 접근할 때 영어는 비로소 '내 언어'가 된다.

국어의 감각 : 3가지 능력으로 다져지다

●

학창 시절, 학생들은 수학과 영어에 가장 많은 시간을 쏟는다. 특히 영어는 오랫동안 '성공의 열쇠'처럼 여겨지며 유학과 취업을 위한 필수 과목으로 자리해왔다. 하지만 지금은 상황이 달라졌다. 번역기는 갈수록 정교해지고, 챗GPT와 같은 도구들은 언어의 장벽을 빠르게 허물고 있다. 더 이상 영어 하나만으로 경쟁력을 말하기는 어려운 시대다. 그렇다면 이제 우리는 아이들의 어떤 능력에 더 주목해야 할까.

국어는 우리가 태어나 가장 먼저 접한 언어다. 너무 익숙하기에, 굳이 따로 훈련하지 않아도 자연스럽게 잘할 수 있으리라 생각해왔다. 그러나 앞으로의 시대에 중요한 것은 말을 잘하고 글을 읽는 수준을 넘어, 읽고 이해하고 해석하는 힘, 즉 사고의 깊이다. 이 힘을 가장 바탕에서부터 길러주는 과목이 바로 국어다.

국어를 잘한다는 것은 단순히 글자를 잘 읽는다는 뜻이 아니다. 글의 구조를 파악하고, 중심 내용을 파악하며, 그 속에 숨은 의미와 의도를 해석할 수 있어야 한다. 하지만 현실에서는 수학과 영어에 밀려 국어 학습이 점점 뒤로 밀려나고 있다. 그 결과, 아이들이 우리말로 쓰인 글조차 제대로 이해하지 못하는 상황이 적지 않게 나타난다. 중학생에게 "운율이 뭐야?"라고 물으면 대답하지 못하고, 시를 읽고 반어법조차 인식하지 못하는 경우도 많다. 우리말인데 그 뜻을 모르는 일이 점점 늘어가고 있는 것이다.

이런 현상이 나타나는 가장 큰 이유는, 우리가 '읽기'를 너무 쉽게 생각해왔기 때문이다. 글은 눈으로 읽기만 하면 되는 것이라 여겨왔지만, 실상은 다르다. 글을 제대로 읽고 해석하는 능력은 훈련이 필요하다. 실제로 글을 정확히 이해하는 능력은 훈련을 통해 자란다. 특히 시나 소설처럼 행간의 의미가 중요한 글에서는 단어 하나하나가 놓인 맥락과 감정, 시대적 배경까지 함께 고려해야 한다. 예를 들어 중학교 국어 교과서에 자주 등장하는 〈동백꽃〉이나 〈진달래꽃〉 같은 시나 소설도, 표면적 의미만 파악하고 넘어가면 그 안에 숨은 감정이나 사회적 맥락은 이해할 수 없다. '마름' '배재' '봉당'과 같은 단어조차 생소한 아이들에게 작품의 세계는 끝내 열리지 않는다.

이처럼 국어는 단순히 단어를 '아는 것'에서 그치지 않고, 그 의미를 '이해하고 해석하는 단계'까지 나아가야 하는 과목이다. 그 중심에 있는 것이 바로 문해력, 독해력, 이해력이다. 이 3가지는 비슷해 보이지만 엄연히 다르다. 하나씩 짚어보자.

1. 문해력 | 읽을 수 있는 힘

문해력은 '자기 나이 수준에 맞는 글을 읽고 해석할 수 있는 능력이자 그 시대의 언어 감각을 읽어내는 힘'이다. 초등학교 6학년이라면, 그 수준의 글을 제대로 읽고 의미를 파악할 수 있어야 한다. 문해력은 국어 교육의 최소 기반이며, 최근 교육 현장에서 점점 더 중요하게 언급되고 있다.

2. 독해력 | 정보를 처리하는 힘

독해력은 나이에 상관없이, 주어진 글을 전체적으로 읽고 파악하는 능력을 의미한다. 문해력보다 범위가 넓고, 주로 비문학과 같은 복잡한 지문을 다룰 때 필요한 역량이다.

3. 이해력 | 생각을 확장하는 힘

이해력은 이보다 더 포괄적인 개념으로, 국어뿐 아니라 수학, 과학 등 모든 학문에 필요한 기본 능력이다. 글이나 정보를 읽고, 이를 자기 방식으로 풀어 해석하고 응용할 수 있는 능력이 바로 이해력이다.

국어가 어렵게 느껴지는 이유는 '우리말이니까 쉽다'는 착각 때문이다. 하지만 국어는 정답이 하나로 정해져 있지 않은 과목이다. 글을 읽으며 감정의 흐름을 따라가야 하고, 논리의 전개를 스스로 추론해야 하며, 표현 속에 숨은 의도를 읽어내야 한다. 그래서 국어는 아이의 사고 수준과 생각의 깊이가 그대로 드러나는 과목이 된다.

무엇보다 이러한 국어적 사고력은 하루아침에 만들어지지 않는다. 초등 시기부터 중심 문장을 찾는 연습을 하고, 모르는 단어를 그냥 넘기지 않으며, 다양한 글을 통해 배경지식을 차근차근 쌓아가야 한다. 아이가 "이게 무슨 뜻이에요?"라고 질문할 수 있는 환경을 만들어주는 것, 그것이 국어 교육의 출발점이다.

이제 국어는 수학만큼 중요한 과목이 되었고, 어쩌면 그보다 더 중요해졌다고 말할 수 있다. 읽고, 쓰고, 말하는 모든 활동의 바탕에는 국어가 있으며, 이 언어 능력은 단순한 성적을 넘어 아이의 사고방식과 태도를 결정한다. 수학이 정답을 맞히는 훈련이라면, 국어는 생각의 깊이를 키우는 훈련이다. 그래서 국어는 처음부터 중요하게 다뤄져야 하고, 결국 가장 오래 아이에게 남는 힘이 된다.

부모가 흔히 하는 실수 :
이건 하지 말아주세요!

부모가 열심히 돕고 싶을수록, 오히려 국어에 대한 부담을 키우는 경우도 있다.
다음은 현장에서 자주 보이는 대표적인 실수들이다.

① "이게 왜 이해가 안 돼?"라고 묻는 것

아이에게 이 질문은 도움보다 압박이 된다. 이해하지 못하는 이유는 아이의 게으름이 아니라, 어휘 · 배경지식 · 읽기 경험이 아직 충분하지 않기 때문이다.

② 틀린 해석을 바로 고쳐주는 것

국어는 정답보다 사고 과정이 중요한 과목이다. 아이가 틀리게 이해했더라도, 먼저 어떻게 생각했는지 말할 기회를 주는 것이 필요하다.

③ 문제를 많이 풀면 국어 실력이 는다고 믿는 것

문제 풀이만으로는 문해력과 이해력이 자라기 어렵다. 국어는 문제를 '푸는 과목'이 아니라, 글을 다루는 힘을 기르는 과목임을 이해하자.

④ 국어를 '감각 있는 아이들만 잘하는 과목'으로 말하는 것

이 말은 아이에게 국어를 포기해도 되는 과목으로 인식하게 만든다. 국어는 감각이 아니라 훈련과 경험으로 자라는 능력이다.

초등학생 추천 검사 리스트

각 번호의 왼쪽과 오른쪽 문항 중 자신의 모습을 더 잘 설명하는 문항 쪽에 체크를 한다. 더 많이 체크된 쪽을 자신의 유형으로 선택한다(단, 동일한 개수가 나오면 각각 E, N, F, P로 표시한다).

초등 학년별 최적화된 검사 종류

초1~3	초4~5	초6~중등
• 지능 검사(K-WISC) • 뇌기능 검사 • 다중지능 검사 • 기질 검사 • 성격유형 검사 • 학습유형 검사 • 문장 완성 검사	• 지능 검사(K-WISC)(정서적 측면 위주) or 학습능력 검사 (학습적 측면 위주) • 뇌기능 검사 • 다중지능 검사 • 기질 검사 • 성격유형 검사 • 학습유형 검사 • 진로발달 검사 • 문해력 검사	• 학습능력 검사 • 뇌기능 검사 • 학습습관 검사 • 기질 검사 • 성격유형 검사 • 학습유형 검사 • 진로탐색 검사 • 비문학 독해력 검사

· 지능 검사(K-WISC)

아동의 인지적 능력을 평가하기 위한 개인 지능검사도구로 전반적인 인지적 기능에 대한 포괄적인 평가가 가능하다. 전체 IQ와 함께, 5개 기본지표(언어이해 지표, 시공간 지표, 유동추론 지표, 작업기억 지표, 처리속도 지표)를 알려준다(5판 기준).

· 성격유형 검사

사람의 인식기능, 판단기능, 에너지방향, 생활양식의 선호에 따라 성격유형을 구분하고, 자기이해와 부모-자녀간의 이해에 도움을 준다.

· 학습능력 검사

학습에 꼭 필요한 인지적 측면(어휘력, 수리력, 추리력, 공간지각력)과 학습활동(기억력, 집중력, 실행력, 학습동기)을 측정하여 학생에게 맞는 학습 방향 제시한다.

· 학습유형 검사

학습과정에서 보이는 학생의 행동 및 태도, 성격 양식 검사로 심리적 요인과 성격적 요일을 바탕으로 한 맞춤 학습방법을 제안한다.

· 뇌기능 검사

뇌의 정보처리속도, 좌우 뇌 균형, 스트레스에 대한 면역능력, 주의집중력, 자기조절력, 정서지수, 활성지수 등 뇌의 7가지 영역을 진단함으로써 잠재적인 학습능력을 판단해준다.

· 문장 완성 검사

완성된 문장에 나타난 피검자의 감정이나 문장의 맥락을 통해 대상에 대한 피검자의 태도 및 심리적인 역동을 잘 파악할 수 있으며, 언어 능력 및 현실 검증력 등도 확인할 수 있다.

· 다중지능 검사

학습에 연관된 좁은 개념의 지적 능력이 아닌 다양한 차원에서의 지적 능력 8가지(언어, 논리수학, 공간, 신체운동, 음악, 인간친화, 자기성찰, 자연친화)에 대한 종합적인 적성지능을 찾아준다.

· 진로발달/진로탐색 검사

진로성숙도와 함께 학생의 흥미유형을 6가지 유형으로 구분(현장형, 탐구형, 예술형, 사회형, 진취형, 사무형)하여 진로준비 및 계획을 위한 정보를 제공한다.

· 기질 검사

선천적으로 타고난 자동적으로 발생되는 성격과 후천적으로 성숙되는 성격의 차이를 통해 자녀와의 학습 정서적 유대관계 확인해 준다.

· 학습습관 검사

현재 학생의 학습동기, 목표수립-계획수립, 시간관리, 노트필기, 예습/복습, 오답노트 작성법, 시험대비법과 과목별 학습법 등을 진단한다.

· 문해력 검사(초등)

교과서 내용을 기반으로 어휘, 사고, 추론, 비판 영역별로 역량을 분석하고 정보처리
능력, 어휘력, 이해력, 논리력 등 학습에 필요한 글자정보처리능력을 파악해준다.

· 문해력 검사(중등)

지문 영역별(인문, 사회, 과학, 기술, 예술)로 문제해결력을 분석하고 문항 유형별(어휘, 사
고, 추론, 비판) 결과를 분석하여 비문학 지문의 독해능력을 파악해준다.

Golden Time for Studying

Part 5

초등 골든타임,
공부습관을 심어라

작은 습관이 만드는 큰 변화,
초등 시기부터 시작하는 자기주도학습

자기주도학습의 힘 :
집중력과 계획의 조화

'자기주도학습'.

이 말처럼 부모의 마음을 흔드는 말이 또 있을까? 아이가 스스로 공부하는 모습을 보이는 것. 그것이 부모가 꿈꾸는 자기주도적 학생의 모습일 것이다. 하지만 자기주도학습이란 아이가 스스로, 혼자서, 공부를 알아서, '잘'하는 상태를 지속하는 것만을 의미하지 않는다.

자기주도학습에서 중요한 역할을 하는 것은 물론 학습자이다. 하지만 학습자가 스스로 학습하는 힘을 갖기 위한 중요한 또 하나의 축은 교수자다. 이 교수자는 학교의 선생님이 될 수도 있고 학원/과외선생님, 인강선생님 등 학생이 '습'을 진행하는 데 필요한 지식을 전달하고 방향을 잡아주는 역할을 하는 데 없어서는 안 되는 존재들이다. 교수자는 부모가 될 수도 있는데, 이때 부모

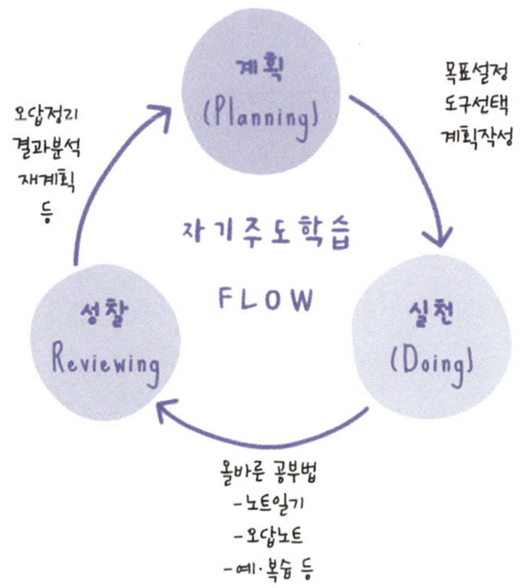

가 할 수 있는 역할은 올바른 학습의 방향을 잡아주는 것이다. 이런 훈련을 시키지 않고 알아서 잘하기를 바라는 것은 망망대해에 뗏목 하나 띄워놓고 아이더러 알아서 섬을 찾아오라고 내쫓는 것과 다를 바 없다. 부모는 아이가 자립할 힘이 생길 때까지는 길잡이의 역할을 하면서 아이가 공부를 구조화할 수 있도록 도와야 한다.

그렇다면 이렇게 아이가 공부를 구조화할 수 있는 힘, 자기주도학습의 기초가 되는 힘은 어떻게 기를 것인가. 이는 두 단어로 집약할 수 있다. 바로 집중과 계획이다. 만약 아이가 집중과 계획이 분리된 상태에서 공부를 시작한다면 이 공부는 튼튼한 구조를 만들 수 없게 되고 이는 결국 오래가지 못하는 수박 겉핥기식 공부가 될 뿐이다. 자기주도학습이란 결국, 이 2가지를 동시에 작동시키는 힘이다.

그렇다고 모든 아이들을 다 같은 방식으로 구조를 만들어 줄 수는 없다. 특히 연령대별로 인지의 발달이나 뇌구조의 발달이 다른 경우, 고학년에서는 맞는 방법이 저학년에서는 틀린 방법일 수 있고, 성취도나 성향에 따라서도 방법이 달라질 수 있음을 이해해야 한다. 하지만 대체로 시기별로 효율적인 자기주도학습의 틀을 만드는 방법을 제안한다면 아래와 같다.

초등 저학년(1~3학년) | 자기주도학습의 씨앗을 심는 시기. 습관을 만드는 게 우선

이 시기의 자기주도학습은 '혼자 공부하기'가 아니다. 앉는 시간-시작하는 시간-끝내는 경험을 반복하며 공부의 리듬을 몸에 익히는 것이 목표다. 계획은 아이가 세우는 것보다는 아직은 부모와 함께하여 '지금 무엇을, 얼마만큼 하면 되는지'를 보여주는 단계로, 공부를 끝냈다는 경험 자체가 가장 중요한 성과가 된다.

초등 중학년(3학년 후반~5학년 초반) | 길러진 습관의 기틀 위로 학습의 기본기를 얹는 시기

이미 만들어진 공부의 습관 위에 분량, 순서, 시간 개념 등을 조금씩 아이에게 넘겨주는 시기이다. 이때부터 아이는 '얼마나 할지' '어느 정도면 끝날지'를 인식하기 시작하며 계획이 곧 집중으로 이어진다는 경험을 하게 된다. 부모는 여전히 아이 옆에 있지만 계획의 주도권은 점차 아이에게로 이동한다.

초등 고학년(5, 6학년~중학교 1학년) | 습관은 정교하게, 학습은 탄탄하게

학습량과 난이도가 본격적으로 증가하는 시기이다. 이 단계에서 자기주도학습은 단순히 '열심히'가 아닌 '어떻게 시간과 분량을 나누고 운영할 것인가'의 문제가 된다. 특히 목표-계획-실행-점검의 흐름이 분명하지 않으면 집중력은 쉽게 무너질 수 있다. 따라서 이 시기의 핵심은 부모 주도가 아닌 아이 주도로 계획을 세우는 연습과 수정하는 경험이다.

중학교 2학년 | 자기주도학습 열차에 올라탈 최후의 보루

중학교 2학년쯤 되면 학습량과 속도, 평가의 압박이 동시에 몰려오는 시기이다. 이때까지 자기만의 공부운영방식이 없으면 공부는 그저 '버티는 일'이 된다. 이 시기의 자기주도학습은 새로운 습관을 만드는 것이 아니라, 이미 익힌 계획과 집중의 구도를 자신의 책임 아래에서 실제로 굴려보는 단계이다.

요즘 아이들은 도움 속에서 공부한다. 학원, 과외, 인터넷 강의까지 학습을 보조하는 환경은 충분하다. 문제는 그다음이다. 외부의 도움으로 이해한 내용을 스스로 정리하고 다시 꺼내 쓸 수 있도록 만드는 시간이 빠져 있다는 점이다. 강의를 들은 시간만큼, 혹은 그보다 짧더라도 반드시 혼자 정리하는 시간이 따라붙어야 한다. 이때 필요한 것이 막연한 의지가 아니라, 실행 가능한 계획이다. 무엇을, 얼마나, 언제까지 할 것인지가 정리되지 않으면 집중은 금세 흩어진다.

집중력은 타고나는 능력이 아니다. 집중은 계획 위에서만 유지된다. 해야 할 일이 분명할수록, 끝이 보일수록 아이는 덜 흔들린다. 반대로 목표가 모호하면 스마트폰, 게임, 잡생각이 쉽게 파고든다. 아이가 집중하지 못하는 상황에서 "집중해라."라는 말은 아무런 도움이 되지 않는다. 대신 집중할 수 있도록 범위를 좁혀주는 계획이 필요하다. 오늘 해야 할 분량, 끝내는 시간이 명확해야 집중은 힘을 얻는다.

부모가 흔히 오해하는 지점이 있다. 끈기와 인내는 타고난 성향이라고 여기는 것이다. 그러나 인내는 버티는 힘이 아니라, 끝낼 수 있다는 확신에서 나온다. 아이가 중간에 포기하는 이유는 어려워서가 아니라, 어디까지 가야 하는지 모르기 때문이다. 그래서 자기주도학습의 출발은 '공부를 많이 하자'가 아니라, '공부를 어떻게 나눌 것인가'에 있다. 작은 계획을 세우고, 실행하고, 끝냈다는 경험을 반복할 때 집중력과 인내는 함께 자란다. 인내는 학습을 통해서만 나온다고 해도 과언이 아니다.

공부의 주인은 아이 자신이다. 계획을 세우는 연습, 계획대로 실행해보는 경험, 실행 결과를 스스로 점검하는 과정이 쌓여야 비로소 자기주도학습이 가능해진다. 이때 부모의 역할은 대신 계획을 짜주는 사람이 아니라, 계획이 작동하는지 점검해주는 조력자다. 아이가 왜 이 계획을 세웠는지 묻고, 너무 무리가 아닌지, 오늘 안에 끝낼 수 있는지 함께 살펴보는 것만으로도 충분하다.

나에게 맞는
구체적인 목표를 설정하라

목표를 제대로 설정하는 일은 공부의 출발점이다. 목표가 있는 아이와 없는 아이의 차이는 생각보다 크다. 목표가 있는 아이는 공부를 '해야 할 일'이 아니라 '어디로 가기 위한 과정'으로 인식한다. 반대로 목표가 없는 아이는 그날그날 주어지는 과제에 반응하며 움직인다. 스스로는 자유롭다고 느낄지 모르지만, 결국 시간은 흘러가고 남는 것은 적다.

목표가 분명해지면 공부의 이유도 함께 또렷해진다. 무엇을 위해 시간을 쓰고 있는지 알 때, 아이의 실천력은 눈에 띄게 달라진다. 이때 중요한 것은 목표의 크기가 아니라 스마트한 목표설정 방법을 통한 구체적인 목표의 방향이다. '열심히 공부하겠다'는 목표는 방향이 없다. 반면 과목과 분량, 기간이 정해진 목표는 아이를 움직이게 한다. 월간 목표는 주간 목표로, 주간 목표는 다시 하루의 할 일로 쪼개질 때 비로소 실행 가능한 계획이 된다.

좋은 목표란 이상과 현실 사이의 긴극을 줄이는 일이다. 너무 높으면 시작하기 전에 포기하게 되고, 너무 낮으면 목표가 아닌 일상이 된다. 지금의 수준에서 충분히 도전할 만하지만, 노력 없이는 도달할 수 없는 지점. 그 지점을 향해 설정된 목표가 아이의 성장 속도를 만든다.

앞에서 살펴본 바와 같이 자기주도학습의 습관을 시기에 맞게 설정하고 연습해 왔다면 이제는 어떤 목표를 가지고 공부를 할 것인가에 집중할 시간이다. 이 또한 시기별로 지향하는 바가 다르니 이 장에서는 자기주도학습을 완성하는 목표의 설정과 해야 할 일에 대해 알아보기로 하자.

1. 초등 저학년(1~3학년) | 목표는 오로지 습관! 유아기에서 벗어나는 것이 나의 목표

이 시기의 학습 목표는 '잘하는 것'이 아니다. 매일 같은 시간, 같은 자리에서 같은 순서로 공부를 시작할 수 있는가가 전부다. 즉, 이 시기의 목표는 결과가 아니라 행동 그 자체를 반복하는 것이다.

이 시기는 아직 자기주도학습의 결과를 기대하는 시기가 아니므로 비교적 '부모 주도'의 모습을 보이게 된다. 따라서 부모가 아이에게 전달할 수 있는 목표의 설정 방법이나 이 시기에 필수로

도와줘야 할 부분은 다음과 같다.

• 목표설정방법 : 단순히 "수학 잘하자~" "영어 100점 받아오자~"가 아닌, 아이가 따라 하기 쉽고 습관으로 만들기 편하게 단순한 문장구조로 만든 목표를 제시할 수 있다.

예) 학교 다녀와서 매일 △△시에 책상에 앉는다 / 숙제 후 10분 동안은 책을 읽는다

이처럼 공부의 내용이 아닌, 공부를 시작하는 행동을 지정하고 이를 실천하는 것을 목표로 삼는 것이 편하다. 또 위의 목표가 습관화되기 위해서는 하루 공부 시간은 짧게 가져간다(예를 들어, 10~20분에서 시작하여 학년×10분 정도로). 또한 과목 수는 최소화하고 서서히 양을 늘려가는 방식을 택하는 것이 거부감을 줄일 수

자기점검 TIP

○ 오늘 책상에 앉았나요?
○ 해야 할 일을 끝까지 했나요?

• 이 시기엔 간단한 보상이 동기부여를 하는 경우가 있으니 칭찬스티커 등을 활용해보자.

있다. 무엇보다 중요한 것은 부모가 정해준 루틴을 그대로 따라 하는 연습을 꾸준히 시키는 것이다.

2. 초등 중학년(3학년 후반~5학년 초반) | 엄마 주도 습관에서 아이 주도 습관으로 '운전대'를 넘겨줘야 할 시기

앞서 잡아 온 습관이 무난히 정착되었다면 이제부터 목표는 '누가' 정하느냐이다. 이전까지는 부모가 목표를 정해줬다면 이제는 아이와 함께 수정한 목표를 세워서 실천하게 해보자.

예) △△가 정한 시간에 수학문제 1페이지를 풀어보기 등

이때 목표 문장은 아이의 말로 바꿔서 스스로 만들어낸 목표라는 '착각'을 심어주는 것이 중요하다. 아이는 자기가 세웠다고 생

자기점검 TIP

○ 이 계획은 △△이가 정한 거야?
○ 어떻게 바꿔볼까?

• 혹시 게임이나 핸드폰을 보상으로 사용하고 있진 않은지 점검해보자. 게임을 보상으로 사용할 경우 시간을 통제하기 점점 어려워진다.

각한 목표는 크게 거부감 없이 실천하는 모습을 보인다. 따라서 이 시기에 해야 할 일은 일주일에 한 번 정도 아이와 함께 목표를 세워보는 것이다. 이때 부모는 부모의 목표를 강요하거나 지시, 통제하지 않고 아이를 존중해주는 것이 필요하다. 대신 반드시 질문을 통해 아이가 제대로 해내고 있는지 확인을 해줄 필요가 있다. 이 시기의 학습의 목표는 '아이가 선택권을 갖는 것'이다.

3. 초등 고학년(5, 6학년~중학교 1학년) | 나는 누구인가? 무엇을 좋아하는가? 나를 탐색하는 시기

몇 년간 꾸준히 습관을 쌓아왔다면 이제 공부는 단순한 과제가 아니라 '나를 알아가는 도구'가 된다. 목표를 설정할 때에는 아직 과목을 중심으로 하기보다는 자신의 강점이나 약점을 파악하는 방향으로 설정해본다.

예) '나는 국어(영어/수학)가 좋다/싫다'가 아닌, 나는 암기는 빠른데 서술형이 약하다 / 나는 혼자 공부할 때 집중이 잘된다

이런 식으로 자신의 강약점을 파악하여 이를 과목 공부하는 데 적용할 수 있도록 한다. 이 시기엔 과목별로 나의 특징을 정리하고, 시험이나 과제 후 원인을 분석하며, 나에게 맞는 공부법을 실험하는 시기로 활용하는 것이 좋다.

4. 중학교 2학년 | 고교학점제와 연계하여 진로에 대한 구체적 탐색시간

이제 목표는 막연한 꿈이 아니라 과목 선택과 연결되는 진로로 인식이 되어야 한다. 더군다나 2028 대입과 관련하여 본격적으로 시행된 고교학점제는 중학교 시기부터 아이들이 자신의 꿈을 명확히 하고 필요한 과목을 수강하도록 하고 있기 때문에 진로와 연결된 과목 선택은 무엇보다 중요해졌다. 따라서 이 시기에 중요하게 생각해야 할 목표설정 방법은 단순히 '꿈이 무엇인지'가 아닌, 이 과목을 선택하려는 이유는 무엇인지, 그리고 이를 위해 내가 준비해야 할 것은 무엇인지 구체적으로 들여다보는 일이다. 필요한 역량을 목록화하고 현재 나의 수준을 점검하여 지금 자신이 준비해야 할 것을 결정하는, 선택에 책임지려는 태도일 것이다.

마지막으로 한 가지 부모의 역할에 대한 중요한 팁을 덧붙이자면, 자기주도학습의 습관은 하루아침에 길러지는 게 아니란 사실을 기억해야 한다는 점이다. 오늘은 잘하는 것 같다가 내일은 도로아미타불인 것 같은 아이의 상황을 보면서 화가 날 수도 있다. 그래서 이 시기에 부모가 꼭 가져야 할 힘은 '인내'다. 아이가 꾸준한 모습을 가지려면 그 옆에 흔들리지 않고 든든하고 묵묵하게 함께 견뎌주는 부모가 필요하다.

내 아이 공부 방법, 무엇이 문제일까?

●

사교육에 많은 시간과 비용을 들이고도 성과가 나지 않는다면, 가장 먼저 점검해야 할 것은 '노력의 양'이 아니라 공부의 구조다. 공부 문제는 대체로 4가지 범주에서 나타난다. 공부 방법, 공부 도구, 공부습관, 그리고 학습능력이다. 이 중 어디에서 막히고 있는지 정확히 짚어야 목표도 현실적으로 조정할 수 있다.

1. 공부 방법의 문제 | 방향을 잘못 잡은 경우

아무리 오래 공부해도 효과가 나지 않는 아이들은 대개 공부의 순서와 패턴이 없다. 무엇부터 시작하고, 어디까지가 개념이며, 언제 문제를 풀어야 하는지 모른다. 자신의 수준에 맞지 않는 문제집을 선택하거나, 시험 직전에 무엇을 해야 할지 몰라 허둥대는 모습이 대표적이다. 공부에는 기본 패턴이 있다. 전체 흐름을 보고, 교과서를 읽고, 내용을 재정리한 뒤 문제로 확인하고, 다시 전체를 점검하는 과정이다. 이 구조가 잡혀야 공부는 축적된다.

2. 공부 도구의 문제

잘못 선택된 도구는 구조를 유지하지 못하게 만든다. 플래너, 정리 노트, 오답 노트는 선택 사항이 아니라 공부를 가능하게 하는 최소한의 장치다. 특히 플래너는 목표를 시간과 행동으로 연결해주는 핵심 도구다. 계획이 머릿속에만 있으면 실행되지 않는다. 눈에 보이는 형태로 정리될 때 비로소 공부는 관리의 대상이 된다.

3. 공부 습관의 문제

습관은 실행력과 직결된다. 아무리 동기가 있어도 습관이 없으면 공부는 이어지지 않는다. 습관은 의지의 문제가 아니라 반복의 결과다. 특히 초등학교에서부터 이 습관이 자리 잡지 못하면 중학교 이후엔 사춘기에 들어 있는 아이와 싸우면서 습관을 만들어도 실패할 수 있다. 특히 이 습관의 부분은 아이의 현실을 정확히 인식하지 않은 채 막연한 기대만으로는 변화가 일어나지 않는다. 아이 스스로 자신의 학습량과 수준을 점검하고, 반복 가능한 루틴을 만드는 과정이 필요하다. 상위권 아이들의 공통점은 특별한 재능이 아니라, 일정한 자기 공부 시간이 확보되어 있다는 점이다.

4. 학습능력의 문제 | 읽기를 점검할 것

학습능력의 한계 또는 문제는 읽기에서 가장 먼저 드러난다. 교과서를 읽어도 핵심을 잡지 못하고, 내용을 기억하지 못한다면 이해력과 집중력을 점검해야 한다. 겉보기에는 열심히 공부하는 것처럼 보여도, 실제로는 머릿속에 남지 않는 학습을 하고 있을 가능성이 크다. 이 경우에는 양을 늘리기보다 읽는 방식과 복습 구조를 먼저 점검해야 한다.

이 4가지 문제를 정확히 인식하고 하나씩 정비해 나가면, 공부는 훨씬 효율적으로 바뀐다. 목표는 막연한 다짐이 아니라, 현재 상태를 정확히 진단한 뒤 설정하는 구체적인 설계다. 아이에게 맞는 목표는 아이를 몰아붙이지 않는다. 대신, 스스로 움직이게 만든다. 그 힘이 쌓일 때, 공부는 비로소 아이의 것이 된다.

플래너의 비밀 :
시간 관리의 기술

목표 설정의 기본이 되는 공부 도구 플래너. 그런데 요즘 아이들은 플래너 쓰는 것을 어려워한다. 이유가 무엇일까? 내가 내 시간을 모르기 때문이다. 요즘에는 대부분 엄마가 시간을 꿰차고 있고 아이들은 수동적인 경우가 많다. 어차피 계획을 세워봐야 지킬 수 없다고 생각한다. 실제로 많은 아이들이 플래너를 쓰다가 지키지 못해 중단하거나 다시 짜거나를 반복한다. 그만큼 플래너는 쓰기도 어렵지만 실천하기도 힘들다.

시간관리의 목적

●

플래너를 잘 쓰기 위해서는 기본적으로 플래닝의 원리를 제대로 알 필요가 있다.

1. 목표를 명확하게 하라

장기적 인생 목표, 단기적 주간 목표를 명확하게 한다. 꿈을 명확하게 인지한 뒤 하고 싶은 일을 정하고, 매주 지속적으로 시간을 투자해 실천하도록 한다. 목표를 잡을 때는 아이의 성향에 따라 시간 중심 혹은 과업 중심으로 잡는다. 과업 중심의 경우 시간에 구애받지 않고, 성과를 명확히 알 수 있다. 하지만 시작 시간과 마감 시간이 없기 때문에 미룰 수 있다. 시간 중심의 경우 언제 어떤 일을 해야 할지 쉽게 파악할 수 있다. 그러나 수정이 어렵고, 다른 일에 영향을 미칠 수 있다. 초조하고 예민한 아이들은 과업 중심, 자주 미루는 아이들은 시간 중심으로 잡는 것이 좋다. 어느 정도 진행된 뒤에는 2가지를 병행하는 것이 이상적이다.

2. 시간의 예산을 세워라

시간 계획에서 데드라인이 정해져 있으면 몰입하게 된다. 하루의 시간은 고정시간, 주도시간, 생활시간으로 나뉠 수 있다. '고정시간'은 학교 및 학원 수업, 시험, 수행평가 등 중요하고도 긴급한 일정으로 마음대로 변경할 수 없는 시간을 말한다. '주도시간'은 예습, 복습, 독서, 플래닝, 운동 등 긴급하지는 않지만 자기가 선택하는 능동적인 일정으로, 주도시간을 만들어내는 것이 플래닝의 목적이다. '생활시간'은 수면시간과 식사시간(여가시간 포함)을 말한다.

3. 시간 사용을 평가하라

시간관리에서 평가는 매우 중요하다. 실행한 내용에 대해 체크하고 평가해보면 앞으로의 시간을 관리하는 데 더 철저해지게 된다. 계획한 것은 가능하면 실천하려고 노력하자. 기회란 무작정 찾아오는 게 아니라 준비된 사람에게만 찾아온다. 과정에 충실하다 보면 결과도 따라온다. 매일매일 계획을 실행했는지 여부를 체크하고, 스스로 공부한 시간을 주간 단위로 통계를 내면 공부 자신감도 붙을 것이다. 자신을 돌아보고 다시 새롭게 공부를 해야겠다는 결심도 이 평가를 통해 만들어진다.

시간관리의 방법

플래너를 짤 때는 우선순위가 있어야 한다. 가장 중요하고 긴급한 것이 무엇인지를 생각해야 하는 것이다. 그렇다면 플래너는 주간 단위로 짜는 것이 좋을까, 매일 짜는 것이 좋을까?

가장 좋은 방법은 연간계획부터 시간계획까지 큰 단위에서 작은 단위로 옮겨가며 작성하는 것이다. 이렇게 월간으로 나눠놓은 계획은 일간계획으로 옮겨가기 용이하다. 이는 초등 아이들의 특성을 생각하면 된다. 아직 학습에 있어 중요하거나 급한 것에 대한 개념이 부족한 초등의 경우 매일매일 계획하면 중요한 것부터 하지 않고 급하거나 즐거운 것부터 하려고 한다. 당장 발등의 불부터 끄려 하는 것이다. 그렇게 되면 큰 그림에서 봤을 때 전반적으로 고른 시간활용보다는 어느 한쪽으로 치우치게 되는 결과를 가져올 수 있다. 그래서 플래너는 주간 단위로 짜는 것이 효과적일 수 있다.

플래너는 아이가 비교적 시간을 좀 더 자유롭게 활용할 수 있는 주말에 부모님과 함께 작성하는 연습을 하는 것을 추천한다. 그중에서도 한 주를 마무리하는 동시에 다른 한 주를 시작하는 일요일을 추천한다. 일요일 밤에 다음 주 계획을 짜고 월요일부터는 주간계획에 맞춰 실행한 내용을 체크할 수 있도록 한다. 계획을 세우는 시간은 한 시간 정도로 여유 있게 잡아 충분히 고민하고 계획할 수 있도록 하는 것이 좋다.

아이들은 자신이 하루하루 시간을 어떻게 쓰는지 잘 모르는 경우가 많다. 그렇기에 시간을 관리하고 계획한다고 하면 지레 어렵다고 생각한다. 게다가 아이의 성향에 따라 유독 플래너 짜기를 힘들어하는 경우도 있다. 공간지각력이 높은 아이가 특히 그렇다. 자율적이어서 틀에 맞춰서 행동하는 것이 힘든 아이이므로, 플래너 자체가 숨이 막힐 것이다. 따라서 내 아이가 유독 플래너 짜기를 힘들어한다면 성향에 주목할 필요가 있다. 이런 아이들의 경우는 한 주 플래닝을 할 때 지나치게 세부적으로 계획을 세워서 지킬 것을 요청하기보다는 그 주에 해내야 하는 과업의 양을 명확히 한 후에(되도록 적은 양에서 시작해서 조금씩 늘려가는 방식으로) 이를 해냄으로써 성취감을 느끼게 하는 방식으로 설정해도 괜찮다.

성별, 연령, 소득에 관계없이 인간은 누구나 '하루=24시간'이라는 동일한 시간을 부여받는다. 해야 할 일이 아무리 많다고 해서 시간을 늘릴 수도, 빌릴 수도 없다. 따라서 누구에게나 공평하게 주어진 시간을 효과적으로 활용하려면 시간을 관리하는 방법을 이해해야 한다. 아이가 자신에게 주어진 시간을 어떻게 쓰는지를 파악하는 게 먼저다.

그 방법은 먼저 하루의 모든 일과를 적는 데서 시작한다. 아침에 일어나서 잠자리에 들기까지의 모든 시간을 기록해보는 것이다. 공부하는 시간은 물론 잠을 자고 먹고 쉬는 시간까지 모두 적는다. 일주일 정도, 길면 최대 이주일 정도 이 작업을 하게 되면 아이 스스로 자기 시간을 파악할 수 있다. 현재 내가 어떤 시간을 얼마나 사용하고 있고 어떻게 균형을 맞춰야 하는지 알게 되는 것이다. 이 작업은 자기주도학습 시간을 만들기 위한 조각시간을 찾아내는 데도 목적이 있다. 이처럼 하루의 모든 일과를 적어보는 것은 플래닝을 할 때 선택과 집중을 하기 위한 작업으로, 플래너 작성을 시작하는 첫 주에는 반드시 이 작업이 이루어져야 한다.

앞서 말했듯 계획을 세울 때는 하루 단위가 아니라 주 단위로 세워야 한다. 높은 곳에 올라 아래를 굽어보듯, 전체적으로 시간을 보지 못하면 눈앞에 닥친 것 위주로 처리하게 되고, 엉뚱한 곳에 시간을 쓰게 되거나 구멍이 나기도 한다. 그렇기 때문에 반드시 일주일의 계획을 한 번에 세우되, 그 안에서 변경이나 수정은 가능하게 한다. 이후 평가를 통해 시간을 제대로 썼는지 전체적으로 조망할 수 있도록 한다.

초등학생의 경우, 저학년은 고정시간(A)에 신경을 많이 쓰고, 고학년은 주도시간(B)에 신경을 많이 써야 한다. A에 신경을 쓴다는 것은 데일리 플랜에 신경을 쓴다는 뜻이고, B에 신경을 많이 쓴다는 것은 주간 플랜에 신경을 써야 한다는 뜻이다. 아울러 다음 3가지에 집중해서 플래너를 짠다면 그 효과가 극대화될 수 있다.

1. 우선순위를 분명히 하라

고정시간(A)은 가장 중요하고 긴급한 것이다. 평소에는 학교나 학원, 방학 때는 기상시간을 고정시간으로 할 수 있다. 주도시간(B)은 중요하지만 급하지 않은 것으로 숙제나 예습·복습을 말한다. 생활시간(C)은 식사시간이나 수면시간이다. 자라나는 아이들

우선순위 분명히 하기

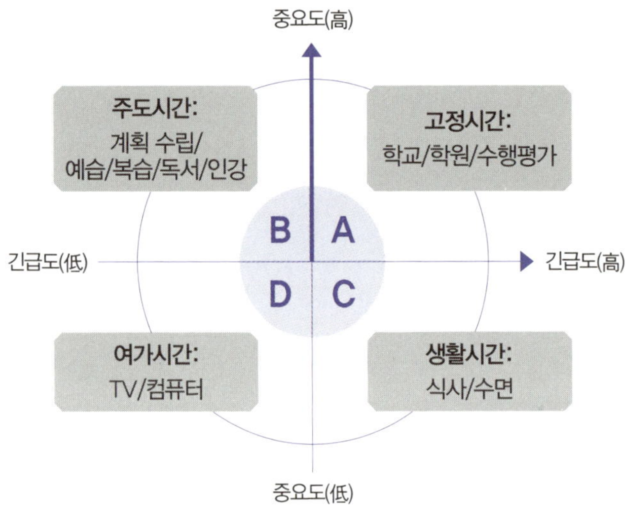

에게 중요하지만 학습에 있어서는 중요도가 떨어진다. 여가시간
(D)은 긴급하지도 중요하지도 않은 것이다. 가장 우선순위에 속
하는 것은 A지만, A의 퀄리티는 B가 결정한다. 고정시간은 공부
를 잘하든 못하든 누구나 하게 되어 있다. 얼마나 시간을 현명하
게 사용하느냐에 따라 결과는 달라진다. 플래너를 짜는 이유는 주
도시간을 '고정시간화' 하기 위함이다. 고학년일수록 플래너를 작
성하는 목적은 주도시간을 고정시간화, 즉 스스로 공부하는 시간
을 고정적으로 확보하는 데 있다. 학습시간의 퀄리티는 주도시간
을 확보하는 데서 온다.

2. 주간 단위로 계획을 세워라

앞서 이야기했듯 플래너는 효율성, 균형성, 실행력을 향상시키기 위해 주간 단위로 세우면 좋다. 매일매일 계획을 세우면 체계적이지 못할뿐더러 당장 급하고 잘하는 것만 하려고 하며, 그렇게 되면 선택과 균형이 깨져 학습의 효율성이 떨어진다.

3. 시간의 양은 늘리고, 질은 높여라

플래너를 제대로 세우면 시간의 효율을 높일 수 있다. 아이들의 경우 하루 중 자투리 시간이 대략 3시간 정도다. 이 시간은 아무 생각 없이 허비하는 시간이다. 그러나 이 조각시간을 잘 활용하면 24시간을 사는 것이 아니라 하루 이상을 살게 된다. 철저한 계획은 시간을 더욱 촘촘히 사용하도록 이끈다. 플래너를 작성하며 자기주도시간을 확장하기 위해 노력하는 자세가 필요하다.

아울러 플래너에 과목, 교재, 분량, 기한 등을 구체적으로 적으면 활용하는 시간의 질을 훨씬 높일 수 있다. 시간의 양을 늘리는 것도 중요하지만 같은 시간을 투자하더라도 그 질을 높이려는 노력 역시 필요하다.

문제는 플래너를 작성하는 방법을 아이들이 모르는 것도 있지만 플래너를 작성하도록 돕고 습관을 잡아줘야 할 부모 또한 플래너 작성법을 모르는 경우가 많다는 것이다. 위에서 말한 1~3번의 내용의 중요성을 안다고 하더라도 내 아이에 맞게 이를 적용시키는 구체적인 방법을 모르면 도와주려는 마음에도 장애물이 생길 수 있다. 따라서 이제부터는 플래너 작성법을 시기별 중점을 둘 부분과 구체적 방법에 대해 알아보기로 하자.

① 초등 저학년(3~4학년) | 플래너보다는 간단한 To-Do List 로 습관잡기

이 시기의 핵심은 '계획 세우기'가 아니라 시작과 끝을 경험하는 것이다.

아직 시간 개념이 충분히 자리 잡지 않은 단계이기 때문에, 일과를 세세하게 나누는 플래너는 오히려 부담이 될 수 있다. 대신 오늘 해야 할 일을 2~3가지 정도로 제한한 간단한 To-Do List(할 일 목록)를 활용해, 공부를 시작하고 끝내는 흐름에 익숙해지는 것이 중요하다. 이때 부모는 계획을 함께 읽어주고, 끝났다는 표시를 남기는 과정을 도와주는 조력자 역할을 한다.

② 초등 고학년(5~6학년) | 플래너 작성을 시작하자

습관이 어느 정도 형성된 이 시기부터는 플래너를 통해 분량과 순서를 인식하는 연습을 시작할 수 있다. 하루의 공부를 시간 단위로 쪼개기보다는, 과목별로 해야 할 내용을 정리하고, 어떤 것부터 할지 스스로 선택해보는 경험이 중요하다. 아직은 완벽한 계획보다, 계획을 써보고 실행해보는 경험 자체가 더 큰 의미를 가진다.

③ 중학교 1, 2학년 | 시간관리를 본격화할 시기

학습량과 과제의 복잡도가 높아지면서, 이 시기부터는 플래너가 시간 관리 도구로서 기능하기 시작한다. 공부 시간을 예측해보고, 실제 소요 시간과 비교하며 계획을 조정하는 연습이 필요하다. 이 과정에서 아이는 계획이 곧 집중을 만들어낸다는 사실을 체감하게 되고, 자신의 공부 패턴을 점차 이해하게 된다. 플래너는 더 이상 부모를 위한 기록이 아니라, 아이 스스로를 위한 도구가 된다. 특히 중학교 2학년쯤 되면 플래너 사용을 더는 미룰 수 없다. 이때의 플래너는 새로운 습관을 만드는 도구라기보다, 흩어진 공부를 정리하고 관리하기 위한 장치에 가깝다. 하루를 통제할 수 있다는 감각을 되찾는 것만으로도 공부에 대한 부담은 눈에 띄게 줄어든다. 이렇게 수년간에 걸쳐 연습한 플래너는 아래와 같은 성장과정을 거쳐 학생에게 습관화되고 내면화되면서 계획과 실천이 자연스럽게 이어지는 자기주도학습의 사이클을 완성하게 될 것이다.

④ 중학교 2학년 이후 | 플래너의 성장 과정

1단계 : 계획하는 단계

2단계 : 평가하는 단계

3단계 : 계획 시간과 실천 시간을 일치시키는 단계

4단계 : 계획 시간과 실천 학습량을 일치시키는 단계

5월				학습 계획		
과목	교재명	분량(시간)		과목	교재명	분량(시간)
노트정리	복노, 정노	6시간		국어	인강/교과서	2시간
수학 < 숙제 / 공부		4시간 / 3.5시간		사회	교과서	2시간
영어 < 숙제 / 공부		3시간 / 1.5시간		과학	교과서	2시간

시간	14 월요일	15 화요일	16 수요일	17 목요일
6:00				
7:00	기상	기상	기상	기상
8:00				
9:00	수학	과학2	국어 □□	체육
10:00	역사 □□	체육	체육	한문
11:00	국어 □□	국어 □□	창체	음악
12:00	사회	영어	사회	기가
13:00				
14:00	기가	과학1	수학	역사 □□
15:00	영어	수학	기가	사회
16:00		미술	영어	
17:00	역사인강	영어공부		역사인강
18:00			수학학원	
19:00	수학학원	영어학원		영어학원
20:00				
21:00	수학숙제	영어숙제	수학숙제	
22:00				
23:00	복습노트	복습노트	복습노트	복습노트
24:00	취침	취침	취침	취침
1:00				

실행 평가	계획	실천	계획	실천	계획	실천	계획
	4		4		3		2

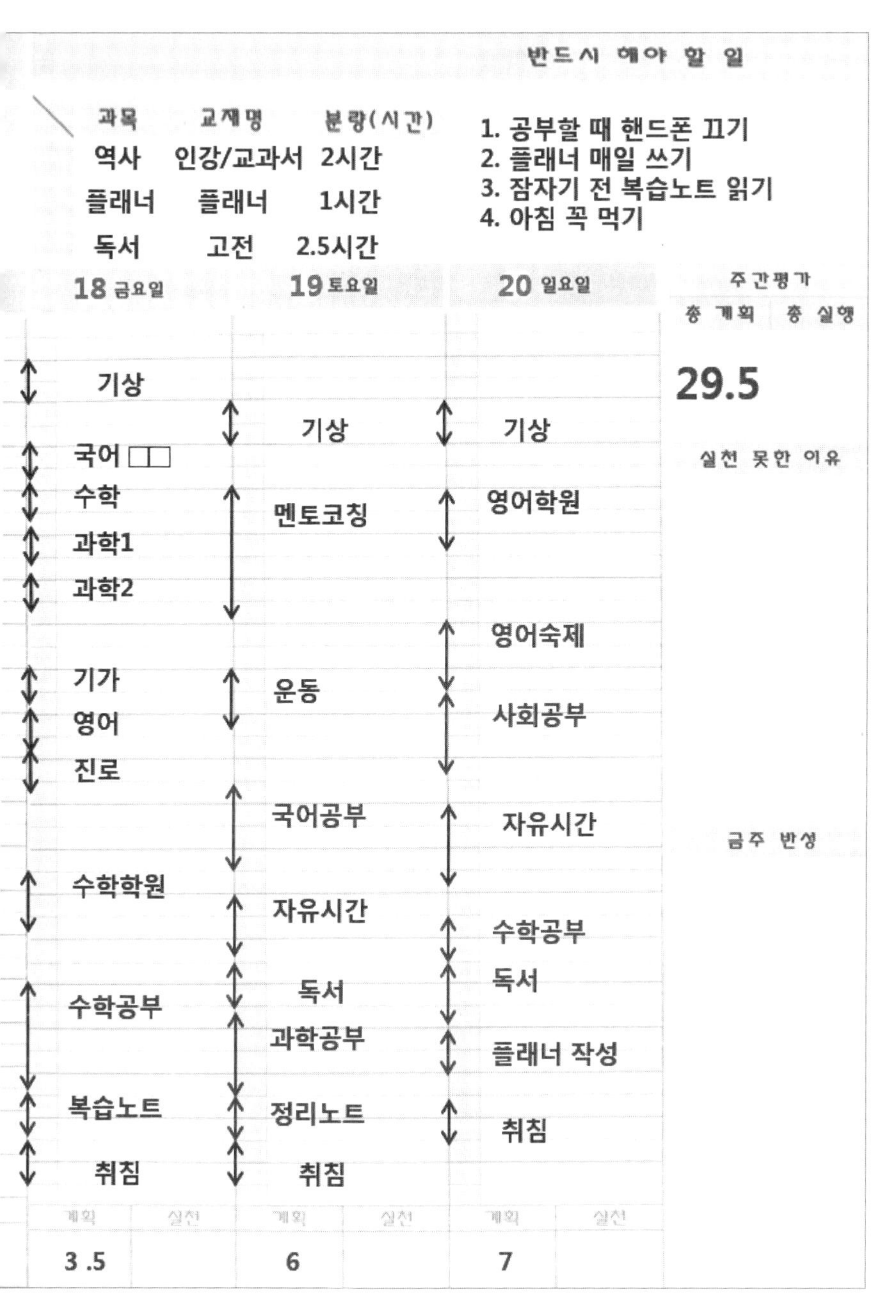

반드시 해야 할 일

과목　　　교재명　　　분량(시간)
역사　　인강/교과서　2시간
플래너　　플래너　　　1시간
독서　　　고전　　　2.5시간

1. 공부할 때 핸드폰 끄기
2. 플래너 매일 쓰기
3. 잠자기 전 복습노트 읽기
4. 아침 꼭 먹기

18 금요일
19 토요일
20 일요일

주간평가
총계획　총실행

29.5

실천 못한 이유

금주 반성

기상
국어 □□
수학
과학1
과학2
기가
영어
진로
수학학원
수학공부
복습노트
취침

기상
멘토코칭
운동
국어공부
자유시간
독서
과학공부
정리노트
취침

기상
영어학원
영어숙제
사회공부
자유시간
수학공부
독서
플래너 작성
취침

계획　　실천
3 .5

계획　　실천
6

계획　　실천
7

5월　　　　　　　　　　　　　　　　　　　　　　　학습 계획

과목	교재명	분량(시간)		과목	교재명	분량(시간)
노트정리	복노, 정노	6시간 / 5.5		국어	인강/교과서	2시간
수학 < 숙제 / 공부		4시간 / 2, 3.5시간 / 2.5		사회	교과서	2시간
영어 < 숙제 / 공부		3시간 / 3, 1.5시간 / 1.5		과학	교과서	2시간

시간	14 월요일	15 화요일	16 수요일	17 목요일
6:00				
7:00	기상	기상	기상	기상
8:00				
9:00	수학 70% 어려움 — 인수분해	과학2 100% — 일과 에너지	국어 ☑✗ 90% — 운수 좋은 날	체육 60% — 배구
10:00	역사 ☑☑ 100% — 고조선의 성립	체육 95% — 배구 연습	체육 0% — 양호실	한문 80% — 1과 본…
11:00	국어 ✗☑ 95% — 주장하는 글	국어 ☑☑ 100% — 설명하는 글	창체 100% — 자습이라 잠	음악 90% — 리코더
12:00	사회 95% — 세계의 다양한 문화	영어 100% — 1과 본문 해석	사회 80% 좋았음 — 문화의 다양성	기가 10… — 산업혁명
13:00				
14:00	기가 75% 졸림 — 산업의 발달	과학1 50% 어려움 — 물질의 변화	수학 70% 아픔 — 인수분해의 활용	역사 ✗ — 고조선 발…
15:00	영어 95% — 1과 본문 해석	수학 95% — 인수분해	기가 50% 아픔 — 산업혁명 이전	사회 100 — 지구촌
16:00		미술 75% 졸림 — 정물화	영어 50% 아픔 — 1과 마무리	
17:00	역사인강 100% — 구석기, 신석기	영어공부 100% — TO 부정사		역사인강 — 고조선의…
18:00			수학학원 — 병원갔다가 잠 (취소선)	
19:00	수학학원 90% — 이차함수	영어학원 90% — 조동사		
20:00				
21:00	수학숙제 90% — 이차함수	영어숙제 90% — 조동사	수학숙제 — 계속 잠 (취소선)	영어학원 — 전치사
22:00				
23:00	복습노트 90% — 역사, 국어	복습노트 100% — 국어 (빨리 끝남)	복습노트 50% — 국어 졸림	복습노트 — 역사
24:00	취침	취침	취침	취침
1:00				

실행 평가	계획	실천	계획	실천	계획	실천	계획
	4	4	4	3.5	3	1	2

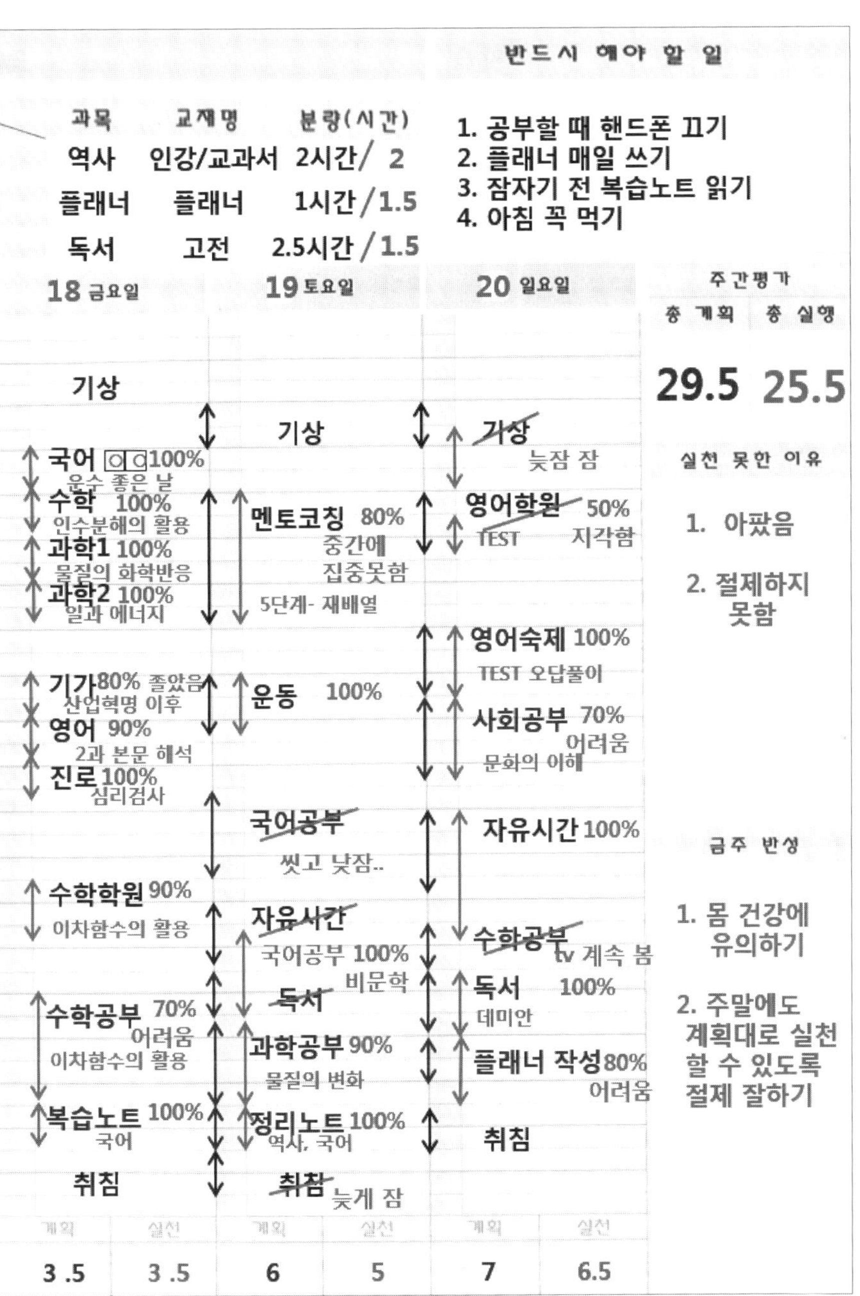
반드시 해야 할 일
과목   교재명   분량(시간)
역사   인강/교과서   2시간/ 2
플래너   플래너   1시간 /1.5
독서   고전   2.5시간 /1.5
1. 공부할 때 핸드폰 끄기
2. 플래너 매일 쓰기
3. 잠자기 전 복습노트 읽기
4. 아침 꼭 먹기
18 금요일
19 토요일
20 일요일
주간평가
총 계획   총 실행
29.5 25.5
기상
국어 100%
운수 좋은 날
수학 100%
인수분해의 활용
과학1 100%
물질의 화학반응
과학2 100%
일과 에너지
기상
가상
늦잠 잠
멘토코칭 80%
중간에
집중못함
5단계- 재배열
영어학원 50%
TEST 지각함
실천 못한 이유
1. 아팠음
2. 절제하지
못함
영어숙제 100%
TEST 오답풀이
기가 80% 좋았음
산업혁명 이후
영어 90%
2과 본문 해석
진로 100%
심리검사
운동 100%
사회공부 70%
어려움
문화의 이해
국어공부
씻고 낮잠..
자유시간 100%
금주 반성
수학학원 90%
이차함수의 활용
자유시간
국어공부 100%
비문학
독서
수학공부
tv 계속 봄
독서 100%
데미안
1. 몸 건강에
유의하기
수학공부 70%
어려움
이차함수의 활용
과학공부 90%
물질의 변화
플래너 작성 80%
어려움
2. 주말에도
계획대로 실천
할 수 있도록
절제 잘하기
복습노트 100%
국어
정리노트 100%
역사, 국어
취침
취침
취참 늦게 잠
계획   실천   계획   실천   계획   실천
3 .5   3.5   6   5   7   6.5

노트필기의 예술 :
예 · 복습법, 정리하는 습관 만들기

사이토 다카시는 《일류의 조건》에서 '요약하는 힘'을 일류와 그렇지 않은 사람을 가르는 중요한 기준으로 제시한다. 그는 많은 정보를 그대로 옮겨 적는 능력이 아니라, 핵심을 뽑아내고 나머지를 스스로 채워 넣는 힘이 사고력을 결정한다고 말한다. 이 관점에서 보면 노트는 정리의 결과물이 아니라, 생각을 압축하고 확장하는 도구다. 흔히 말하는 2 대 8의 원리도 여기에 닿아 있다. 똑똑한 아이들은 교사가 보여준 2만으로 나머지 8을 추론해내는 데 능하다. 핵심만 남긴 노트를 바탕으로 스스로 의미를 연결하고, 빠진 맥락을 채워 넣을 수 있기 때문이다. '8을 추론하는 힘'이 생기는 순간, 공부는 버거운 과제가 아니라 생각하는 재미로 바뀐다. 노트는 바로 그 재미의 출발점이다.

복습은 완전 학습으로 배운 것을 100% 내 것으로 소화하기 위한 공부다. 즉, 배운 것을 다시 꺼내어 쓸 수 있는 상태로 만들기 위한 작업이기 때문에 개념을 정리하고, 기억하고 암기하는 데 초점을 맞춰야 한다. 심리학자 에빙하우스의 망각 이론에 따르면 인간의 기억은 시간의 흐름에 반비례한다. 따라서 학습 10분 후부터 망각이 시작되며 한 시간 뒤에는 50%, 하루 뒤에는 70%, 한 달 뒤에는 80%가 망각된다.

이를 통해 학습한 것은 빠른 시간 안에 자주 반복해주어야 오래 기억에 남을 수 있다는 것을 알 수 있다. 반복학습이 중요한 이유는 복습을 해야만 배운 것을 완전하게 자신의 것으로 만들 수 있다는 데 있다. 복습을 제대로 하기 위해서는 먼저 수업에 집중

에빙하우스 망각 그래프

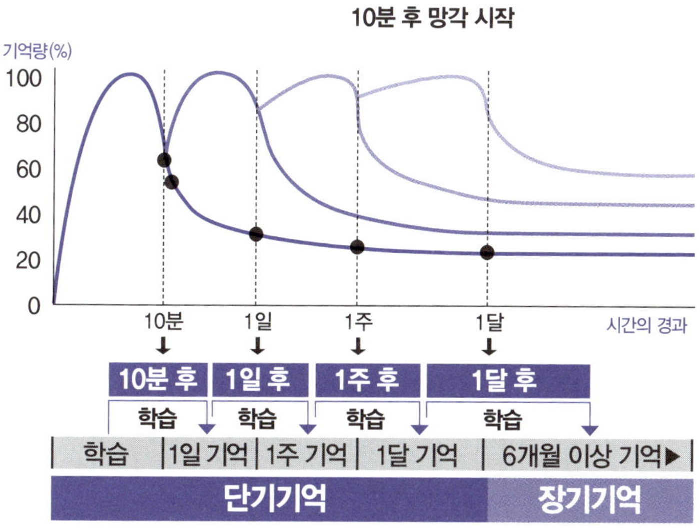

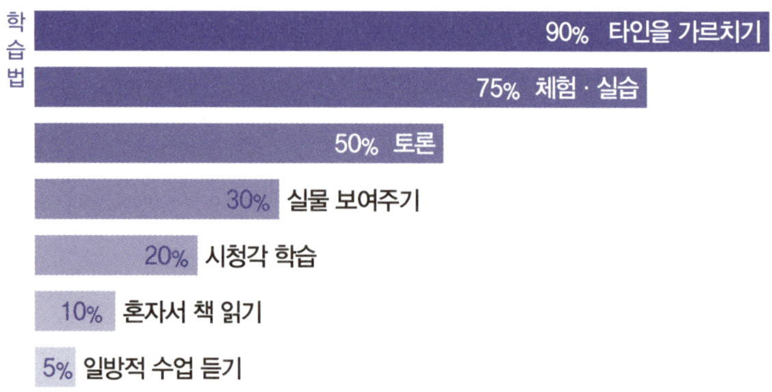

하는 습관을 갖추어야 하는데 복습의 가장 큰 효과는 역설적이게도 수업에 집중하게 된다는 사실이다.

에빙하우스의 기억 망각그래프와 더불어 복습의 효과를 설명한 다른 이론이 있다. 위 그림은 미국 행동과학연구소에서 발표한 '학습 후 24시간 뒤 기억에 남는 효과적 방법'에 대한 내용이다. 표에 따르면 일방적으로 배운 것은 5% 정도 남고, 스스로 설명을 해보면 90% 남는다고 한다. 공부한 후에는 24시간이 지난 후 공부한 내용을 설명해보는 것이 좋다. 즉 가장 효과적인 복습방법은 스스로 설명을 하기 위해 노력해보는 것이다. 구체적으로는 백지 테스트가 이에 해당할 것이다.

복습의 3가지 기본 원리는 '즉시 공부할 것' '그날 공부할 것' '자주 공부할 것'이다. 이는 공부 잘하는 아이들이 가장 많이 쓰는 복습 방법이다. 다만 복습노트를 쓰는 데에도 단계별, 시기별 방법이 있으니 이를 다시 한 번 확인해보자.

1. 초등 저학년(3~4학년) | 복습노트 이전 단계

– 기억을 붙잡는 연습

이 시기에는 아직 '복습노트'를 요구하지 않아도 된다.

중요한 것은 아이가 수업에서 무엇을 배웠는지 한 가지라도 말로 꺼내보는 경험이다. 오늘 배운 내용 중 기억에 남는 것 한 줄, 그림 하나, 문제 한 개면 충분하다. 노트는 기록이 아니라 기억을 붙잡는 도구이며, 완성도를 따질 필요는 없다. 이 단계에서 부모의 역할은 아이가 기억을 꺼내도록 질문해주는 것이다.

예시) 과학 : 태양계와 지구

수업 시간에 배운 내용에서 기억나는 부분을 글과 그림으로 표현해본다.

2. 초등 고학년(5~6학년) | 복습노트 쓰기 시작

– '아는 만큼만' 적기

이 시기부터는 과목별 복습노트를 준비해볼 수 있다.

하지만 노트를 꼭 채워야 한다는 부담은 내려놓아야 한다. 복습노트는 배운 내용을 100% 옮겨 적는 노트가 아니라, 내가 이해한 만큼만 남기는 노트다. 오히려 이 과정에서 아이는 수업 시간에 집중하지 않으면 쓸 것이 없다는 사실을 자연스럽게 깨닫게 된다. 복습노트는 수업 집중을 강요하는 도구가 아니라, 집중을 이끌어내는 장치다.

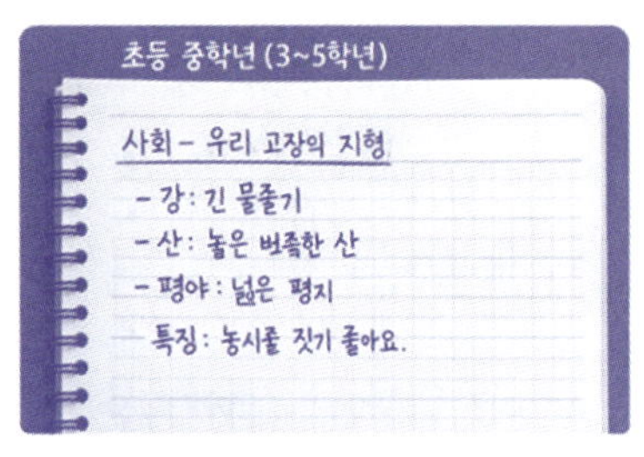

예시) 사회 : 우리 고장의 지형

수업 시간에 배운 내용에서 개념을 찾고 각 개념의 특징에 대해 이해하고 있는지 간단한 단어나 짧은 글로 작성해본다.

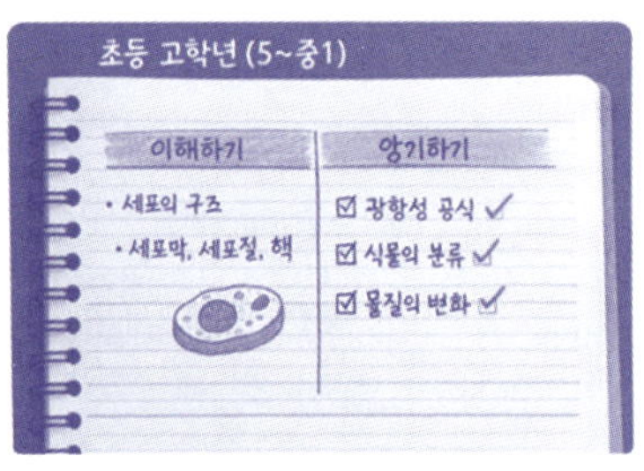

예시) 과학 : 세포의 구조

수업 시간에 배운 내용에서 개념을 찾아내고 그 특징을 알아본다. 암기해야 할 부분이 있다면 따로 섹션을 나누어 적어본다.

3. 중학교 1~2학년 | 복습노트의 구조화
– 이해와 암기의 분리

학습량이 늘어나는 이 시기부터는 복습노트의 역할이 달라진다. 개념을 이해한 부분과 반복 암기가 필요한 부분을 구분하고, 스스로 부족한 지점을 표시하는 연습이 필요하다. 주말에는 평소에 작성한 복습노트를 바탕으로 정리노트를 만들어볼 수 있다. 이때 정리노트는 새로운 내용을 추가하기보다는, 흩어진 복습을 한 번 더 구조화하는 도구로 활용하는 것이 바람직하다. 특히 중학교 2학년 혹은 3학년이 되면 이 시기의 복습노트는 시험 대비의 핵심 자료가 된다.

평소 복습노트가 잘 쌓여 있다면, 시험 3~4주 전부터는 이를 바탕으로 빠르게 범위를 정리할 수 있다. 이미 익숙한 내용은 과감히 줄이고, 부족한 부분만 보완하는 식의 복습이 가능해진다. 같은 벼락치기라도, 복습노트가 있는 아이와 없는 아이의 효율은 크게 다르다. 결국 복습노트는 공부 시간을 줄여주는 도구가 아니라, 공부의 방향을 바로잡아 주는 기준점이 된다. 특히 이런 복습노트를 활용하는 습관은 고등학교에서 '과목별 단권화'를 이뤄낼 수 있는 강력한 무기가 되는 만큼 반드시 습관을 들이도록 하자.

무엇보다 '복습노트'는 아는 만큼만 쓰는 것이란 점을 기억하자. 수업 들은 내용을 100% 다 쓸 수는 없지만 복습노트를 쓰기 위해서는 수업 시간에 집중할 수밖에 없다. 그리고 이렇게 복습노트를 잘 쓰기 위해서는 반드시 이어져야 할 부분이 있다. 바로 예습이다. 반드시 예습을 해야만 수업에 집중할 수 있다. 이렇듯 '예습-수업-복습'은 공부의 유기적이고 긍정적인 사이클을 만들며, 서로 수평적인 관계를 형성하고 있다.

복습노트와 더불어 만들 수 있는 또 하나의 학습활동에는 정리노트가 있다. 주말에 평상시 썼던 복습노트를 정리해두면 시험 기간에 해당 노트를 보면서 부족한 부분은 참고서를 활용해 더욱 심도 깊은 학습을 할 수 있다. 습관처럼 매일 복습노트를 쓰고 주말에 정리했던 아이라면 시험공부를 할 때 보다 효율적인 시험 대비를 할 수 있다. 복습노트와 정리노트를 통해 과목당 두세 시간 정도면 시험 범위에 해당하는 내용을 완벽하게 정리할 수 있는 것이다. 평소에 복습노트를 열심히 쓰지 않았다면 시간도 많이 걸리고 벼락치기도 어렵다. 같은 벼락치기라도 복습노트가 잘 되어 있는 아이들이 몇 배의 효과를 볼 수 있다.

결국 '배우기'보다 '익히기'를 잘해야 상위권에 들어갈 수 있다는 이야기다.

익히기를 잘하기 위해서는 예습과 복습시간이 중요하다. 학원에서 3시간 배우고 왔다면 집에서 최소 1시간 동안 내 것으로 만드는 과정이 필요하다. 앞서 말한 것과 같이 백지테스트는 자신이 얼마나 이해하고 있는지 직관적으로 알아볼 수 있는 좋은 도구이다. 이를 통해 이해에서 끝내지 말고 내용을 정리하고, 완전히 이해한 후에 반복 암기해야 한다. 배운 것을 정리하는 작업인 복습의 장점은 짧은 시간에 많은 공부를 할 수 있다는 것이다. 이 장점을 십분 활용해 시간의 질을 높여야 한다.

공부의 전체 흐름을 보여주는
5단계 패턴 학습(초5~중학생 추천)

많은 학생들이 어떻게 시작해서 어떻게 끝내야 하는지 모른 채 두서없는 공부를 하고 있다. 그렇기 때문에 가지고 있는 능력에 비해 결과가 만족스럽게 나오지 않는 '고비용 저효율' 공부를 하게 되는 것이다. 공부의 시작과 끝을 정확히 알아야 '저비용 고효율' 공부를 할 수 있다. 공부의 전체 흐름을 파악하면서 전체를 보고, 그다음에 부분을 연결하면서 다시 전체를 만드는 공부법이 필요하다. 꼼꼼하고 신중한 성격의 학생들은 부분에만 집중하고 전체를 보지 못해 성적 향상에 어려움을 겪는 경우가 많다. 반대로 공간지각력이 높은 학생들은 전체만 보려 하기 때문에 부분을 놓치게 된다. 즉 전체를 보는 것도 중요하고 부분을 살피는 것도 필요하다. 전체를 보고 부분을 파악한 뒤 다시 한 번 전체를 살피는 과정이 이루어져야 학습의 효율이 높아진다. 학습 코칭에서 가장 핵심이라고 할 수 있는 5단계 패턴 학습을 통해 내 아이가 가진 공부 방법의 문제점을 파악하고 고칠 수 있도록 노력해보자.

1단계 | 전체보기(목차 학습)

우리가 여행을 떠날 때 가려고 하는 곳의 지도를 보는 것이나 미술에서 스케치를 먼저 그리는 것처럼 학습에서도 제일 먼저 할 일은 전체의 흐름을 잡는 것이다. 전체의 흐름을 잡을 수 있다면 공부의 절반은 끝난 셈이다. 전체를 보지 못하면 부분 간의 연결고리를 찾을 수 없다. 전체보기는 새로운 지식(부분)을 연결시킬 수 있도록 기존의 지식을 만드는 과정이다.

전체보기(목차 정리) 방법

전체보기는 공부할 내용의 흐름을 파악하는 것이다. 가장 먼저 교과서의 표지를 보면, 표지에는 과목명뿐만 아니라 그 과목을 가장 잘 표현하는 그림이나 사진이 함께 실려 있다. 그것들을 보면서 어떤 내용이 담겨 있을지 상상해본다. 다음은 머리말을 읽는다. 머리말 속에는 교과서의 제작 의도와 목표, 구성 등에 대한 설명이 담겨 있기 때문에 전체를 파악하는 데 도움이 된다.

전체보기표를 작성하기 위해서는 다음 2가지를 명심하자.

첫째, '부분'보다 '전체보기'를 먼저 하라. 전체를 보는 방법은 다음과 같다.

① 대단원과 중단원을 먼저 본다.

② 그 안의 소단원과 학습목표와의 관계를 파악한다.

③ 내용을 읽기 전에 책에 나와 있는 그림이나 도표 등을 먼저 보면서 그 안에 어떤 내용의 글이 나와 있을지 상상해본다.

④ 내용을 읽은 뒤 이미 알고 있던 내용인지 아니면 생소한 내용인지 생각해본다.

둘째, 중단원 단위로 공부한다(중단원이 공부의 최소 단위이다).

① 중단원, 소단원, 제목과의 관계를 파악한다.
② 교과서에 굵은 글씨의 의미를 생각해본다.
③ 번호를 매기거나 내용의 흐름을 화살표로 표시하면서 내용과 내용을 연결 짓는다.

공부는 항상 큰 그림을 먼저 그려야 한다. 그런 뒤에 부분적인 것을 어떻게 채울지 알아나간다. 공부에 뼈대를 세우고 살을 붙이는 작업은 일단 흐름과 맥을 잡고 꿰뚫어야 가능하다.
이제 본격적으로 전체보기표를 작성하며 목차를 정리해보도록 하자.

① 교과서 1독으로 흐름을 먼저 파악한다.
② 공부의 최소단위가 중단원이므로 중단원-소단원-제목의 관계를 보면서 목차를 정리한다.
③ 가급적 한 중단원을 한 페이지로 구성해 한눈에 들어오도록 한다.

④ 학습목표가 중요하므로 파란색 펜으로 작성한다.

⑤ 교과서를 읽기 전에 전체보기표를 통해 이미지 트레이닝을 해본다.

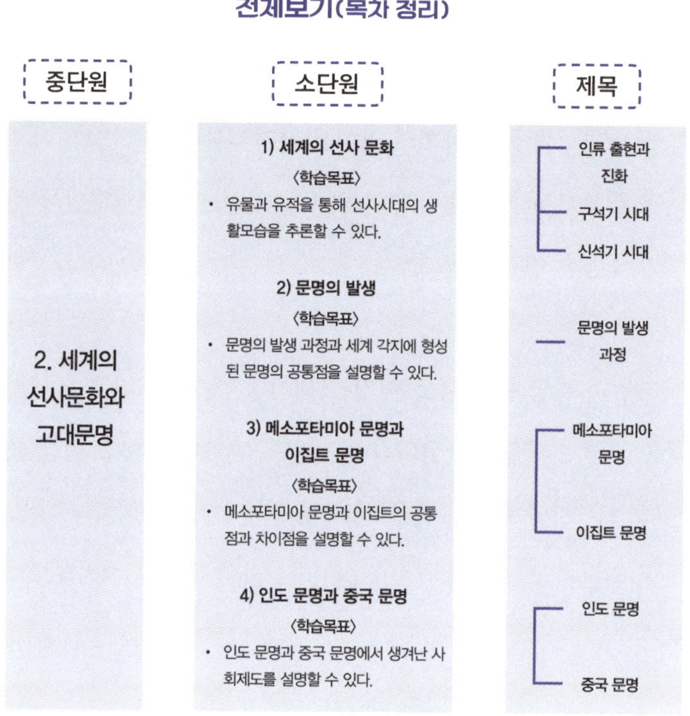

전체보기표를 작성했다면 복습노트 앞에 붙인다. 복습노트의 맨 앞에는 항상 전체보기표가 붙어 있어야 한다. 매일 정리한 복습노트는 주말에 다시 한 번 정리하게 되는데 이때 전체보기표를 한 번만 훑어보아도 머리에 쏙쏙 들어올 것이다.

2단계 | 교과서 읽기(개념 이해)

5단계 패턴 학습의 2단계는 '교과서 읽기'다. '교과서 읽기' 안에 예습과 복습, 학습 방법이 모두 포함되어 있다. 또 교과서를 잘 보아야 전체보기표도 알맞게 작성할 수 있다.

교과서 읽기에도 5개의 단계가 있다(5독). 첫째 1독은 훑어보기다. 교과서의 최소 단위는 중단원이므로 중단원, 소단원, 제목 및 학습 목표의 관계를 머릿속으로 그려본다.

둘째 2독은 개념 읽기다. 교과서의 핵심 내용은 굵은 글씨로 되어 있다. 그 부분을 정독하되 왜 이 부분이 굵은 글씨로 되어 있는지를 확인하며 읽는 것이 개념 읽기다.

셋째 3독은 핵심 읽기다. 교과서에서 핵심어와 중심이 되는 문장을 찾아내며 읽는 것이다.

넷째 4독은 약점 읽기다. 교과서를 다 읽었다면 자신이 약한 부분을 스스로 찾아내는 것이다. 학습활동, 단원 점검을 보며 자신이 취약한 부분을 점검한다.

마지막 5독은 총정리다. 앞의 1~4단계를 거치면서 개념도 이해하고 흐름도 파악하고 핵심과 약점을 파악하며 마지막 정리를 하는 과정이다.

3단계 | 재배열(구조화)

공부는 이해하는 것으로 끝나지 않는다. 배우고 이해한 것을 기억하고 암기해 다시 꺼내 쓸 수 있는 상태로 만들어야 완성된다. 이해에서 암기로 가는 중간 단계, 정보의 질서화 단계가 바로 5단계 패턴 학습의 3단계 재배열, 즉 노트정리다.

이때의 노트정리는 보고 베끼기 식의 노트정리가 아닌, 지식을 나만의 것으로 재배열하고 구조화해 나만의 복습노트, 정리노트를 만드는 것이다. 이 단계는 자기주도학습에서 가장 중요한 과정임에도 불구하고 대부분의 학생들이 올바른 노트정리법을 모르거나 어렵고 귀찮게 생각해서 이 과정을 생략하고 있다.

인지 능력은 반복학습을 통해 이루어진다

학습을 체계화, 조직화, 구조화하는 재배열은 인지 능력을 말한다. 보통 심리학적으로 보면 0세부터 8세까지 발달되는 것이 심리, 정서적인 부분이다. 그리고 초등학교 3학년부터 4, 5학년까지 발달하는 것이 인지 능력이다. 인지 능력은 사고하는 능력인데 뇌에 학습을 구조화하고 체계화하는 방이 만들어지는 것이다. 그리고 초등학교 6학년 이후에 발달되는 것이 창의적, 활동적 학습이다. 이러한 인지 능력은 초등학교 5학년 때까지 발달된다. 그렇기 때문에 심지어 "교육은 초등학교 5학년 때 다 끝난다."라고 말하는 사람도 있다. 인지 능력이 형성되는 시기인 만큼 그 말이 아주 의미가 없는 것은 아니다. 그 정도로 중요한 시기라는 뜻이다.

공부 골든타임

그런데 우리나라 부모들은 인지 능력을 간과하는 경향이 있다. 뇌에 하나하나 방을 만들려면, 즉 인지 능력이 생기려면 무조건 반복학습을 해야 한다. 반복하지 않으면 인지 능력이 생기지 않는다. 반복학습이 이루어지지 않으면 자연스럽게 정리도 되지 않는다. 인간의 뇌는 정리하는 것만 기억한다. 그래서 재배열이 중요한 것이다. 재배열을 하고 안 하고의 차이가 상위권으로 갈 수 있는지, 중위권에 머무를 것인지를 결정한다. 재배열이란 꺼낼 수 있는 지식으로 변환하는 작업이다. 아이가 머릿속으로 스스로 정리하고, 자신만의 방법으로 다시 꺼낼 수 있어야 하는 것이다.

재배열과 가장 밀접한 관련을 맺고 있는 과목은 바로 수학과 국어다. 수학은 구조화하고 국어는 질서화한다. 이 2가지가 갖춰진 아이들이 정말 공부를 잘하는 아이들이다. 구조화 능력이 있는 아이들은 상위권으로 갈 수 있으나 최상위권에 들어가는 아이들은 질서화 능력이 뛰어난 아이들이다. 즉, 수학을 잘하면 상위권이 될 수 있지만 최상위권이 되려면 국어가 더 중요하다는 뜻이다(요즘 공부머리=독서머리).

재배열의 중요한 도구, 노트필기

손은 제2의 뇌다. 손으로 쓰면 더 오래 기억할 수 있다. 뇌와 연결된 뇌세포는 손과 얼굴과도 연결이 되어 있다. 그래서 어렸을 때 신체 마사지를 해주거나 자주 웃으면 뇌가 발달한다. 젓가락을 많이 쓰는 동양 사람들이 머리가 좋은 이유도 손을 많이 사용하기 때문이다. 주변에서 보면 피아노를 잘 치는 아이들이 머리가 좋은 경우도 많다.

기록은 기억을 지배한다는 말이 있다. 그만큼 기록이 중요하다는 말이다. 공부하는 학생들에게도 마찬가지다. 학생들의 기록은 노트필기다. 노트필기는 그 쓰는 행위 자체만으로도 심리적 안정감을 주고, 자신의 언어로 표현해 적기 때문에 더 쉽게 이해할 수 있게 해준다.

또한 노트필기는 시험 시간에 학습량을 줄여주는 역할도 한다. 그리고 자기주도적인 공부습관을 길러주는 데도 좋다. 학습 내용을 자기 스스로 정리해 기록해두는 것이기 때문에 학생들에게는 공부와 시험에 필요한 자료를 스스로 만드는 것이며, 동시에 배운 내용을 자기 것으로 만드는 과정이기도 하다.

이처럼 노트필기는 공부하는 학생들의 학습의 깊이를 더해주는 역할을 하는데, 3단계 재배열에서 노트필기가 필수적인 요소인 이유는 반복 횟수를 늘려 개념을 암기하고 이해하는 단계이기 때문이다. 수업 시간에 노트필기를 위한 단기 목표를 정하면 좋은데 예를 들면 '핵심어 빠뜨리지 않고 적기' 등 자신이 직접 꼭 지켜야 할 목표를 정해본다. 마지막으로 노트필기는 한 번에 그치는 것이 아니라 지속적으로 하는 습관을 들이도록 한다.

4단계 | 문제풀이(약점 학습)

5단계 패턴 학습 4단계는 문제풀이부터 시작한다. 아이가 실수하는 10%의 약점을 해결하기 위한 방법을 찾는 것이다. 이 단계는 최상위권으로 가는 길목이다. 그렇기 때문에 더욱 더 약점을 극복하는 학습이 우선시되어야 한다.

문제를 푸는 이유는 2가지다. 첫째, 문제 유형을 파악하기 위해서다. 문제 유형을 파악하면 단원의 학습 목표와 출제자인 교사의 심리를 알 수 있다. 둘째, 아직 모르는 부분이 무엇인지 약점을 발견하기 위해서다. 약점을 파악해 틀린 문제를 다시 틀리는 실수를 줄이는 것이다. 문제 해결 능력을 키우고 상위권으로 도약하기 위해서는 틀린 문제를 또 다시 틀리지 않아야 한다. 개념을 이해하고 그것이 암기가 된 상태에서 문제를 풀어야 오답을 줄이고 약점을 해결할 수 있다. 따라서 오답 정리를 통해 틀린 이유를 파악하고 개념을 다시 완벽하게 정리해 암기하는 것이 좋다.

과목 중에서는 특히 수학에서 약점과 유형을 파악하려는 자세가 필요하다. 그래서 수학은 꼭 오답노트를 써야 한다. 많은 문제를 푸는 것이 중요한 것이 아니라 나에게 약한 문제 유형을 찾는 게 핵심이다. 그렇기 때문에 어떤 문제 유형을 틀리는지 파악하기 위해 오답노트가 필요하다. 계속 쉬운 문제만 푸는 것은 의미가 없다. 사회나 과학, 국어 등 복습노트와 정리노트를 쓰는 과목들의 오답노트는 수학보다 덜 중요하다. 하지만 수학은 오답노트 안에 개념노트, 정리노트가 다 들어가 있다. 그래서 수학은 오답노

오답노트 작성 팁

모든 학년이 전부 오답노트를 작성할 필요는 없다. 하지만 적어도 5학년부터는 수학과목부터 오답노트를 연습할 필요가 있다. 오답노트 작성 TIP은 다음과 같다.

① 문제 복사/붙여넣기 → ② 틀린 이유 분석(개념 부족, 실수, 풀이법 오류 등) → ③ 올바른 풀이 및 핵심 개념정리 → ④ '나만의 행동 강령' 작성(실수 방지, 약점)

예쁘게 꾸미기보다 자신이 '무엇을' '왜' 틀렸는지 명확히 기록하고, 어떻게 개선할지 구체화하는 것이 핵심이다.

트 한 권이면 끝나는 것이다.

5단계 | 총정리(심화학습)

총정리는 자기화 과정이다. 5단계 패턴 학습의 마지막 단계로 1~3단계에서 흐름을 파악하는 개념학습을, 4단계에서 약점학습을 전개한 후, 전체적으로 심화학습을 하는 총정리 단계다. 작게는 현재 하고 있는 공부 과정의 마지막 단계가 될 수도 있고, 크게는 시험을 앞두고 정리노트를 작성하면서 그동안 공부했던 내용을 전체적으로 확인하는 작업이 되기도 한다. 학습은 전체보기로 시작해서 전체보기로 끝난다. 앞에서 부분을 전체에 연결시키는 과정을 공부했다면 총정리는 심화 문제를 풀어 자기화하는 과정이다.

이 과정을 공부하는 아이들은 가장 최상위권으로 자신이 가진 5%의 약점을 극복하기 위해 노력한다. 만약 약점이 5% 이상이라면 다시 문제풀이 단계부터 해야 한다. 총정리 단계에서는 전체를 연결하는 통합훈련이 필요하다. 심화 공부를 위해 선행학습을 진행하며, 기초 공부로써 독서와 신문 읽기를 병행한다.

앞에서 살펴본 진짜 공부를 잘하는 아이들의 공통점은 분명하다. 복습을 놓치지 않고, 그날 배운 것을 그날 끝낸다는 것이다. 배운 내용을 다시 정리해 자기 것으로 만들고, 이해되지 않는 지점을 질문으로 붙잡을 때 학습은 비로소 완성된다. 복습 없는 공부는 금세 흩어지고, 질문 없는 공부는 깊어지지 않는다.

특히 질문은 학습의 수준을 한 단계 끌어올리는 장치다. 질문을 기록하고 정리하는 과정에서 아이는 자신의 약점을 정확히 인식하고, 출제자의 의도를 거꾸로 읽는 힘을 기른다. 그래서 상위권 아이들일수록 질문을 단순한 궁금증이 아니라 총정리와 마무리를 위한 학습 도구로 활용한다. 복습과 질문이 맞물릴 때, 공부는 반복을 넘어 이해로 나아간다.

AI 시대, 아이에게 남겨줘야 할 공부의 본질

AI가 인간의 학습과 사고 영역까지 빠르게 대체해가는 시대일수록, 지금 우리가 아이들에게 가장 강조해야 할 것은 역설적으로 '아날로그 감성'이다. 생각을 손으로 정리하는 노트필기, 스스로 리듬을 만들어가는 공부습관, 표정과 말투를 읽으며 오가는 사람 간의 소통은 기술이 대신해줄 수 없는 영역이다. AI는 정답을 빠르게 제시할 수 있지만, 왜 그렇게 생각했는지 돌아보게 하지는 못한다. 그래서 공부 역시 효율만의 문제가 아니라, 아이 안에 사람만이 가질 수 있는 사고의 결을 길러주는 일이 되어야 한다. 어릴 때부터 이런 아날로그적 감성을 심어주는 것, 그것이야말로 부모가 가장 먼저 해야 할 교육이다.

하지만 요즘 어른들이 아이의 공부를 바라보는 시선은 유난히 조급하다. 불확실한 시대일수록 확실해 보이는 길로 아이를 몰아가고 싶어지기 때문이다. 그 상징적인 풍경이 바로 특정 진로로의 과도한 쏠림이다. 성적이 곧 안전망이 되고, 전공 선택이 곧 인생의 성패를 가를 것처럼 여겨지는 분위기 속에서 아이들의 공부는 점점 더 좁은 통로로 몰리고 있다.

문제는 그 과정에서 아이 한 사람의 성향과 기질, 속도와 방향이 희석된다는 점이다. 모두가 같은 기준으로 줄 세워지고, 같은 방식으로 훈련받으며, 같은 목표를 향해 달리기를 요구받는다. 그러나 공부는 원래 그렇게 획일적인 일이 아니다. 타고난 기질이 다르고, 흥미의 방향이 다르며, 집중이 작동하는 방식 또한 아이마다 다르다. 이 차이를 고려하지 않은 공부는 성취 이전에 소진을 낳고, 경쟁 이전에 불안을 키운다. 실제로 많은 아이들이 충분히 잘하고 있음에도 불구하고 자신을 실패자로 인식하며 우울과 무기력에 빠져든다. 결과가 좋지 않아서가 아니라, 자신답게 공부할 기회를 갖지 못해서다.

아이에게 맞지 않는 공부 방식은 단기성과를 낼 수는 있어도 오래가지 않는다. 억지로 끌어올린 성적은 불안 위에 서 있고, 타인의 기준으로 설정된 목표는 쉽게 무너진다. 반대로 자신의 성향을 이해받고, 자신에게 맞는 방식으로 도전해본 아이는 흔들리더라도 다시 일어설 힘을 갖는다. 공부가 삶을 압박하는 짐이 아니라, 스스로를 확장하는 도구가 되기 때문이다.

세계적인 교육기관들은 어린 시절부터 아이들에게 무엇을 얼마나 많이 알게 할 것인가보다 어떻게 생각하고, 어떻게 질문하며, 어떻게 자신의 선택을 책임지는가에 더 큰 비중을 둔다. 지적 호기심, 자기조절력, 실패를 견디는 힘, 타인과 협력하는 태도, 그리고 무엇보다 스스로 배우려는 자세. 이런 요소들이 쌓여 결국 한 사람의 학문적 깊이와 삶의 방향을 결정한다고 본다. 그래서 그들이 길러내고자 하는 것은 특정 전공의 전문가 이전에, 자기 삶을 설계할 수 있는 학습자다.

이 책이 반복해서 '습관'을 이야기해온 이유도 여기에 있다. 습관은 성적을 올리는 기술이 아니라, 아이가 자신을 다루는 방식이다. 매일의 작은 선택과 반복 속에서 아이는 자신만의 공부 리듬을 만들고, 그 리듬은 어떤 환경에서도 다시 배우고 적응할 수 있는 힘이 된다. 초등 시기에 심어진 이 힘은 진로가 바뀌어도, 길이 달라져도 쉽게 사라지지 않는다.

공부의 목적은 아이가 자신에게 맞는 길을 찾을 수 있도록 돕는 데 있다. 그 길이 지금 우리가 가장 안정적이라고 믿는 길과 다를 수도 있다. 그러나 아이가 스스로 선택하고, 스스로 책임질 수 있는 힘을 갖게 된다면, 그 선택은 충분히 존중받아야 한다.

아이의 공부는 경쟁이 아니라 성장이다. 그리고 그 성장은, 어른의 불안이 아니라 아이의 가능성에서 출발해야 한다.

이 책을 쓰며 나는 줄곧 한 가지 질문을 품고 있었다. 우리는 아이에게 무엇을 가르치고 있는가, 그리고 그 공부는 아이의 삶에 무엇으로 남게 될 것인가. 점수와 성적, 입시 전략과 진로 설계는 분명 중요하다. 그러나 그것이 공부의 전부가 되는 순간, 아이의 배움은 쉽게 흔들리고, 삶의 방향 또한 불안해진다. 이 책은 더 많이 가르치기 위한 책이 아니라, 무엇을 남겨야 하는지를 다시 묻기 위해 쓰였다.

AI가 정답을 대신 찾아주고, 정보와 지식을 순식간에 제공하는 시대가 이미 우리 곁에 와 있다. 이런 시대일수록 아이에게 필요한 것은 더 빠른 속도나 더 많은 문제 풀이가 아니다. 스스로 생각하고, 질문하고, 기다릴 줄 아는 힘, 그리고 사람과 사람 사이에서 배우는 감각이다. 손으로 노트를 쓰며 생각을 정리하고, 이해되지 않는 부분에서 멈춰 다시 읽고, 누군가와 대화하며 자신의 생각을 다듬는 과정은 여전히 인간만이 할 수 있는 공부다. 이 아날로그적인 배움의 결이 아이의 내면을 단단하게 만든다.

공부재능은 타고나는 것이 아니라, 자라나는 것이다. 복습을 통해 배운 것을 자기 언어로 정리하는 힘, 문해력을 통해 글의 맥락을 이해하고 의미를 확장하는 힘, 수학을 통해 사고의 질서를 세우고 문제를 끝까지 붙잡는 힘, 몰입을 통해 스스로의 한계를 넘어보는 경험은 모두 아이 안에 잠들어 있던 공부재능을 깨운다. 중요한 것은 아이를 앞에서 끌어당기려 하지 않고, 옆에서 기다려주며 지켜보는 부모의 태도다.

부모는 아이의 인생을 대신 살아줄 수 없다. 대신 아이가 자기 삶을 살아갈 수 있는 힘을 길러줄 수는 있다. 조급함을 내려놓고, 비교의 시선을 거두고, 아이의 속도와 방향을 존중해주는 일. 그것이 결국 가장 먼 길을 가장 안전하게 가는 방법이기도 하다. 공부는 경쟁에서 이기기 위한 무기가 아니라, 아이가 자신을 이해하고 세상을 해석하는 언어여야 한다.

이 책을 정독했다고 해서 아이의 성적이 당장 오르지 않을 수도 있다. 그러나 이 책이 제안한 공부의 방향은 아이가 흔들릴 때마다 돌아올 수 있는 기준이 되어줄 것이다. 부모가 먼저 믿어주고, 기다려주고, 질문해줄 때 아이는 비로소 자기 힘으로 배우기 시작한다. 그 배움은 시험이 끝난 뒤에도, 학교를 졸업한 뒤에도, 오랫동안 아이의 삶을 지탱해줄 것이다.

AI 시대에도 끝내 남는 것은 사람의 힘이다. 그리고 그 힘은, 오늘 우리가 아이와 함께 만들어가는 공부 속에서 자란다.

공부 골든타임

펴낸날 초판 1쇄 2026년 3월 13일

지은이 박인연 · 박찬호
펴낸이 임혁준
펴낸곳 더스토리정글
출판등록 2023년 12월 4일 제2023-000131호
(07788) 서울시 강서구 마곡중앙로 161-8 두산더랜드파크 B동 1007호
전화 02)6365-2001
팩스 02)6499-2040
onenessmedia@naver.com

ISBN 979-11-990246-5-6 (03370)

이 도서의 국립중앙도서관 출판시도서목록(CIP)은 서지정보유통지원
시스템 홈페이지(http://seoji.nl.go.kr)와 국가자료공동목록시스템
(http://www.nl.go.kr/kolisnet)에서 이용하실 수 있습니다.

- 책값은 뒤표지에 표시되어 있습니다.
- 잘못된 책은 구입하신 서점에서 교환해 드립니다.

책임편집 서지영